中国历史人物画廊

史记人物精选

本纪
世家

主编 张新科　赵望秦　程永庄
推荐 陕西省司马迁研究会　韩城市司马迁学会

济南出版社　　汉唐书局

图书在版编目（CIP）数据

史记人物精选. 本纪世家 / 张新科，赵望秦，程永庄

主编. — 济南：济南出版社，2023.3

ISBN 978-7-5488-5552-1

Ⅰ.①史… Ⅱ.①张… ②赵… ③程… Ⅲ.①《史记》—历史人物—列传 Ⅳ.①K820.2

中国国家版本馆CIP数据核字（2023）第036271号

出 版 人	田俊林
图书策划	冀瑞雪
责任编辑	冀春雨　殷　剑　张子涵
图书审读	刘志伟　踪训国　陈　曦
装帧设计	王铭基

出版发行	济南出版社
地　　址	济南市二环南路1号
编辑热线	0531-86131747　82926535（编辑室）
发行热线	82709072　86131701　86131729　82924885（发行部）
印　　刷	山东潍坊新华印务有限责任公司
版　　次	2023年4月第1版
印　　次	2023年4月第1次印刷
开　　本	185 mm×260 mm　16开
印　　张	12.5
字　　数	200千
印　　数	1—5000册
定　　价	39.80元

（济南版图书，如有印装错误，请与出版社联系调换。联系电话：0531-86131736）

前言

　　我国西汉时期伟大的史学家、思想家、文学家司马迁，字子长，左冯翊夏阳（今陕西韩城）人，他的巨著《史记》是我国第一部纪传体通史，记载了从黄帝到汉武帝时期三千多年历史，是中国文化史上一座巍峨的丰碑，也是世界文化宝库中一颗璀璨的明珠，被鲁迅先生誉为"史家之绝唱，无韵之离骚"。

　　《史记》所开创的纪传体，与此前的历史著作体例相比，突破了编年体、国别体的局限，把"人"放到了突出位置，以人为核心记载历史，这是历史编纂的新体制、新发展、新高度。《史记》整体上分本纪、表、书、世家、列传五种体例，尤其是本纪、世家、列传三种体例，展现了历史上不同阶层、不同身份的人物，上至帝王将相，下到平民百姓，甚至游侠、刺客、商贾等，由人组成了中国历史的长城、中国历史的画廊。司马迁认为这些人物都是"倜傥非常之人"，是值得称道之人。记载历史，把人放在第一位，这也是司马迁思想的重要体现。司马迁在《报任安书》中明确表示，他编纂《史记》的目的是要"究天人之际，通古今之变，成一家之言"。通过历史人物证明，人是社会发展的动力，王朝的兴盛或衰亡，原因在于人而不在于天，人是决定因素。特别是《史记》不虚美、不隐恶，大胆揭示人性的真善美和假恶丑，为后来的史学家树立了典范。《史记》人物传记也体现了我们民族维护统一、积极进取、坚忍不拔、忧国爱国等精神，对中华民族精神塑造起了重要作用，譬如以黄帝作为开篇，这就奠定了中华民族大一统的民族谱系。

　　司马迁写历史人物，有很高的艺术手段。他在历史真实的前提下，适当运用文学的笔法，所谓"带着镣铐跳舞"。他善于选择典型材料刻画人物，而不是记流水账，有时候用一些细节表现人物的个性，有时候通过人物个性化的语言和行动展现人物的思想，有时候通过场面描写体现历史事件发展的矛盾冲突，甚至有时候通过心理描写揭示人物的内心世界。《史记》人物传记不是干巴巴的死的资料，而是活生生的人，是热乎乎的生命，字里行间有司马迁的影子，渗透着司马迁的情感，褒贬分明，有时甚至直接抒发情感，具有浓厚的感情色彩。而且司马迁用多样化的笔法写人，不是千人一面、千人一腔。正因此，《史记》的故事性强，人物栩栩如生。我们可以说，司马迁把历史人物写活了，展现出历史人物生命的活力，具有永久的艺术魅力，甚至有些人物成为一种文化符号，比如飞将军李广就是怀才不遇的符号，司马迁就是发愤著书的符号，等等。我们读《史记》人物传记，也是一种美的享受。

司马迁在《高祖功臣侯者年表序》中说"居今之世，志古之道，所以自镜也"。历史人物虽然远离我们而去，但他们的所作所为，他们的精神思想，或正面，或反面，永远留给后人，所谓"其人虽已没，千载有余情"。历史人物就是一面镜子，后人从这些历史人物身上受到启迪，得到教益。正如明代茅坤《史记钞》中说："读游侠传即欲轻生，读屈原、贾谊传即欲流涕，读庄周、鲁仲连传即欲遗世，读李广传即欲力斗。"也就是说，优秀的人物传记会使读者产生强烈共鸣，并且影响读者的行为反应，影响读者的人生轨迹。更进一步说，人物传记是人的生命载体，它使有价值的生命走向永恒的时间和无穷的空间。

为了更好地继承中华优秀传统文化遗产，弘扬优秀传统文化精神，我们曾编纂了全注全译本《史记》，对《史记》130篇全文进行了解题和译注，出版后引起社会广泛关注和好评。但由于《史记》体大思精，具有百科全书的特点，一般读者很难全部阅读。为了普及《史记》，我们在原来全注全译本的基础上进行精选，以人物为主题，选择《史记》中的30篇作品予以翻译。读者以此入门，首先认识《史记》中的主要人物，然后逐渐深入阅读《史记》全书。

我们的选编原则是，选择在历史上影响较大的人物，而且适当注意到各个阶层。选择《史记》本纪、世家、列传中故事性较强的作品，便于读者记忆。由于篇幅所限，选择作品时，有些是全篇，如《项羽本纪》；有些则是从原著中挑选出独立成篇的部分，如《五帝本纪》中的黄帝；有些是在不影响整体传记的前提下把长篇文学作品删除，如《司马相如列传》中的辞赋。总之，本次精选，既要体现司马迁人物传记的独特思想、艺术魅力，又要便于读者阅读接受，使之能轻轻松松进入《史记》的文化殿堂。

编　者

2023年2月26日于古城西安

目 录

人文初祖黄帝

选自《五帝本纪》

黄帝者，少典之子，姓公孙，名曰轩辕。生而神灵，弱而能言，幼而徇齐，长而敦敏，成而聪明。

◎**大意** 黄帝是少典族的后裔，姓公孙，名叫轩辕。他生来神奇灵敏，几个月便会说话，年幼时思虑敏捷，长大后敦厚而通达事理，成年后明辨是非。

轩辕之时，神农氏世衰。诸侯相侵伐，暴虐百姓，而神农氏弗能征。于是轩辕乃习用干戈，以征不享，诸侯咸来宾从。而蚩尤最为暴，莫能伐。炎帝欲侵陵诸侯，诸侯咸归轩辕。轩辕乃修德振兵，治五气，艺五种，抚万民，度四方，教熊罴（pí）貔貅（pí xiū）

貙（chū）虎，以与炎帝战于阪泉之野。三战，然后得其志。蚩尤作乱，不用帝命。于是黄帝乃征师诸侯，与蚩尤战于涿鹿之野，遂禽杀蚩尤。而诸侯咸尊轩辕为天子，代神农氏，是为黄帝。天下有不顺者，黄帝从而征之，平者去之，披山通道，未尝宁居。

◎**大意** 轩辕的时候，神农氏后世子孙衰弱。各部落之间互相侵凌讨伐，残害百姓，而神农氏无力征讨他们。于是轩辕便操练士兵，以征讨不进贡的部落首领，各部首领都来归从。只有蚩尤最为强暴，没有谁能讨伐他。炎帝想侵犯各部落，各部首领皆归附轩辕。轩辕于是实行德政，训练军队，研究季节气候，教民种植五谷，安抚各地民众，丈量规划四方土地；并率领以熊罴、貔貅、貙虎为图腾的各部落，与炎帝在阪泉之野交战。经过多次战斗，取得最后的胜利。后来蚩尤又发动战乱，不听从黄帝的教令。于是黄帝便征调各部落的兵力，与蚩尤在涿鹿展开决战，捕杀了蚩尤。从此各部落皆尊奉轩辕为天子，以代替神农氏，这就是黄帝。天下有不归顺的人，黄帝便前去征讨，平服之后就带兵离开，开辟山林，凿通道路，未曾安逸过。

　　东至于海，登丸山，及岱宗。西至于空桐，登鸡头。南至于江，登熊、湘。北逐荤粥（xūn yù），合符釜山，而邑于涿鹿之阿（ē）。迁徙往来无常处，以师兵为营卫。官名皆以云命，为云师。置左右大监，监于万国。万国和，而鬼神山川封禅与为多焉。获宝鼎，迎日推策。举风后、力牧、常先、大鸿以治民。顺天地之纪，幽明之占，死生之说，存亡之难。时播百谷草木，淳化鸟兽虫蛾，旁罗日月星辰水波土石金玉，劳勤心力耳目，节用水火材物。有土德之瑞，故号黄帝。

◎**大意** 黄帝向东到达大海，登上丸山及泰山；向西到达空桐，登上鸡头山；向南到达长江，登上熊山、湘山；向北驱逐荤粥，在釜山召集各部落首领，验证符契，然后在涿鹿山下的平原上建造都邑。黄帝经常率领各部落迁徙，而不在一处定居，所到之处让士兵筑起营垒来自卫。他所封之官都用云命名，军队叫云师。他设置左大监和右大监，以监督各部落。各部落和睦相处，登临名山祭祀鬼神山川之事也就多了。黄帝又获得宝鼎，用蓍草推算日月朔望。他任用风后、力牧、常先、大鸿治理人民。他顺应天地四季运行的规律，预测阴阳的变化，研究养生送死的仪制，探究安危存亡的道理。他按季节种植百谷草木，驯养鸟兽虫豸，广泛地观察研究日月星辰的运行和水流土石金玉的物质性能，尽心竭力做事，节用水火木材和各类物品。他在位时有象征土德的瑞兆出现，所以称为黄帝。

黄帝二十五子，其得姓者十四人。

◎**大意** 黄帝有二十五个儿子，先后获得姓氏的有十四人。

黄帝居轩辕之丘，而娶于西陵之女，是为嫘祖。嫘祖为黄帝正妃，生二子，其后皆有天下：其一曰玄嚣，是为青阳，青阳降居江水；其二曰昌意，降居若水。昌意娶蜀山氏女，曰昌仆，生高阳，高阳有圣德焉。黄帝崩，葬桥山。其孙昌意之子高阳立，是为帝颛顼也。

◎**大意** 黄帝住在轩辕丘，娶西陵氏之女为妻，她就是嫘祖。嫘祖是黄帝的正妃，生了两个儿子，他们的后代都成为天下之主：一个叫玄嚣，就是青阳，青阳被封在江水；另一个叫昌意，被封在若水。昌意娶蜀山氏女儿为妻，叫昌仆，生了高阳，高阳品行高尚。黄帝逝世后，安葬于桥山。他的孙子，也就是昌意的儿子高阳即位，这就是帝颛顼。

开辟九州的大禹

选自《夏本纪》

　　夏禹，名曰文命。禹之父曰鲧，鲧之父曰帝颛顼，颛顼之父曰昌意，昌意之父曰黄帝。禹者，黄帝之玄孙而帝颛顼之孙也。禹之曾大父昌意及父鲧皆不得在帝位，为人臣。

◎大意　夏禹，名叫文命。禹的父亲叫鲧，鲧的父亲叫颛顼帝，颛顼的父亲叫昌意，昌意的父亲叫黄帝。禹是黄帝的玄孙和颛顼的孙子。禹的曾祖父昌意和父亲鲧都没有登过帝位，给别人做臣下。

　　当帝尧之时，鸿水滔天，浩浩怀山襄陵，下民其忧。尧求能治水者，群臣四岳皆曰鲧可。尧曰："鲧为人负命毁族，不可。"四岳曰：

"等之未有贤于鲧者，愿帝试之。"于是尧听四岳，用鲧治水。九年而水不息，功用不成。于是帝尧乃求人，更得舜。舜登用，摄行天子之政，巡狩。行视鲧之治水无状，乃殛（jí）鲧于羽山以死。天下皆以舜之诛为是。于是舜举鲧子禹，而使续鲧之业。

◎**大意** 帝尧在位之时，洪水滔滔，浩浩荡荡地包围了山岳，漫没了丘陵，老百姓陷在愁苦中。尧急于找到能治水的人，群臣与四岳都说鲧可以。尧说："鲧是个违背上命、败坏同族的人，不可用。"四岳说："比较起来，没有比鲧贤能的人，希望您任用他试试。"于是尧听从四岳的意见，用鲧治水。九年过去了而洪水依旧泛滥不止，没有成功。于是帝尧就寻求人才，得到了舜。舜被任用，替尧代行治理天下之事，巡行视察诸侯所守的疆土。巡行中发现鲧治水没有成绩，便把他流放到羽山，直到他死在那里。天下人都认为舜惩罚得当。这时舜推荐鲧的儿子禹，让他继续完成鲧治水的事业。

尧崩，帝舜问四岳曰："有能成美尧之事者使居官？"皆曰："伯禹为司空，可成美尧之功。"舜曰："嗟，然！"命禹："女（汝）平水土，维是勉之。"禹拜稽（qǐ）首，让于契、后稷、皋陶。舜曰："女（汝）其往视尔事矣。"

◎**大意** 尧逝世后，帝舜问四岳说："有谁能发扬光大帝尧的事业而能担任官职呢？"都说："伯禹任司空，可以光大尧的事业。"舜说："嗯，对！"命令禹说："你平治水土，努力去做吧。"禹叩头拜谢，推让给契、后稷、皋陶。舜说："你还是前去上任办事吧。"

禹为人敏给（jí）克勤；其德不违，其仁可亲，其言可信；声为律，身为度，称以出；亹（wěi）亹穆穆，为纲为纪。

◎**大意** 禹为人聪敏勤奋；遵守道德，仁慈可亲，说话讲信用；语音合于音律，举止合于法度，办事先衡量轻重再行动；勤勉端庄，是为人的典范。

禹乃遂与益、后稷奉帝命，命诸侯百姓兴人徒以傅土，行山表木，定高山大川。禹伤先人父鲧功之不成受诛，乃劳身焦思，居外十三年，过家门不敢入。薄衣食，致孝于鬼神。卑宫室，致费于沟浍（洫）。陆行乘车，水行乘船，泥行乘橇，山行乘檋（jú）。左准绳，右规矩，载四时，以开九州，通九道，陂（bēi）九泽，度九山。令益予众庶稻，可种卑湿。命后稷予众庶难得之食。食少，调有余相给，以均诸侯。禹乃行相地宜所有以贡，及山川之便利。

◎**大意** 于是禹与益、后稷秉承帝舜之命，让诸侯百官发动民力动土治水，循山勘测线路，并立木以为标记，测定高山大川的位置。禹为父亲鲧治水失败受到惩罚而伤心，于是勤劳奔走，焦苦思虑，在外十三年，经过自家门口都不敢进去探视。他节衣缩食，对祖先神明的祭祀却丰厚尽礼。他居处简陋，把财力全用在开沟挖渠上。他坐着车子在陆路上奔波，乘船在水上前行，坐着橇在泥沼里往来，穿着有齿的鞋子翻山越岭。他左手拿着测定直线的绳索，右手拿着画方圆的规矩，一年四季不违背时宜，终于开辟了九州的土地，疏通了九州的河道，修筑了九州湖泊的堤坝，凿通了九州的大山。他命益发给民众稻种，可以种植在低湿的地方。他命后稷发给民众欠缺的粮食。缺粮少食的地方，便从粮食较多的地方调配供给，使诸侯各国的粮食均衡。然后禹巡视各地，考察各地所宜生产的物品，以制定向中央交纳的贡赋，并考察各地交通运输是否便利。

禹行自冀州始。冀州：既载壶口，治梁及岐。既修太原，至于岳阳。覃怀致功，至于衡漳。其土白壤。赋上上错，田中中。常、卫既从，大陆既为。鸟夷皮服。夹右碣石，入于海。

◎**大意** 禹的治水活动从冀州开始。禹在冀州：治理好壶口之后，又治理梁山和岐山。修治好太原之后，又修治岳阳山。修治好覃怀之后，又修治了衡漳水一带。这里的土壤是盐渍土。缴纳的赋税整体上是第一等，间杂有第二等，田地在九州中属第五等。常水、卫水疏通了，一片大平原也形成了。鸟夷之人以皮衣进贡。冀州的贡赋绕过右边的碣石山，入海运输。

济、河维沇州：九河既道（dǎo），雷夏既泽，雍、沮会同，桑土既蚕，于是民得下丘居土。其土黑坟，草繇（yáo）木条。田中下，赋贞，作十有（又）三年乃同。其贡漆丝，其篚（fěi）织文。浮于济、漯，通于河。

◎**大意** 济水、黄河之间是沇州：境内九条河道都疏通了，雷夏蓄积成一个湖泊，雍水、沮水合流入湖，在土地上栽桑养蚕，于是人民得以从山上迁到平地居住。这里的土质色黑而肥沃，水草茂盛，林木高大。田地属第六等，赋税居第九位，治水后经营了十三年，纳贡才与其他各州相等。这里的贡物是漆和蚕丝，进贡的丝织品用竹器盛装。进贡道路经济水、漯水，直达黄河。

海、岱维青州：堣（yú）夷既略，潍、淄既道。其土白坟，海滨广潟（xì），厥田斥卤。田上下，赋中上。厥贡盐絺（chī），海物维错，岱畎（quǎn）丝、枲（xǐ）、铅、松、怪石，莱夷为牧，其篚酓丝。浮于汶，通于济。

◎**大意**　大海与泰山之间的地区是青州：堣夷已经平治，潍水、淄水也都疏通了。这里的土是含盐质的白色土，海滨宽广而含盐质，田多盐碱。田属第三等，赋税居第四位。贡物是盐、细葛布，还有各种海产品，以及泰山山谷出产的丝、麻、铅、松木、怪石，莱夷人在这里放牧，还有用竹筐盛装的柞蚕丝。贡品由汶水船运，通往济水。

海、岱及淮维徐州：淮、沂其治，蒙、羽其艺。艺大野既都，东原底（dǐ）平。其土赤埴坟，草木渐包（苞）。其田上中，赋中中。贡维土五色，羽畎夏狄，峄阳孤桐，泗滨浮磬，淮夷蠙（pín）珠暨（jì）（暨）鱼，其篚玄纤缟。浮于淮、泗，通于河。

◎**大意**　大海、泰山与淮水之间的地区是徐州：淮水、沂水治理完毕，蒙山、羽山开垦后也开始种植庄稼。大野泽蓄水后成为一个湖泊，东原地区得以平复。这里的土质是红色黏土，草木丛生覆盖大地。田属第二等，赋税居第五等。贡物是五色泥土、羽山谷中的野鸡、峄山南部的特产梧桐、泗水边浮石制的磬、淮夷的珠蚌和鱼类，以及用竹筐装盛的黑色丝绸。贡品从淮河、泗水船运，通向黄河。

淮、海维扬州：彭蠡既都，阳鸟所居。三江既入，震泽致定。竹箭既布。其草惟夭，其木惟乔，其土涂泥。田下下，赋下上上杂。贡金三品，瑶、琨、竹箭，齿、革、羽、旄，岛夷卉服，其篚织贝，其包橘、柚锡贡。均江海，通淮、泗。

◎**大意**　淮河与大海之间是扬州：彭蠡汇成了湖泊，鸿雁在那里栖居。三江被疏通流入大海，震泽地区获得安定。这里箭竹密布，野草肥嫩，树木高大，土质湿润。田属第九等，赋税居第七位或第六位。贡物是三种金属，还有美玉、宝石、竹箭，和象牙、犀皮、羽毛、旄牛尾，以及岛夷人穿的麻织衣服，还有用竹筐装盛的织有贝壳花纹的锦，有时还根据命令进贡包裹着的橘子、柚子。贡品沿大海长江，运到淮水、泗水。

荆及衡阳维荆州：江、汉朝宗于海。九江甚中，沱、涔已道，云土、梦为治。其土涂泥。田下中，赋上下。贡羽、旄、齿、革，金三品，杶（chūn）、榦（gàn）、栝（kuò）、柏，砺、砥、砮（nǔ）、丹，维箘簬（jùn lù）、楛（hù），三国致贡其名，包匦（guǐ）菁茅，其篚玄纁玑组，九江入赐大龟。浮于江、沱、涔、汉，逾于雒，至于南河。

◎**大意** 荆山与衡山之间是荆州：长江、汉水从这里奔流入海。长江中段在州中分成九道，沱水、涔水已疏通，云泽、梦泽已修治。这里的土质很湿润。田属第八等，赋税居第三位。贡物是羽毛、旄牛尾、象牙、皮革，三种金属，杶木、榦木、栝木、柏木，粗细磨石、镞石、丹砂，特别是三个诸侯国所贡的特产箘簬、楛木，以及包好放进匣子的菁茅，有时还根据命令进贡九江的大龟。贡品由长江、沱水、涔水、汉水北运，经过雒水，运到南河。

荆、河惟豫州：伊、雒、瀍（chán）、涧既入于河，荥播既都，道荷泽，被明都。其土壤，下土坟垆。田中上，赋杂上中。贡漆、丝、绨、纻，其篚纤絮，锡贡磬错。浮于雒，达于河。

◎**大意** 荆山和黄河之间是豫州：伊水、雒水、瀍水、涧水都已流入黄河，荥播汇成湖泊，荷泽疏通了，水覆盖了明都。这里的土质疏松细软，低洼处是坚硬的黑土。田属第四等，赋税居第二位或第一位。贡物是漆、丝、细葛布、纻麻，还有用竹筐装盛的细丝绵，有时根据命令进贡磨磬的砺石。贡品由雒水运到黄河。

华阳、黑水惟梁州：汶、嶓既艺，沱、涔既道，蔡、蒙旅平，和夷厎绩。其土青骊。田下上，赋下中三错。贡璆（qiú）、铁、银、镂、砮、磬，熊、罴、狐、狸、织皮。西倾因桓是来，浮于潜，逾于沔，入于渭，乱于河。

◎**大意** 华山南面和黑水之间是梁州：汶山、嶓冢山都已能种植，沱水、涔水都已疏通，在蔡山、蒙山祭祀山神已告成功，和夷地区有了收益。这里的土呈青黑色。田属第七等，赋税居第八位，有时居第七位或第九位。贡物是美玉、铁、银、钢、砮石、磬，及熊、罴、狐、狸、毡毯。西倾山的贡品由桓水运出，经潜水，越过沔水，转入渭水，横渡黄河。

黑水、西河惟雍州：弱水既西，泾属渭汭。漆、沮既从，沣水所同。荆、岐已旅，终南、敦物至于鸟鼠。原隰（xí）厎绩，至于都野。三危既度，三苗大序。其土黄壤。田上上，赋中下。贡璆、琳、琅玕（láng gān）。浮于积石，至于龙门西河，会于渭汭。织皮昆仑、析支、渠搜，西戎即序。

◎**大意**　黑水和西河之间是雍州：弱水已经疏通西流，泾水流入渭水。漆水、沮水合流注入渭水，沣水同样流入渭水。已经开始在荆山、岐山举行祭祀，终南山、敦物山一直到鸟鼠山都已治理完毕。高原和低地都有了收益，直到都野泽边。三危地区开发后已能够居住，三苗族的秩序也安定了。这里的土质色黄而细柔。田属第一等，赋税居第六位。贡物是璆、琳、琅玕等玉石。贡品由积石山运到龙门山下的西河，汇集到渭水湾内。其中有昆仑、析支、渠搜等部族进贡的毛织品，西戎也安定和睦了。

道九山：汧及岐至于荆山，逾于河；壶口、雷首至于太岳；砥柱、析城至于王屋；太行、常山至于碣石，入于海；西倾、朱圉、鸟鼠至于太华；熊耳、外方、桐柏至于负尾；道嶓冢，至于荆山；内方至于大别；汶山之阳至于衡山，过九江，至于敷浅原。

◎**大意**　然后循行九州各山：汧山、岐山直通荆山，越过黄河；壶口山、雷首山直通太岳山；砥柱山、析城山直通王屋山；太行山、常山直通碣石山，伸入海中；西倾山、朱圉山、鸟鼠山直通太华山；熊耳山、外方山、桐柏山直通负尾山；凿通嶓冢山，直通荆山；内方山通到大别山；汶山南面直通衡山，越过九江，到达敷浅原。

道九川：弱水至于合黎，余波入于流沙。道黑水，至于三危，入于南海。道河积石，至于龙门，南至华阴，东至砥柱，又东至于盟津，东过雒汭，至于大邳（pī），北过降水，至于大陆，北播为九河，同为逆河，入于海。嶓冢道瀁（yàng），东流为汉，又东为苍浪之水，过三澨（shì），入于大别，南入于江，东汇泽为彭蠡，东为北江，入于海。汶山道江，东别为沱，又东至于醴，过九江，至于东陵，东迤北会于汇，东为中江，入于海。道沇水，东为济，入于河，泆（溢）为荥，东出陶丘北，又东至于荷，又东北会于汶，又东北入于海。道淮自桐柏，东会于泗、沂，东入于海。道渭自鸟鼠同穴，东会于沣，又东北至于泾，东过漆沮，入于河。道雒自熊耳，东北会于涧、瀍，又东会于伊，东北入于河。

◎**大意** 又巡视九州各水：弱水流至合黎，余波流进流沙泽。疏通黑水，使其流到三危地区，再流入南海。疏通黄河，从积石山直至龙门山，南流到华山北面，东流至砥柱山，又东流到盟津，又东流汇入雒水，流到大邳山，再北过降水，流到大陆泽，向北分为九条河道，然后合流，名叫逆河，流入大海。从嶓冢山疏导瀁水，东流成为汉水，再东流成为苍浪水，过三澨水，流经大别山，向南流入长江，再向东汇流成彭蠡泽，又东流成为北江，流进大海。从汶山疏导长江，向东分出的支流名沱水，再东流到达醴水，过九江，到达东陵，再往东又斜流往北汇入彭蠡泽，又东流叫中江，再流入大海。疏导沇水，东流叫济水，注入黄河，河水泛滥汇成荥泽，然后东流经陶丘北面，又东流到达荷泽，又向东北汇流汶水，再向东北流入大海。从桐柏山疏导淮河，东流汇合泗水、沂水，向东流入大海。从鸟鼠同穴山疏导渭水，东流汇入沣水，再东北流入泾水，再东过漆水和沮水，流入黄河。从熊耳山疏导雒水，向东北流汇入涧水、瀍水，又东流汇入伊水，再向东北流入黄河。

于是九州攸同，四奥既居，九山刊旅，九川涤原，九泽既陂，四海会同。六府甚修，众土交正，致慎财赋，咸则三壤，成赋中国，赐土、姓："祗台（yí）德先，不距（拒）朕行。"

◎**大意** 于是九州同一，四方已可令百姓安居，九州的名山已削木为记，以利通行，九州的河道已水源通畅，九州的湖泊已筑起了堤防，天下归服统一。各种生产、生活资料丰富流通，各地土壤根据肥瘠高下订正了等级，慎重地征取税赋，均以土地肥瘠为准则，确定九州土地应纳的赋税，赐给诸侯百官土地和姓氏："恭敬和悦崇尚德行，不要违背我的政令。"

令天子之国以外五百里甸服：百里赋纳総（zǒng），二百里纳铚（zhì），三百里纳秸服，四百里粟，五百里米。甸服外五百里侯服：百里采，二百里任国，三百里诸侯。侯服外五百里绥服：三百里揆文教，二百里奋武卫。绥服外五百里要（yāo）服：三百里夷，二百里蔡。要服外五百里荒服：三百里蛮，二百里流。

◎**大意** 命令天子国都以外五百里的地域为甸服：其中距离国都一百里以内的地方的赋税是缴纳成捆的禾秆，二百里内的要缴纳禾穗，三百里内的要缴纳去掉了芒的禾穗，四百里内的要缴纳谷粒，五百里内的要缴纳米粒。甸服以外五百里内的地域为侯服：距离甸服一百里的地区为采地，一百里外二百里以内是替国家服役的地区，其余三百里地封诸侯。侯服以外五百里内的地域称为绥服：其中内三百里地区推行教化，外二百里地区靠武力保护。绥服以外五百里地域为要服：其中内三百里地区住夷族，外二百里地区则安置判刑的罪犯。要服以外五百里地域为荒服：其中内三百里地区住蛮族，外二百里地区则安置判处流放刑的罪犯。

东渐（jiān）于海，西被于流沙，朔、南暨：声教讫于四海。于是帝锡禹玄圭，以告成功于天下。天下于是太平治。

◎**大意** 东方入海，西方伸展到流沙泽，北方、南方也到达了遥远的地方：四海之内都感受到声威教化。于是帝舜赐给禹黑色的玉圭，向天下宣告治水成功。天下当时被治理得很好。

皋陶作士以理民。帝舜朝，禹、伯夷、皋陶相与语帝前。皋陶述其谋曰："信其道德，谋明辅和。"禹曰："然，如何？"皋陶曰："於（wū）！慎其身修，思长，敦序九族，众明高翼，近可远在已。"禹拜美言，曰："然。"皋陶曰："於！在知人，在安民。"禹曰："吁！皆若是，惟帝其难之。知人则智，能官人；能安民则惠，黎民怀之。能知能惠，何忧乎驩（huān）兜，何迁乎有苗，何畏乎巧言善色佞人？"皋陶曰："然，於！亦行有九德，亦言其有德。"乃言曰："始事事，宽而栗，柔而立，愿而共（恭），治而敬，扰而毅，直而温，简而廉，刚而实，强而义，章其有常，吉哉。日宣三德，蚤（早）夜翊（yì）明有家。日严振敬六德，亮采有国。翕（xī）受普施，九德咸事，俊乂（yì）在官，百吏肃谨。毋教邪淫奇谋。非其人居其官，是谓乱天事。天讨有罪，五刑五用哉。吾言底可行乎？"禹曰："女（汝）言致可绩行。"皋陶曰："余未有知，思赞道哉。"

◎**大意**　皋陶担任刑狱官治理百姓。舜帝上朝，禹、伯夷、皋陶在舜的面前相互交谈。皋陶陈述他的主张说："如果人君保有德行，那么就会谋划明朗、臣下协和。"禹说："对，怎样才能这样呢？"皋陶说："啊！严格要求自身，遇事深加思索，仁厚地团结各氏族，众多贤明人才努力辅佐，由近及远，完全在于从这里做起。"禹拜谢皋陶美好的言论，说："说得对。"皋陶说："啊！治理天下在于能知人善任，在于能安定百姓。"禹说："唉！都这样做，恐怕帝尧也感到困难吧。能了解人可称得上明智，也就能恰当地任人为官；能安定民众可称得上仁爱，也就能得到民众的爱戴。既明智又仁爱，何必担心驩兜呢，何必放逐有苗呢，又何必畏惧那些巧言令色的小人？"皋陶说："对，唉！做事有九种美德，我说说那些美德吧。"他于是说："用所从事的事来验证，态度宽大而严谨，性情温和而有主见，行为善良而端恭，办事有条理而认真，对上服从而坚定，待人正直而温和，行为简约而廉洁，刚强而笃定，敢为而合理，修明此九德能持之以恒，这样办事就会吉利。每日修明三德，从早到晚恭谨努力，就可以为卿大夫。每天能严肃、奋发、恭敬地修明六德，就可以辅佐天子而为诸侯。天子综合九德并加以施行，完全从事九德的实践，便可使才德出众的人担任官职，并使所有的官吏都严肃恭谨地办事，不让人们走歪门邪道。没有才德的人为官理事，就叫作乱天事。上天惩罚有罪的人，五刑要施于当受五刑的人。我的话行得通吗？"禹说："你的话实行后一定会产生实绩。"皋陶说："我没有什么才智，只是想协助治理国家。"

　　帝舜谓禹曰："女（汝）亦昌言。"禹拜曰："於，予何言！予思日孳（zī）孳。"皋陶难禹曰："何谓孳孳？"禹曰："鸿水滔天，浩浩怀山襄陵，下民皆服于水。予陆行乘车，水行乘舟，泥行乘橇，山行乘檋，行山刊木。与益予众庶稻鲜食。以决九川致四海，浚畎浍（kuài）致之川。与稷予众庶难得之食。食少，调有余补不足，徙居。众民乃定，万国为治。"皋陶曰："然，此而美也。"

◎**大意**　帝舜对禹说："你也说说你的好意见。"禹作揖说："啊，我有什么可说的呢！我只不过是考虑每天怎样勤勉地工作。"皋陶诘问禹说："怎样勤勉地工作啊？"禹说："滔天的洪水，浩浩荡荡包围山岳，淹没高地，人们都在洪水中生活。我走旱路坐车，走水路坐船，走泥泞的路坐橇，走山路用鞋底有齿的檋，缘山勘察立表为记。我和益发给百姓稻谷和生鲜食物。疏通九州河道，使它们流归大海；疏通田亩的水渠，使之流向河川。我和稷一道发给百姓欠缺的粮食。缺粮少食的地方，从有余粮的地方调拨粮食来补其不足，或者迁移贫民到粮食充足的地方。民众这才安定下来，各个地区得到治理。"皋陶说："对，这是你的美德。"

禹曰："於，帝！慎乃在位，安尔止。辅德，天下大应。清意以昭待上帝命，天其重命用休。"帝曰："吁，臣哉，臣哉！臣作朕股肱耳目。予欲左右有民，女（汝）辅之。余欲观古人之象，日月星辰，作文绣服色，女（汝）明之。予欲闻六律、五声、八音，来始滑，以出入五言，女（汝）听。予即辟，女（汝）匡拂（弼）予。女（汝）无面谀，退而谤予。敬四辅臣。诸众谗嬖（bì）臣，君德诚施皆清矣。"禹曰："然。帝即不时（是），布同善恶则毋功。"

◎**大意** 禹说："啊，帝舜！谨慎地对待您的职位，做您应做的事。有德的人辅佐您，天下就会顺应您。用诚意来宣扬和接受上天的命令，上天就会不断赐福给您。"帝舜说："啊，好臣子啊，好臣子啊！臣子是我的得力助手。我希望身边有治理民众的人，你们来辅佐我。我想效法古人服装的彩绘，观察日月星辰，制作有不同花纹色彩的衣服器物，你们要替我明确规定等级。我想听六律、五声、八音，用音乐来考察政治上的得失，听取全国各地民众的意见，你们负责使我听到。我如果有过失，你们要纠正、帮助我。你们不要当面颂扬讨好我，退下去就在背地里诽谤我。我敬重前后左右的大臣。那些进谗言邀宠幸的奸臣，只要君主的德行真正施行，他们就会被清除。"禹说："是啊。君主如果不能这样，好人坏人同时任用，那么就不会有成绩。"

帝曰："毋若丹朱傲，维慢游是好，毋水行舟，朋淫于家，用绝其世。予不能顺是。"禹曰："予娶涂山，辛壬癸甲，生启，予不子，以故能成水土功。辅成五服，至于五千里，州十二师，外薄四海，咸建五长，各道有功。苗顽不即功，帝其念哉。"帝曰："道吾德，乃女（汝）功序之也。"

◎**大意** 帝舜说："不要像丹朱那样骄傲，只知爱好游乐，在无水的陆地上也要行船游乐，在家里也结伙放纵享乐，因而不能继承尧的事业。我们不能容忍这样的行为。"禹说："我娶涂山氏的女儿是在辛日，到了甲日就离家去治水，生下儿子启，我没有回家抚育他，因此才能平治水土。（我辅佐您）设置五服来辅卫京城，周围伸展到五千里远的地方，全国十二个州都任命了长官，京城之外一直管辖到四方边境，每五个诸侯国设置一个长官来管理，他们各自遵循职守取得功绩。南方苗民顽劣不肯接受分派的工作，请您斟酌吧。"帝舜说："能推行我的德行，是靠你的功劳才逐步做到的啊。"

皋陶于是敬禹之德，令民皆则禹。不如言，刑从之。舜德大明。

◎**大意**　皋陶因此敬重禹的功德，命令大家都以禹为榜样。对不遵守命令的，施用刑罚。舜的德政于是进一步发扬光大。

于是夔行乐，祖考至，群后相让，鸟兽翔舞，《箫韶》九成，凤皇来仪，百兽率舞，百官信谐。帝用此作歌曰："陟天之命，维时维几。"乃歌曰："股肱喜哉，元首起哉，百工熙哉！"皋陶拜手稽首扬言曰："念哉，率为兴事，慎乃宪，敬哉！"乃更为歌曰："元首明哉，股肱良哉，庶事康哉！"又歌曰："元首丛脞（cuǒ）哉，股肱惰哉，万事堕哉！"帝拜曰："然，往钦哉！"于是天下皆宗禹之明度数声乐，为山川神主。

◎**大意**　这时夔奏起乐曲，祖先和亡父的灵魂降临，诸侯互相礼让，鸟兽也飞翔起舞，当《箫韶》演奏完九章时，凤凰来舞，百兽也相率舞蹈，百官和谐。帝舜因此作歌唱道："敬奉上天的命令，时时事事都要小心谨慎。"又唱道："大臣乐于尽忠，国君才能大有作为，百官的各种事业才能办好！"皋陶跪拜大声说："你们要牢记国君的教导，带领大家努力工作，谨慎地遵守法度，始终要严肃认真。"于是作歌唱和道："国君英明啊，大臣才会贤能，才会众事安宁！"又唱道："国君忙于烦琐的小事，大臣便会懒惰，各种事业便会废弛！"帝舜拜谢说："对啊，你们恭谨地各赴其职吧！"从此天下都遵循和采用禹所设立的法度和制作的乐曲，尊奉他为山川神灵的主宰。

帝舜荐禹于天，为嗣。十七年而帝舜崩。三年丧毕，禹辞辟舜之子商均于阳城。天下诸侯皆去商均而朝禹。禹于是遂即天子位，南面朝天下，国号曰夏后，姓姒氏。

◎**大意** 帝舜向上天推荐禹作继承人。十七年后帝舜崩逝。三年服丧完毕，禹把天子之位让给舜的儿子商均而自己退避到阳城。天下诸侯都离开商均而去朝拜禹，禹于是登上天子位，坐北面南接受天下臣民的朝拜，国号为夏后，姓姒氏。

帝禹立而举皋陶荐之，且授政焉，而皋陶卒。封皋陶之后于英、六，或在许。而后举益，任之政。

◎**大意** 禹帝即位后把皋陶推荐给上天，准备把政权交给他，但皋陶未及即位便去世了。禹把皋陶的后代分封在英、六两地，也有封在许国的。然后推举益，让他担任官职处理政务。

十年，帝禹东巡狩，至于会（kuài）稽而崩。以天下授益。三年之丧毕，益让帝禹之子启，而辟居箕（jī）山之阳。禹子启贤，天下属（zhǔ）意焉。及禹崩，虽授益，益之佐禹日浅，天下未洽。故诸侯皆去益而朝启，曰"吾君帝禹之子也"。于是启遂即天子之位，是为夏后帝启。

◎**大意** 过了十年，帝禹巡视东方，到会稽时崩逝。把天下交给了益。三年服丧完毕，益把帝位让给帝禹的儿子启，自己退居在箕山南面。禹的儿子启贤明，天下人都归附于他。等到禹崩逝，尽管把天下传给了益，但由于益辅佐禹的时间不长，还没取得天下的信服。所以诸侯都离开益而去朝拜启，说："这是我的君王帝禹的儿子啊。"于是启登上天子位，就是夏后帝启。

千古一帝秦始皇

选自《秦始皇本纪》

秦始皇帝者，秦庄襄王子也。庄襄王为秦质子于赵，见吕不韦姬，悦而取（娶）之，生始皇。以秦昭王四十八年正月生于邯郸。及生，名为政，姓赵氏。年十三岁，庄襄王死，政代立为秦王。当是之时，秦地已并巴、蜀、汉中、越、宛，有郢置南郡矣；北收上郡以东，有河东、太原、上党郡；东至荥阳，灭二周，置三川郡。吕不韦为相，封十万户，号曰文信侯。招致宾客游士，欲以并天下。李斯为舍人。蒙骜、王齮（yǐ）、麃（biāo）公等为将军。王年少，初即位，委国事大臣。

◎**大意** 秦始皇帝，是秦庄襄王的儿子。庄襄王以秦国王室子孙的身份在赵国做人质，见到吕不韦的姬妾，很喜欢，便娶她为妻，生下始皇帝。始皇帝于秦昭王四十八年正月出生在邯郸。出生后，取名叫政，姓赵。十三岁那年，庄襄王去世，政即位做了秦王。这时候，秦国已吞并了巴、蜀、汉中、越、宛，攻下郢后以之为郡治设置了南郡；向北收取上郡以东，占有河东、太原、上党郡；向东到达荥阳，灭了二周，设置三川郡。吕不韦任相国，封十万户，封号称文信侯。召集宾客游士，想要吞并天下。李斯为舍人。蒙骜、王齮、麃公等为将军。秦王年纪小，刚即位不久，把国事委托给了大臣。

晋阳反，元年，将军蒙骜击定之。二年，麃公将卒攻卷，斩首三万。三年，蒙骜攻韩，取十三城。王齮死。十月，将军蒙骜攻魏氏畼（chàng）、有诡。岁大饥。四年，拔畼、有诡。三月，军罢。秦质子归自赵，赵太子出归国。十月庚寅，蝗虫从东方来，蔽天。天下疫。百姓内（纳）粟千石，拜爵一级。五年，将军骜攻魏，定酸枣、燕、虚、长平、雍丘、山阳城，皆拔之，取二十城。初置东郡。冬雷。六年，韩、魏、赵、卫、楚共击秦，取寿陵。秦出兵，五国兵罢。拔卫，迫东郡，其君角率其支属徙居野王，阻其山以保魏之河内。七年，彗星先出东方，见（现）北方，五月见西方。将军骜死。以攻龙、孤、庆都，还兵攻汲。彗星复见西方十六日。夏太后死。八年，王弟长安君成蟜（jiǎo）将军击赵，反，死屯留，军吏皆斩死，迁其民于临洮。将军壁死，卒屯留、蒲鶮（hú）反，戮其尸。河鱼大上，轻车重马东就食。

◎**大意** 晋阳反叛。秦始皇元年，将军蒙骜平定了叛乱。二年，麃公率兵攻打卷邑，斩首三万人。三年，蒙骜攻打韩国，夺取十三座城。王齮去世。十月，将军蒙骜攻打魏国的畼邑、有诡邑。这一年饥荒严重。四年，攻克畼邑、有诡邑。三月，停止进军。秦国的质子从赵国回来，赵国的太子从秦国回国。十月庚寅，蝗虫从东方涌来，遮天蔽日。全国流行瘟疫。百姓缴纳一千石粮食，授予爵位一级。五年，将军蒙骜进攻魏国，平定酸枣、燕邑、虚邑、长平、雍丘、山阳城，全部攻克，夺得二十座城。开始设置东郡。这年冬天出现了打雷的怪现象。六年，韩国、魏国、赵国、卫国、楚国共同攻打秦国，夺取了寿陵。秦国出兵，五国停止进兵。秦军攻取卫国，向东郡迫近，卫国国君姬角率领他的宗族迁居野王，以山为险保卫魏国的河内。七年，彗星先出现在东方，又出现在北方，五月出现在西方。将军蒙骜去世。秦军攻打龙邑、孤邑、庆都，回军攻打汲邑。彗星又在西方出现，持续了十六天。夏太后逝世。八年，秦王的弟弟长安君成蟜率军攻打赵国，举兵谋反，死在屯留，军吏都被处死，屯留民众被迁徙到临洮。将军成蟜在营垒中自杀，在屯留、蒲鶮反叛的部卒，被戮尸。黄河泛滥以致鱼上平地，秦人车载马驮纷纷去东方逃荒。

　　嫪毒封为长信侯。予之山阳地，令毒居之。宫室车马衣服苑囿驰猎恣毒。事无小大皆决于毒。又以河西太原郡更为毒国。九年，彗星见，或竟天。攻魏垣、蒲阳。四月，上宿雍。己酉，王冠，带剑。长信侯毒作乱而觉，矫王御玺及太后玺以发县卒及卫卒、官骑、戎翟（狄）君公、舍人，将欲攻蕲年宫为乱。王知之，令相国昌平君、昌文君发卒攻毒。战咸阳，斩首数百，皆拜爵，及宦者皆在战中，亦拜爵一级。毒等败走。即令国中：有生得毒，赐钱百万；杀之，五十万。尽得毒等。卫尉竭、内史肆、佐弋竭、中大夫令齐等二十人皆枭首。车裂以徇，灭其宗。及其舍人，轻者为鬼薪。及夺爵迁蜀四千余家，家房陵。四月寒冻，有死者。杨端和攻衍氏。彗星见西方，又见北方，从斗以南八十日。十年，相国吕不韦坐嫪毒免。桓齮为将军。齐、赵来置酒。齐人茅焦说秦王曰："秦方以天下为事，而大王有迁母太后之名，恐诸侯闻之，由此倍（背）秦也。"秦王乃迎太后于雍而入咸阳，复居甘泉宫。

◎ **大意**　嫪毒被封为长信侯。授予山阳之地，让他居住。宫室、车马、衣服、苑囿、驱马打猎都任他享用。事情无论大小都由他决定。又把河西太原郡改为嫪毒的封国。九年，彗星出现，有时横贯长天。秦军攻打魏国的垣邑、蒲阳邑。四月，秦王住在雍。己酉日，秦王举行冠礼，带剑。长信侯嫪毒作乱被发觉，他盗用秦王御玺和太后的印信发动京畿部队及卫队、官骑、戎翟首领、家臣，将要攻打蕲年宫，发动叛乱。秦王知道后，命令相国昌平君、昌文君发兵进攻嫪毒。战于咸阳，砍杀几百人，有战功的都获得爵位，参战的宦者也都授予一级爵位。嫪毒等败逃。秦王随即通令全国：有活捉嫪毒的，赏钱百万；杀掉他的，赏钱五十万。嫪毒等全被活捉。卫尉竭、内史肆、佐弋竭、中大夫令齐等二十人都被砍头示众。嫪毒等人被车裂示众，秦王灭了他们的宗族。嫪毒的家臣，罪轻的被罚为宗庙打柴。被剥夺爵位迁徙蜀地的有四千多家，住在房陵。四月天气严寒，有被冻死的。杨端和攻打衍氏。彗星出现在西方，又出现在北方，徘徊在北斗星以南达八十天。十年，相国吕不韦牵连嫪毒案件而被免职。桓齮为将军。齐国、赵国来人置酒祝贺。齐人茅焦劝秦王说："秦国正在经略谋取天下的大业，而大王有流放母亲的罪名，恐怕诸侯知道后，会因此背叛秦国。"秦王这才把太后从雍迎回咸阳，仍然让她住在甘泉宫。

　　大索，逐客。李斯上书说，乃止逐客令。李斯因说秦王，请先取韩以恐他国，于是使斯下韩。韩王患之。与韩非谋弱秦。大梁人尉缭来，说秦王曰："以秦之强，诸侯譬如郡县之君，臣但恐诸侯合从，翕（xī）而出不意，此乃智伯、夫差、湣王之所以亡也。愿大王毋爱财物，赂其豪臣，以乱其谋，不过亡三十万金，则诸侯可尽。"秦王从其计，见尉缭亢礼，衣服食饮与缭同。缭曰："秦王为人，蜂准，长目，挚（鸷）鸟膺（yīng），豺声，少恩而虎狼心，居约易出人下，得志亦轻食人。我布衣，然见我常身自下我。诚使秦王得志于天下，天下皆为虏矣。不可与久游。"乃亡去。秦王觉，固止，以为秦国尉，卒用其计策。而李斯用事。

◎**大意**　秦国全面搜索，要驱逐从诸侯国来的宾客，李斯上书劝说，这才停止了逐客令。李斯趁机劝说秦王，先夺取韩国以威吓其他国家，于是派李斯去降服韩国。韩王十分忧虑，与韩非谋划削弱秦国。大梁人尉缭前来，劝说秦王："以秦国的强大，诸侯就像郡县的首领一样，我只是担心诸侯国合纵，联合起来实施袭击，这就是智伯、夫差、湣王灭亡的原因。希望大王不要吝惜财物，贿赂各国的大臣，以扰乱他们的计谋，只不过失去三十万金，就可以尽灭诸侯。"秦王听从他的谋略，见尉缭时行平等之礼，衣服饮食和尉缭一样。尉缭说："秦王的相貌，鼻梁高挺，眼睛细长，胸同鸷鸟，声如豺狼，缺乏情义而有虎狼之心，处境困难时容易礼下于人，得志时也会轻易地吞食人。我只是一介平民，然而他见了我常以自身居我之下。如果真让秦王得志于天下，天下人都会成为他的奴隶。不可和他长期交往。"于是逃走。秦王发觉后，再三挽留，任用他为秦国的太尉，完全采用他的计策。而李斯掌握国家大权。

　　十一年，王翦、桓齮、杨端和攻邺，取九城。王翦攻阏与、橑（lǎo）杨，皆并为一军。翦将十八日，军归斗食以下，什（十）推二人从军。取邺安阳，桓齮将。十二年，文信侯不韦死，窃葬。其舍人临者，晋人也逐出之；秦人六百石以上夺爵，迁；

五百石以下不临，迁，勿夺爵。"自今以来，操国事不道如嫪毐、不韦者籍其门，视此"。秋，复嫪毐舍人迁蜀者。当是之时，天下大旱六月，至八月乃雨。

◎**大意** 十一年，王翦、桓齮、杨端和进攻邺城，夺取九座城池。王翦攻打阏与、橑杨，三路军并为一军。王翦任统帅的第十八天，把军中斗食以下的军士遣送回家，十人中只挑选两人从军。攻下邺和安阳后，桓齮被任为主将。十二年，文信侯吕不韦死去，被偷偷安葬。他的门客去吊丧的，是晋人则驱逐出境；秦人六百石以上的夺去爵位，流放；秦人五百石以下未去吊丧的，流放，不剥夺爵位。从此以后，像嫪毐、吕不韦这样操纵国事、违背君意的全部家族编入簿册为徒隶，照此法处置。秋天，赦免被流放到蜀地的嫪毐家臣。在这期间，天下大旱六个月，一直到八月才下雨。

十三年，桓齮攻赵平阳，杀赵将扈辄，斩首十万。王之河南。正月，彗星见东方。十月，桓齮攻赵。十四年，攻赵军于平阳，取宜安，破之，杀其将军。桓齮定平阳、武城。韩非使秦，秦用李斯谋，留非，非死云阳。韩王请为臣。

◎**大意** 十三年，桓齮攻打赵国的平阳，杀死赵将扈辄，斩首十万人。秦王到河南。正月，彗星在东方出现。十月，桓齮攻打赵国。十四年，在平阳攻打赵军，夺取宜安，大败赵军，杀死其将军。桓齮平定平阳、武城。韩非出使秦国，秦王采纳李斯的计策，扣留韩非，韩非死在云阳。韩王请求称臣。

十五年，大兴兵，一军至邺，一军至太原，取狼孟。地动。十六年九月，发卒受地韩南阳假守腾。初令男子书年。魏献地于秦。秦置丽邑。十七年，内史腾攻韩，得韩王安，尽纳其地，以其地为郡，命曰颍川。地动。华阳太后卒。民大饥。

◎**大意** 十五年，秦大举出兵，一支军队到邺，一支军队到太原，夺取狼孟。这年发生了地震。十六年九月，发兵接收韩国南阳之地并委任腾为南阳代理郡守。开始命令男子登记年龄。魏国向秦国献地。秦国设置丽邑。十七年，内史腾进攻韩国，掳获韩王安，把韩国土地全部纳入秦国版图，并将其设为郡，取名颍川。这年发生了地震。华阳太后去世。百姓遭受饥荒。

十八年，大兴兵攻赵。王翦将上地，下井陉，端和将河内，羌瘣（huì）伐赵，端和围邯郸城。十九年，王翦、羌瘣尽定取赵地东阳，得赵王。引兵欲攻燕，屯中山。秦王之邯郸，诸尝与王生赵时母家有仇怨，皆坑之。秦王还，从太原、上郡归。始皇帝母太后崩。赵公子嘉率其宗数百人之代，自立为代王，东与燕合兵，军上谷。大饥。

◎**大意** 十八年，大举兴兵攻打赵国。王翦统率驻于上郡的军队攻克了井陉，杨端和率领河内驻军，羌瘣进攻赵国，杨端和包围了邯郸城。十九年，王翦、羌瘣彻底平定了赵国东阳地区，俘获赵王。又率军准备攻打燕国，驻扎在中山。秦王来到邯郸，那些曾经在秦王出生于赵国时与他母家有仇怨的人，全被活埋。秦王返回，经太原、上郡回京。秦始皇的母太后去世。赵公子嘉率领其宗族几百人到代地，自立为代王，向东与燕国合兵，驻扎在上谷。这年饥荒严重。

二十年，燕太子丹患秦兵至国，恐，使荆轲刺秦王。秦王觉之，体解轲以徇，而使王翦、辛胜攻燕。燕、代发兵击秦军，秦军破燕易水之西。二十一年，王贲（bēn）攻荆。乃益发卒诣王翦军，遂破燕太子军，取燕蓟城，得太子丹之首。燕王东收辽东而王（wàng）之。王翦谢病老归。新郑反。昌平君徙于郢。大雨（yù）雪，深二尺五寸。

◎**大意** 二十年，燕太子丹担心秦军兵临燕国，很害怕，派荆轲去刺杀秦王。秦王发觉了，肢解荆轲以示众，而派王翦、辛胜攻打燕国。燕王、代王发兵迎击秦军，秦军在易水的西边打败了燕军。二十一年，王贲攻打楚国。秦王又增派兵员到王翦军中，随即打垮了燕太子的军队，夺取了燕国的蓟城，获得太子丹的首级。燕王向东收取辽东而称王。王翦称病告老还乡。新郑反叛。昌平君调职到郢。这年天降大雪，厚达二尺五寸。

二十二年，王贲攻魏，引河沟灌大梁，大梁城坏，其王请降，尽取其地。

◎**大意** 二十二年，王贲进攻魏国，引来黄河和鸿沟的水淹大梁，大梁城被摧毁，魏王请求投降，全部夺取了魏国的领地。

二十三年，秦王复召王翦，强起之，使将击荆。取陈以南至平舆，虏荆王。秦王游至郢陈。荆将项燕立昌平君为荆王，反秦于淮南。二十四年，王翦、蒙武攻荆，破荆军，昌平君死，项燕遂自杀。

◎**大意** 二十三年，秦王又召回王翦，强行起用他，派他率军攻打楚国。夺取了陈以南到平舆的地区，俘虏了楚王。秦王巡游到郢陈。楚将项燕立昌平君为楚王，在淮河以南地区反秦。二十四年，王翦、蒙武攻打楚国，大败楚军，昌平君战死，项燕也因此自杀。

二十五年，大兴兵，使王贲将，攻燕辽东，得燕王喜。还攻代，虏代王嘉。王翦遂定荆江南地；降越君，置会稽郡。五月，天下大酺（pú）。

◎**大意** 二十五年，大举兴兵，派王贲领军，攻打燕国辽东，俘虏燕王姬喜。回兵攻打代国，俘虏代王赵嘉。王翦最终平定了楚国江南地区；降服越族首领，设置会稽郡。五月，秦王下令特许全国臣民聚会饮酒。

二十六年，齐王建与其相后胜发兵守其西界，不通秦。秦使将军王贲从燕南攻齐，得齐王建。

◎**大意** 二十六年，齐王田建和他的相国后胜发兵守卫齐国西部边界，不与秦国交往。秦国派将军王贲从燕国向南攻打齐国，俘虏了齐王田建。

秦初并天下，令丞相、御史曰："异日韩王纳地效玺，请为藩臣，已而倍（背）约，与赵、魏合从畔（叛）秦，故兴兵诛之，虏其王。寡人以为善，庶几息兵革。赵王使其相李牧来约盟，故归其质子。已而倍盟，反我太原，故兴兵诛之，得其王。赵公子嘉乃自立为代王，故举兵击灭之。魏王始约服入秦，已而与韩、赵谋袭秦，秦兵吏诛，遂破之。荆王献青阳以西，已而畔（叛）约，击我南郡，故发兵诛，得其王，遂定其荆地。燕王昏乱，其太子丹乃阴令荆轲为贼，兵吏诛，灭其国。齐王用后胜计，绝秦使，欲为乱，兵吏诛，虏其王，平齐地。寡人以眇眇之身，兴兵诛暴乱，赖宗庙之灵，六王咸伏其辜，天下大定。今名号不更，无以称成功，传后世。其议帝号。"丞相绾（wǎn）、御史大夫劫、廷尉斯等皆曰："昔者五帝地方千里，其外侯服夷服，诸侯或朝或否，天子不能制。今陛下兴义兵，诛残贼，平定天下，海内为郡县，法令由一统，自上古以来未尝有，五帝所不及。臣等谨与博士议曰：'古有天皇，有地皇，有泰皇，泰皇最贵。'臣等昧死上尊号，王为'泰皇'。命为'制'，令为'诏'，天子自称曰'朕'。"王曰："去'泰'，著'皇'，采上古'帝'位号，号曰'皇帝'。他如议。"制曰："可。"追尊庄襄王为太上皇。制曰："朕闻太古有号毋谥，中古有号，死而以行为谥。如此，则子议父，臣议君也，甚无谓，朕弗取焉。自今已（以）来，除谥法。朕为始皇帝。后世以计数，二世三世至于万世，传之无穷。"

◎**大意** 秦王刚刚统一天下，命令丞相、御史说："过去韩王献纳土地交出玉玺，请求做守边之臣，不久违背盟约，与赵国、魏国联合反叛秦国，因此（我）兴兵讨伐他，俘虏了韩王。我以为很好，几乎要退兵停战。没想到赵王派遣他的相国李牧来缔结盟约，所以放还了他的质子。过后赵又背弃盟约，在太原反叛我，所以派兵讨伐他，俘虏了赵王。赵公子嘉竟然自立为代王，因此发兵消灭了他。魏王起初立约臣服于秦国，随后又与韩国、赵国图谋袭击秦国，秦国官兵予以讨伐，于是打败了他们。楚王进献青阳以西的土地，继而背叛盟约，攻击我国南郡，因此发兵讨伐，俘虏楚王，平定了楚地。燕王昏庸无能，他的太子姬丹竟然密令荆轲来刺杀我，所以派兵讨伐，灭掉了燕国。齐王采用后胜的计策，断绝与秦国的邦交，企图作乱，于是派官军讨伐，俘虏了齐王，平定了齐地。我凭着这微不足道之身，兴兵讨伐暴乱，有赖祖宗威灵，六国君王都得到了应有的惩罚，天下太平起来。现在不更改名号，不足以颂扬功业，流传后世。请大家商议帝号。"丞相王绾、御史大夫冯劫、廷尉李斯等都说："从前五帝的领土方圆千里，此外侯服、夷服等九服之地，有的按时纳贡述职，有的不这样，天子不能控制。如今陛下发动义兵，讨伐残贼，平定天下，把全国划分为郡和县，法令趋于统一，这是上古以来未曾有过的，连五帝都没做到。臣等谨与博士商讨结果：'古代有天皇、地皇、泰皇，泰皇最尊贵。'臣等冒死进献尊号，王为'泰皇'。天子之命称为'制'，天子之令称为'诏'，天子自称'朕'。"秦王说："去掉'泰'字，留用'皇'字，加上上古'帝'的名号，称为'皇帝'。其他依照你们所商议的办。"下诏书说："可以。"给庄襄王追加尊号为太上皇。下令说："我听说上古有号无谥，中古有号，死后根据其品行决定谥号。这样，儿子要议论父亲，臣子要议论君王，实在不应该，我不采取此法。从今以后，废除谥法。我是始皇帝，后代按数排列，二世三世直到万世，永远流传没有穷尽。"

始皇推终始五德之传，以为周得火德，秦代周德，从所不胜。方今水德之始，改年始，朝贺皆自十月朔。衣服旄旌节旗皆上（尚）黑。数以六为纪，符、法冠皆六寸，而舆六尺，六尺为步，乘六马。更名河曰德水，以为水德之始。刚毅戾深，事皆决于法，刻削毋仁恩和义，然后合五德之数。于是急法，久者不赦。

◎**大意**　始皇推究五德终始循环的次序，认为周朝得火德，秦朝取代周德，采用周德所不能胜的水德。现在是水德的开始。更改岁首，以十月初一为新年朝贺之日，衣服、旄旌、符节、旗帜都崇尚黑色。各种数目都以"六"为标准，符信、法冠都是六寸，车厢六尺，六尺为一步，一辆车驾六匹马。把黄河改名为德水，作为水德的开端。刚戾凶暴，凡事都以刑法决断，苛刻而不讲仁爱恩惠和道义，这才符合五德的规律。于是以贯彻法令为急务，犯法的人久久得不到赦免。

丞相绾等言："诸侯初破，燕、齐、荆地远，不为置王，毋以填（镇）之。请立诸子，唯上幸许。"始皇下其议于群臣，群臣皆以为便。廷尉李斯议曰："周文武所封子弟同姓甚众，然后属疏远，相攻击如仇雠（chóu），诸侯更相诛伐，周天子弗能禁止。今海内赖陛下神灵一统，皆为郡县，诸子功臣以公赋税重赏赐之，甚足易制。天下无异意，则安宁之术也。置诸侯不便。"始皇曰："天下共苦战斗不休，以有侯王。赖宗庙，天下初定，又复立国，是树兵也，而求其宁息，岂不难哉！廷尉议是。"

◎**大意**　丞相王绾等说："诸侯刚刚破败，燕国、齐国、楚国地处偏远，如不设置诸侯王，难以镇服他们，请立诸位皇子为王，希望陛下应允。"秦始皇将他们的建议下交群臣商讨，群臣都认为有利。廷尉李斯评论说："周文王、周武王所分封的同姓子弟很多，然而后代疏远，互相攻击好像仇家一般，诸侯互相讨伐，周天子不能禁止，现在全国依赖陛下神明得以统一，都设置了郡县，各位皇子及功臣用国家赋税重加赏赐，心满意足容易管理。天下没有二心，这才是安定国家的方法。设置诸侯不合适。"秦始皇说："天下同受打仗不止的痛苦，就是因为有诸侯王。有赖祖宗，天下刚刚平定，又设置诸侯国，是埋下战争的隐患啊，再去寻求安定，岂不困难！廷尉说得对。"

分天下以为三十六郡，郡置守、尉、监。更名民曰"黔首"。大
酺。收天下兵，聚之咸阳，销以为钟镰（jù），金人十二，重各千
石，置廷宫中。一法度衡石丈尺。车同轨。书同文字。地东至海暨
朝鲜，西至临洮羌中，南至北向户，北据河为塞，并（傍）阴山至辽
东。徙天下豪富于咸阳十二万户。诸庙及章台、上林皆在渭南。秦
每破诸侯，写放（仿）其宫室，作之咸阳北阪（bǎn）上，南临渭，自
雍门以东至泾、渭，殿屋复道周阁相属。所得诸侯美人钟鼓，以充
入之。

◎**大意** 于是把天下分成三十六郡，每郡设有郡守、郡尉、郡监。改称平民为"黔
首"。特许全国聚会饮酒。收集天下兵器，聚集在咸阳，销毁后铸成钟镰，又铸
十二个铜人，各重千石，安放在宫廷里。统一法律和度量衡标准。车辆统一轨距。
书写统一文字。领土东至大海和朝鲜，西至临洮羌人居住的地方，南到北向户，北
据黄河为要塞，沿着阴山直至辽东。将全国十二万户富豪迁移到咸阳。各种庙宇及
章台、上林苑都在渭河南岸。秦每打败一个诸侯，就模仿该国宫室，建造到咸阳北
面的山坡上，南临渭水，从雍门以东到泾、渭二水，殿屋间的阁道和周围楼阁相互
连接。所获得的美女钟鼓，都放进这里。

二十七年，始皇巡陇西、北地，出鸡头山，过回中。焉作信
宫渭南，已更命信宫为极庙，象天极。自极庙道通郦山，作甘泉
前殿，筑甬道，自咸阳属（zhǔ）之。是岁，赐爵一级。治驰道。

◎**大意** 二十七年，秦始皇巡视陇西郡、北地郡，出鸡头山，经过回中。于是在
渭水南岸建造信宫，后来将信宫改名为极庙，象征北极星。从极庙有道路通向郦
山，建造甘泉宫前殿，修筑甬道，连接到咸阳。这一年，赏赐百姓爵位一级。
修筑驰道。

二十八年，始皇东行郡县，上邹峄山。立石，与鲁诸儒生议
刻石颂秦德，议封禅（shàn）望祭山川之事。乃遂上泰山，立石，
封，祠祀。下，风雨暴至，休于树下，因封其树为五大夫。禅梁
父。刻所立石，其辞曰：

◎**大意** 二十八年，秦始皇向东巡视郡县，登上邹峄山。树立石碑，和鲁地的儒生商议，刻碑颂扬秦朝的功德，商议封禅和望祭名山大川的事情。于是登上泰山，树碑，堆土为坛，举行祭天大典。下山时，风雨突至，在一棵树下休息，于是封那棵树为五大夫。又到梁父山祭祀地神。在立的石碑上刻字，碑文说：

皇帝临位，作制明法，臣下修饬（chì）。二十有（又）六年，初并天下，罔不宾服。亲巡远方黎民，登兹泰山，周览东极。从臣思迹，本原事业，祇（zhī）诵功德。治道运行，诸产得宜，皆有法式。大义休明，垂于后世，顺承勿革。皇帝躬圣，既平天下，不懈于治。夙兴夜寐，建设长利，专隆教诲。训经宣达，远近毕理，咸承圣志。贵贱分明，男女礼顺，慎遵职事。昭隔内外，靡不清净，施（yì）于后嗣。化及无穷，遵奉遗诏，永承重戒。

◎**大意** 皇帝登位，创制明法，臣民恭谨。二十六年，统一天下，无不臣服。亲巡边民，登临泰山，周览东部边疆。随行之臣追想秦统一天下的事迹，推源溯业，敬颂功德。国政施行，诸事得宜，皆有法式。道义美好显著，足以垂范后世，只可顺承而不要变更。皇帝圣明，天下平定后仍不懈怠于治国。他早起晚睡，为国家的长远利益谋划，特别注重对百姓的教诲。训导全国官民，使他们都得到治理，都能按皇帝的旨意办事。贵贱等级分明，男女依礼顺从，人人恪守职责。光明照耀内外，天下清净太平，制度永传后世。教化及于无穷，后世谨遵遗令，永受圣戒。

于是乃并勃海以东，过黄、腄（zhuì），穷成山，登之罘（fú），立石颂秦德焉而去。

◎**大意** 于是就沿渤海东行，经过黄县、腄县，直达成山尽头，登之罘山，树碑颂扬秦朝功德后离去。

南登琅邪，大乐之，留三月。乃徙黔首三万户琅邪台下，复十二岁。作琅邪台，立石刻，颂秦德，明得意。曰：

◎**大意** 向南登琅邪山，非常喜欢，逗留了三个月。于是迁移三万户百姓到琅邪台下，免除他们十二年的赋税徭役。建造琅邪台，立碑刻辞，颂扬秦朝的功德，彰明秦朝得志之情。碑文说：

> 维二十八年，皇帝作始。端平法度，万物之纪。以明人事，合同父子。圣智仁义，显白道理。东抚东土，以省卒士。事已大毕，乃临于海。皇帝之功，勤劳本事。上农除末，黔首是富。普天之下，抟（专）心揖（辑）志。器械一量，同书文字。日月所照，舟舆所载。皆终其命，莫不得意。应时动事，是维皇帝。匡饬异俗，陵水经地。忧恤黔首，朝夕不懈。除疑定法，咸知所辟。方伯分职，诸治经易。举错必当，莫不如画。皇帝之明，临察四方。尊卑贵贱，不逾次行。奸邪不容，皆务贞良。细大尽力，莫敢怠荒。远迩辟隐，专务肃庄。端直敦忠，事业有常。皇帝之德，存定四极。诛乱除害，兴利致福。节事以时，诸产繁殖。黔首安宁，不用兵革。六亲相保，终无寇贼。欢欣奉教，尽知法式。六合之内，皇帝之土。西涉流沙，南尽北户。东有东海，北过大夏。人迹所至，无不臣者。功盖五帝，泽及牛马。莫不受德，各安其宇。

◎**大意** 二十八年，始称皇帝。端正法度，万物纲纪。彰明人伦，和睦父子。圣智仁义，显扬道理。巡抚东土，探望兵吏。大业既成，遂临海滨。皇帝之功，勤劳农事。重农抑商，百姓致富。普天之下，专心一志。统一度量，统一文字。天下之地，四海之民，尽享天年，人人满意。适时而动，皇帝之职。纠正风俗，跋山涉水。体恤百姓，昼夜不懈。除疑明法，都知趋避。官吏尽职，诸事易治。措施必当，整齐划一。皇帝英明，巡察四方。尊卑贵贱，不越本分。奸邪不容，务求贞良。凡事尽力，不敢怠荒。远近偏僻，致力肃庄。正直忠诚，职业稳当。皇帝之德，安定四方。诛乱除害，兴利致富。轻役重农，事业繁盛。百姓安宁，不用兵革。亲属相保，终无寇贼。乐于从教，尽知法度。天地四方，皇帝之土。西越流沙，南达北户。东有东海，北过大夏。人迹所至，无不称臣。功盖五帝，恩及牛马。无不受德，人人安居。

维秦王兼有天下，立名为皇帝，乃抚东土，至于琅邪。列侯武城侯王离、列侯通武侯王贲、伦侯建成侯赵亥、伦侯昌武侯成、伦侯武信侯冯毋择、丞相隗（wěi）状、丞相王绾、卿李斯、卿王戊、五大夫赵婴、五大夫杨樛（jiū）从，与议于海上。曰："古之帝者，地不过千里，诸侯各守其封域，或朝或否，相侵暴乱，残伐不止，犹刻金石，以自为纪。古之五帝、三王，知（智）教不同，法度不明，假威鬼神，以欺远方，实不称（chèn）名，故不久长。其身未殁（mò），诸侯倍（背）叛，法令不行。今皇帝并一海内，以为郡县，天下和平。昭明宗庙，体道行德，尊号大成。群臣相与诵皇帝功德，刻于金石，以为表经。"

◎**大意** 秦王兼并天下，立名为皇帝，安抚东方，到达琅邪。列侯武城侯王离、列侯通武侯王贲、伦侯建成侯赵亥、伦侯昌武侯成、伦侯武信侯冯毋择、丞相隗状、丞相王绾、卿李斯、卿王戊、五大夫赵婴、五大夫杨樛随从，在海滨参与了评论。说："古代帝王，领地不过千里，诸侯各守其封地，有的朝见有的不朝见，互相侵犯施行暴乱，残杀征伐不停，还铸铜器刻石碑，用以记载自己的功业。古代的五帝三王，智能教育各不相同，法律制度不严明，借助鬼神之威，欺骗远方，实际与名号不相符，所以不长久。其身未死，诸侯背叛，法令不能推行。如今皇帝统一全国，划分郡县，天下和平。光大祖宗威灵，践行大道，推行德政，皇帝的称号名副其实。群臣纷纷称颂皇帝的功德，刻于铜器石碑上，作为典范法式。"

既已，齐人徐市（fú）等上书，言海中有三神山，名曰蓬莱、方丈、瀛洲，仙人居之。请得斋戒，与童男女求之。于是遣徐市发童男女数千人，入海求仙人。

◎**大意** 事情结束后，齐地人徐市等上书，说海中有三座神山，叫作蓬莱、方丈、瀛洲，仙人住在那里。请求斋戒，带童男童女去那里求仙。于是始皇派徐市带数千童男童女，入海寻找仙人。

始皇还，过彭城，斋戒祷祠，欲出周鼎泗水。使千人没水求之，弗得。乃西南渡淮水，之衡山、南郡。浮江，至湘山祠。逢大风，几不得渡。上问博士曰："湘君何神？"博士对曰："闻之，尧女，舜之妻，而葬此。"于是始皇大怒，使刑徒三千人皆伐湘山树，赭（zhě）其山。上自南郡由武关归。

◎**大意** 秦始皇返回，经过彭城时，斋戒祷祭，想从泗水中捞出周朝的宝鼎。派了一千人潜入水中寻找，没有找到。于是向西南渡淮水，到衡山、南郡。乘船沿江而下，到湘山祠。遇到大风，差点不能渡河，始皇问博士说："湘君是什么神？"博士回答："听说，是尧的女儿，舜的妻子，埋葬在这里。"于是秦始皇大怒，派三千名刑徒把湘山的树全部砍掉，使湘山光秃秃的。始皇从南郡经武关回京。

二十九年，始皇东游。至阳武博狼沙中，为盗所惊。求弗得，乃令天下大索十日。

◎**大意** 二十九年，秦始皇向东巡游。到阳武县的博狼沙，被强盗惊吓。强盗没有捉到，于是下令全国严加搜索了十天。

登之罘，刻石。其辞曰：

维二十九年，时在中春，阳和方起。皇帝东游，巡登之罘，临照于海。从臣嘉观，原念休烈，追诵本始。大圣作治，建定法度，显箸（著）纲纪。外教诸侯，光（广）施文惠，明以义理。六国回辟，贪戾（利）无厌，虐杀不已。皇帝哀众，遂发讨师，奋扬武德。义诛信行，威燀旁达，莫不宾服。烹灭强暴，振救黔首，周定四极。普施明法，经纬天下，永为仪则。大矣哉！宇县之中，承顺圣意。群臣诵功，请刻于石，表垂于常式。

◎**大意** 登上之罘山，树碑刻石。碑文说：

二十九年，时在中春，阳气升起。皇帝东游，巡登之罘，俯瞰大海。从臣赏景，回想伟绩，追颂创始。圣君兴治，建立法度，显著纲纪。外教诸侯，广施文惠，导之义理。六国奸僻，贪暴无厌，虐杀不止。皇帝怜民，发兵讨伐，奋扬武德。仗义讨伐，守信而行，神威光大，无不臣服。消灭强暴，拯救黎民，平定四方。广施明法，建立秩序，永为法则。多么伟大！全国之中，承顺圣意。群臣颂功，请刻于石，永为法式。

其东观曰：

维二十九年，皇帝春游，览省（xǐng）远方。逮于海隅，遂登之罘，昭临朝阳。观望广丽，从臣咸念，原道至明。圣法初兴，清理疆内，外诛暴强。武威旁畅，振动四极，禽（擒）灭六王。阐并天下，灾害绝息，永偃戎兵。皇帝明德，经理宇内，视听不怠。作立大义，昭设备器，咸有章旗。职臣遵分，各知所行，事无嫌疑。黔首改化，远迩同度，临古绝尤。常职既定，后嗣循业，长承圣治。群臣嘉德，祗诵圣烈，请刻之罘。

◎**大意** 这个碑的东面刻文说：

二十九年，皇帝春游，巡视远方。来到海滨，登临之罘，迎着朝阳。观赏美景，从臣思念，治邦圣明。圣法初兴，内除积弊，外诛暴强。军威所及，震动四方，擒灭六王。统一天下，灾害灭绝，兵戈永藏。皇帝明德，治邦理国，视听不懈。兴立大义，设器明职，皆有旗彰。臣守职分，各知所行，事无不决。百姓除劣，远近同法，到老无过。常职已定，子孙遵循，永承圣治。群臣赞德，敬颂圣业，树碑之罘。

旋，遂之琅邪，道上党入。

◎**大意** 不久，接着到琅邪，取道上党回京。

三十年，无事。

◎**大意** 三十年，没有特殊的事情。

三十一年十二月，更名腊曰“嘉平”。赐黔首里六石米，二羊。始皇为微行咸阳，与武士四人俱，夜出，逢盗兰池，见窘，武士击杀盗，关中大索二十日。米石千六百。

◎**大意** 三十一年十二月，把腊月改名为“嘉平”。赐给人民每里六石米、两只羊。秦始皇在咸阳便装出行，与四个武士一道，夜里在兰池遇上了强盗，受到困逼，武士击杀了盗贼，在关中严加搜索了二十天。米价每石一千六百钱。

三十二年，始皇之碣石，使燕人卢生求羡门、高誓。刻碣石门。坏城郭，决通堤防。其辞曰：

◎**大意** 三十二年，秦始皇前往碣石，派燕地人卢生寻找羡门、高誓。在碣石门山前的岩壁上刻碑文。拆毁旧城墙，挖开阻碍交通的堤防。碑文说：

遂兴师旅，诛戮无道，为逆灭息。武殄暴逆，文复无罪，庶心咸服。惠论功劳，赏及牛马，恩肥土域。皇帝奋威，德并诸侯，初一泰平。堕（隳）坏城郭，决通川防，夷去险阻。地势既定，黎庶无繇（徭），天下咸抚。男乐其畴，女修其业，事各有序。惠被诸产，久并来田，莫不安所。群臣诵烈，请刻此石，垂著仪矩。

◎**大意** 发动军队，诛杀无道，叛逆灭绝。力灭暴逆，法护无罪，民心皆服。论功行赏，赏及牛马，恩及土地。皇帝扬威，德并诸侯，终得太平。拆掉城郭，挖通河防，铲平险阻。地界已定，民无徭役，天下安宁。男乐其田，女治家务，事各有序。恩施各业，勤勉耕作，无不安居。群臣颂功，请刻此石，垂为仪范。

因使韩终、侯公、石生求仙人不死之药。始皇巡北边，从上郡入。燕人卢生使入海还，以鬼神事，因奏录图书，曰"亡秦者胡也"。始皇乃使将军蒙恬发兵三十万人北击胡，略取河南地。

◎**大意** 于是派韩终、侯公、石生去寻访仙人，求取可使人不死的仙药。秦始皇巡察北方边境，经过上郡回京。燕人卢生出使海上回来，为了说明鬼神的事，就奏上谶纬图书，说"灭亡秦的将是胡人"。秦始皇于是派将军蒙恬发兵三十万北上攻打胡人，夺取河南之地。

三十三年，发诸尝逋（bū）亡人、赘婿、贾人略取陆梁地，为桂林、象郡、南海，以适（谪）遣戍。西北斥逐匈奴。自榆中并河以东，属之阴山，以为三十四县，城河上为塞。又使蒙恬渡河取高阙、陶山、北假中，筑亭障以逐戎人。徙谪，实之初县。禁不得祠。明星出西方。三十四年，适（谪）治狱吏不直者，筑长城及南越地。

◎**大意** 三十三年，征发那些曾逃亡的人、卖身为奴的赘婿、商人去攻夺陆梁地区，设置桂林、象郡、南海，发配有罪判刑的人去守卫。在西北驱逐匈奴，从榆中沿黄河以东，直到阴山，设置三十四县，在黄河岸上筑城作为关塞。又派蒙恬渡过黄河夺取高阙、陶山、北假地区，修筑堡垒以驱逐戎人。迁移被罚罪的人，充实到新设置的县。禁止修建祠堂。这年彗星出现在西方。三十四年，流放办理讼狱不公正的官员，去修筑长城或守卫南越地区。

　　始皇置酒咸阳宫，博士七十人前为寿。仆射周青臣进颂曰："他时秦地不过千里，赖陛下神灵明圣，平定海内，放逐蛮夷，日月所照，莫不宾服。以诸侯为郡县，人人自安乐，无战争之患，传之万世。自上古不及陛下威德。"始皇悦。博士齐人淳于越进曰："臣闻殷周之王千余岁，封子弟功臣，自为枝辅。今陛下有海内，而子弟为匹夫，卒有田常、六卿之臣，无辅拂（弼），何以相救哉？事不师古而能长久者，非所闻也。今青臣又面谀以重陛下之过，非忠臣。"始皇下其议。丞相李斯曰："五帝不相复，三代不相袭，各以治，非其相反，时变异也。今陛下创大业，建万世之功，固非愚儒所知。且越言乃三代之事，何足法也？异时诸侯并争，厚招游学。今天下已定，法令出一，百姓当家则力农工，士则学习法令辟禁。今诸生不师今而学古，以非当世，惑乱黔首。丞相臣斯昧死言：古者天下散乱，莫之能一，是以诸侯并作，语皆道古以害今，饰虚言以乱实，人善其所私学，以非上之所建立。今皇帝并有天下，别黑白而定一尊。私学而相与非法教，人闻令下，则各以其学议之，入则心非，出则巷议，夸主以为名，异取（趣）以为高，率群下以造谤。如此弗禁，则主势降乎上，党与成乎下。禁之便。臣请史官非秦记皆烧之。非博士官所职，天下敢有藏《诗》、《书》、百家语者，悉诣守、尉杂烧之。有敢偶语《诗》《书》者弃市。以古非今者族。吏见知不举者与同罪。令下三十日不烧，黥为城旦。所不去者，医药卜筮种树之书。若欲有学法令，以吏为师。"制曰："可。"

◎ **大意**　秦始皇在咸阳宫设酒宴，七十个博士上前祝寿。仆射周青臣进献颂词说："从前秦地不过千里，仰赖陛下神灵明圣，平定天下，驱逐蛮夷，日月所照到的地方，无不臣服。把诸侯制变为郡县制，人们安居乐业，没有战乱之患，传江山于万代。自上古以来没有人能赶上陛下的威德。"秦始皇很高兴。博士齐人淳于越上前说："臣听说殷周王朝统治一千多年，分封子弟功臣，自然成为辅翼。现在陛下拥有天下，而子弟却是平民，如果突然有田常、六卿一类的乱臣，没有辅弼，怎么相救呢？凡事不以古人为师而能长久的，从未听说过。如今青臣又当面奉承以加重陛下的过错，不是忠臣。"秦始皇把他的意见下交大臣商讨。丞相李斯说："五帝不相重复，三代不相沿袭，各有各的治国方略，不是他们互相反对，而是时代变迁的缘故。现在陛下创建大业，建立万世的功勋，本来就不是愚儒所能了解的。况且淳于越说的是三代时的事情，有什么值得效法的呢？过去诸侯并争，以优厚条件招徕游说之士。如今天下已经安定，政令都由陛下一个人决定，百姓持家就要致力于农工生产，读书人就要学习法律政令。如今儒生不以现今为师而学习古代，否定当世制度，惑乱百姓。丞相李斯冒死上言：古代天下散乱，没人能够统一，因此诸侯并起割据称霸，言论都是称道古代以攻击当今，虚言掩饰以扰乱实际，人人赞赏自己私下所学，用来非议朝廷所建立的制度。现在皇帝统一了天下，分辨是非而奠定至高无上的法制。私人讲学却不断非议法律教令，得知令下，就各以其所学加以评议，在家独处便对法令心怀不满，外出就在街头巷尾批评议论，夸耀所信奉的学说来沽名钓誉，择取不同于现行法令的做法来抬高自己。带领群民以制造流言蜚语。如不加以禁止，在上面皇帝的权威就会因此而下降，在下面私人集团就会逐渐形成。应该禁止他们。我请求让史官把不是秦国的史书统统烧毁。除了博士官所应研讨的书籍，天下敢有收藏《诗》、《书》、诸子百家著述的，一律送交守、尉烧掉。有敢结伙谈论《诗》《书》的在闹市处死。借古非今的灭族。官吏知情却不加检举的与犯人同罪。命令下达三十天不烧书的，刺字发配边疆旦暮守边。不必烧毁的书，是医药、卜筮、种树一类的书籍。如果想学习法令，必须到官府里向官吏学习。"秦始皇下诏说："可以。"

三十五年，除道，道九原抵云阳，堑山堙（yīn）谷，直通之。于是始皇以为咸阳人多，先王之宫廷小，吾闻周文王都丰，武王都镐，丰镐之间，帝王之都也。乃营作朝宫渭南上林苑中。先作前殿阿房（ē páng），东西五百步，南北五十丈，上可以坐万人，下可以建五丈旗。周驰为阁道，自殿下直抵南山。表南山之颠以为阙。为复道，自阿房渡渭，属之咸阳，以象天极阁道绝汉抵营室也。阿房宫未成；成，欲更择令名名之。作宫阿房，故天下谓之阿房宫。隐宫徒刑者七十余万人，乃分作阿房宫，或作丽山。发北山石椁（guǒ），乃写蜀、荆地材皆至。关中计宫三百，关外四百余。于是立石东海上朐（qú）界中，以为秦东门。因徒三万家丽邑，五万家云阳，皆复不事十岁。

◎**大意** 三十五年，修治道路，从九原到云阳，开山崖填沟谷，直通那里。这时秦始皇认为咸阳人口太多，先王的宫廷太小，听说周文王建都于丰，武王建都于镐，丰镐之间，是帝王建都之地。于是在渭水南岸的上林苑中营造朝宫。先建造前殿阿房宫，东西长五百步，南北宽五十丈，上面可以容纳万人，下面可以竖立五丈高的大旗。四周有可走车马的阁道，从殿下直达终南山。在终南山的顶峰建造牌楼作为标志。修建复道，从阿房宫渡过渭水，连接到咸阳，以象征北极星经阁道星飞渡银河抵达营室宿的布局。阿房宫未筑成；想等建成后，再选择好名字称呼它。宫室建造在阿房，所以天下人称它为阿房宫。受了宫刑和被判处劳役的刑徒七十余万人，被分派去建筑阿房宫，或在骊山为秦始皇建寿陵。开采北山的石材做椁，蜀、荆等地的木材纷纷运到。关中建造宫室共计三百座，关外四百多座。于是在东海之滨的朐县建立石门，作为秦朝的东门。接着迁移三万家到骊邑，五万家到云阳，都免去十年的赋税徭役。

卢生说始皇曰："臣等求芝奇药仙者常弗遇，类物有害之者。方中，人主时为微行以辟恶鬼，恶鬼辟，真人至。人主所居而人臣知之，则害于神。真人者，入水不濡，入火不蒸（ruò），陵云气，与天地久长。今上治天下，未能恬倓（tán）。愿上所居宫毋令人知，然后不死之药殆可得也。"于是始皇曰："吾慕真人，自谓'真人'，不称'朕'。"乃令咸阳之旁二百里内宫观二百七十复道甬道相连，帷帐钟鼓美人充之，各案署不移徙。行所幸，有言其处者，罪死。始皇帝幸梁山宫，从山上见丞相车骑众，弗善也。中人或告丞相，丞相后损车骑。始皇怒曰："此中人泄吾语。"案问莫服。当是时，诏捕诸时在旁者，皆杀之。自是后莫知行之所在。听事，群臣受决事，悉于咸阳宫。

◎**大意** 卢生劝秦始皇说："我们寻找灵芝奇药和神仙老是找不到，似乎有什么东西在妨碍此事。方术书中，要求君主时常秘密出行以避开恶鬼，恶鬼避开了，真人就会来。君主居住的地方如果让臣下知道，就会妨碍神灵。所谓真人，入水不沾湿，入火不燃烧，腾云驾雾，与天地同寿。现在陛下治理天下，不能清静恬淡。希望皇上所住的宫室不要让人知道，然后不死之药大概就能得到了。"于是秦始皇说："我羡慕真人，自称'真人'，不称'朕'了。"就将咸阳附近二百里内的两百七十多座宫观用复道或甬道连接起来，帷帐钟鼓美女充于各处，各加登记不予移动。巡幸之处，有说出所住地方的，处以死罪。秦始皇临幸梁山宫时，从山上看见丞相的车马很多，很不高兴。有宦官把这事告诉了丞相，丞相便减少了车马。秦始皇生气地说："这是宦官泄露了我的话。"加以审问却无人承认。这时，秦始皇下令逮捕当时所有在场的人，统统杀掉。从此以后再也没人知道秦始皇的行止所在了。处理政事，群臣接受政务批示，都在咸阳宫。

侯生、卢生相与谋曰："始皇为人，天性刚戾自用，起诸侯，并天下，意得欲从，以为自古莫及己。专任狱吏，狱吏得亲幸。博士虽七十人，特备员弗用。丞相诸大臣皆受成事，倚辨于上。上乐以刑杀为威，天下畏罪持禄，莫敢尽忠。上不闻过而日骄，下慑伏谩欺以取容。秦法，不得兼方，不验，辄死。然候星气者至三百人，皆良士，畏忌讳谀，不敢端言其过。天下之事无小大皆决于上，上至以衡石量书，日夜有呈（程），不中呈不得休息。贪于权势至如此，未可为求仙药。"于是乃亡去。始皇闻亡，乃大怒曰："吾前收天下书不中用者尽去之，悉召文学方术士甚众，欲以兴太平。方士欲练（炼）以求奇药，今闻韩众去不报，徐市等费以巨万计，终不得药，徒奸利相告日闻。卢生等吾尊赐之甚厚，今乃诽谤我，以重吾不德也。诸生在咸阳者，吾使人廉问，或为訞（yāo）言以乱黔首。"于是使御史悉案问诸生，诸生传相告引，乃自除。犯禁者四百六十余人，皆坑之咸阳，使天下知之，以惩后。益发谪徙边。始皇长子扶苏谏曰："天下初定，远方黔首未集，诸生皆诵法孔子，今上皆重法绳之，臣恐天下不安。唯上察之。"始皇怒，使扶苏北监蒙恬于上郡。

◎**大意** 侯生、卢生互相商议说："秦始皇为人，生性暴戾而刚愎自用，兴起于诸侯，兼并天下，称心如意，以为自古以来没有赶得上自己的。专门任用狱吏，狱吏受到宠幸。虽然有博士七十人，只是挂名充数并不任用。丞相及大臣都只受成命，凡事倚靠皇帝办理。皇帝乐于以刑杀树立威严，全国官吏畏罪以保持禄位，没有敢于尽忠劝谏的。皇上听不到自己的过失而日益骄横，臣下因畏惧而说假话以苟求容身之地。秦朝法律规定，一个方士只能从事一种方技，考察出某人不精于自己的方技，就处死。然而观测星象云气的有三百人，都是有才之士，因害怕皇上忌讳而阿谀逢迎，不敢直言皇上的过失。天下之事不论大小都由皇帝决定，文书多到用秤量，每天都有定量，不完成定量不得休息。贪恋权势到这种地步，不可为他求

035

仙药。"于是都逃走了。秦始皇听说他们逃走后，非常愤怒地说："我以前收缴天
下不可利用的书籍全部烧毁，广招文学方术之士，想以此兴起太平盛世。方士想
要炼求奇药，现在听说韩众不辞而别，徐市等人浪费大量的钱财，还找不到不死
的仙药，每天听到的只是他们互相告发奸诈取利的事情。我尊重卢生等人并对他
们赏赐丰厚，如今竟然诽谤我，损害我的名声。这些人在咸阳的，我派人私下察
访，有的人还制造妖言以迷惑百姓。"于是命令御史对这些人进行审问，这些人
互相揭发，触犯法令的有四百六十多人，全部在咸阳活埋，昭示天下，以惩戒后
人。增发被流放的人员去戍守边疆。秦始皇的大儿子扶苏劝谏道："天下刚平定，
远方百姓还未安定，儒生都称颂效法孔子，现在皇上对他们都用重法治罪，我担
心天下不安。希望皇上考虑。"秦始皇大发脾气，命令扶苏北上上郡，到蒙恬那里
监军。

三十六年，荧惑守心。有坠星下东郡，至地为石，黔首或刻
其石曰"始皇帝死而地分"。始皇闻之，遣御史逐问，莫服，尽取
石旁居人诛之，因燔（fán）销其石。始皇不乐，使博士为《仙真人
诗》，及行所游天下，传令乐人歌弦之。秋，使者从关东夜过华阴
平舒道，有人持璧遮使者曰："为吾遗（wèi）滈（hào）池君。"因言
曰："今年祖龙死。"使者问其故，因忽不见，置其璧去。使者奉璧具
以闻。始皇默然良久，曰："山鬼固不过知一岁事也。"退言曰："祖
龙者，人之先也。"使御府视璧，乃二十八年行渡江所沈璧也。于是
始皇卜之，卦得游徙吉。迁北河、榆中三万家。拜爵一级。

◎ **大意**　三十六年，火星侵入心宿。有一颗陨星落在东郡，落地后成了石头，有百
姓在上面写道"始皇帝死而地分"。秦始皇听说后，派御史追问，没有人认罪，于
是把居住在石旁的人通通抓起来杀了，并烧毁了那块陨石。秦始皇不愉快，让博士
作《仙真人诗》，到巡行天下时所游览过的地方，传令乐人演奏。秋天，使者从关
东回来，夜里经过华阴平舒道，有一个人拿着一块玉璧拦住他说："替我送给滈池
君。"接着说："今年祖龙死。"使者问他原因，他却忽然不见了，留下玉璧离开了。
使者捧着玉璧将事情详细告诉秦始皇。秦始皇沉默了很久，说："山鬼本来就能预
知一年的事。"退朝以后说："祖龙，是人的祖先。"命令御史察看玉璧，竟是二十八
年巡行渡长江时所沉入水中的玉璧。于是始皇占卜，卦象说迁徙吉利。于是迁徙
三万户人家到北河、榆中地区。每家授予爵位一级。

三十七年十月癸丑，始皇出游。左丞相斯从，右丞相去疾守。少子胡亥爱慕请从，上许之。十一月，行至云梦，望祀虞舜于九疑山。浮江下，观籍柯，渡海渚。过丹阳，至钱唐。临浙江，水波恶，乃西百二十里从狭中渡。上会稽，祭大禹，望于南海，而立石刻颂秦德。其文曰：

◎**大意** 三十七年十月癸丑，秦始皇出京巡游。左丞相李斯随行，右丞相冯去疾留守。幼子胡亥爱游览，请求跟随，皇上答应了。十一月，走到云梦，在九疑山望祭虞舜。乘船沿长江而下，游览籍柯，渡过海渚。经过丹阳，到钱塘。到浙江，水险浪恶，于是往西行一百二十至江面狭窄处渡过。登上会稽山，祭祀禹，遥望南海，立石刻碑歌颂秦王朝的功德。碑文说：

皇帝休烈，平一宇内，德惠修长。三十有（又）七年，亲巡天下，周览远方。遂登会稽，宣省（xǐng）习俗，黔首斋庄。群臣诵功，本原事迹，追首高明。秦圣临国，始定刑名，显陈旧章。初平法式，审别职任，以立恒常。六王专倍（背），贪戾慠（傲）猛，率众自强。暴虐恣行，负力而骄，数动甲兵。阴通间使，以事合从，行为辟（僻）方（放）。内饰诈谋，外来侵边，遂起祸殃。义威诛之，殄熄暴悖，乱贼灭亡。圣德广密，六合之中，被泽无疆。皇帝并宇，兼听万事，远近毕清。运理群物，考验事实，各载其名。贵贱并通，善否（pǐ）陈前，靡有隐情。饰省宣义，有子而嫁，倍（背）死不贞。防隔内外，禁止淫泆，男女絜（洁）诚。夫为寄豭（jiā），杀之无罪，男秉义程。妻为逃嫁，子不得母，咸化廉清。大治濯俗，天下承风，蒙被休经。皆遵度轨，和安敦勉，莫不顺令。黔首修洁，人乐同则，嘉保太平。后敬奉法，常治无极，舆舟不倾。从臣诵烈，请刻此石，光垂休铭。

◎**大意** 皇帝功业，平定天下，恩德久长。三十七年，亲巡天下，周览远方。登会稽山，整齐习俗，百姓端庄。群臣述功，回想事迹，追述功业。秦圣临国，始定刑名，发扬旧章。初定法制，分别职任，以立久长。六王背德，贪暴傲狂，挟众逞强。暴虐恣行，恃武骄横，屡兴战争。暗派间谍，图谋合纵，行为乖张。内蓄奸谋，外来侵边，遂起祸殃。义师讨伐，平息暴逆，乱贼灭亡。圣恩浩荡，四海之内，均受恩泽。皇帝统一天下，兼听万事，远近清平。运用万物，考察名实，各有名分。贵贱相同，善恶摆明，没有隐情。掩饰过错假装正经，有子再嫁，背夫不贞。内外分明，禁止淫纵，男女洁诚。为夫偷情，杀之无罪，男遵规程。为妻逃走另嫁，子女不以为母，风俗廉洁端正。大治洗涤旧俗，天下沐浴新风，蒙受美好的教化。遵守法度，和睦勤勉，顺从法命。百姓纯善，愿守同一法制，永保太平。后人敬法，国家长治久安，永不倾覆。随臣述功，请刻此石，光照碑铭。

还过吴，从江乘渡。并海上，北至琅邪。方士徐市等入海求神药，数岁不得，费多，恐谴，乃诈曰："蓬莱药可得，然常为大鲛鱼所苦，故不得至，愿请善射与俱，见则以连弩射之。"始皇梦与海神战，如人状。问占梦，博士曰："水神不可见，以大鱼蛟龙为候。今上祷祠备谨，而有此恶神，当除去，而善神可致。"乃令入海者赍（jī）捕巨鱼具，而自以连弩候大鱼出，射之。自琅邪北至荣成山，弗见。至之罘，见巨鱼，射杀一鱼。遂并海西。

◎**大意** 回去经过吴县，从江乘渡过长江。沿海而上，向北到达琅邪。方士徐市等人入海寻求仙药，几年都没有找到，花费很多，害怕受到责罚，就欺骗秦始皇说："蓬莱仙药可以得到，但常被大鲨鱼所阻，所以无法到达，希望派些善于射箭的人和我们一起去，鲨鱼出现就用大弓箭射杀它。"秦始皇梦见与海神战斗，海神像人一样。问占梦的人，博士说："海神的本来面目是无法看到的，它以大鱼和蛟龙作为出没的征兆。现在皇帝祭祀周到恭敬，而有这种恶神，应该设法除掉它，这样善神才会来临。"于是始皇帝命令下海的人携带捕大鱼的工具，而自己亲自拿着大弓箭等待大鱼出现，好射杀它。从琅邪向北到荣成山，没有发现大鱼。到之罘时，见到了大鱼，射杀了一条。于是沿海西行。

至平原津而病。始皇恶言死，群臣莫敢言死事。上病益甚，乃为玺书赐公子扶苏曰："与丧会咸阳而葬。"书已封，在中车府令赵高行符玺事所，未授使者。七月丙寅，始皇崩于沙丘平台。丞相斯为上崩在外，恐诸公子及天下有变，乃秘之，不发丧。棺载辒（wēn）凉车中，故幸宦者参乘，所至上食、百官奏事如故，宦者辄从辒凉车中可其奏事。独子胡亥、赵高及所幸宦者五六人知上死。赵高故尝教胡亥书及狱律令法事，胡亥私幸之。高乃与公子胡亥、丞相斯阴谋破去始皇所封书赐公子扶苏者，而更诈为丞相斯受始皇遗诏沙丘，立子胡亥为太子。更为书赐公子扶苏、蒙恬，数以罪，其赐死。语具在《李斯传》中。行，遂从井陉抵九原。会暑，上辒车臭，乃诏从官令车载一石鲍鱼，以乱其臭。

◎**大意** 到平原津时，秦始皇生了病。始皇讨厌谈论死亡，群臣没人敢讨论有关死的事情。皇上的病加重了，于是写下盖有玉玺的诏书给公子扶苏说："回咸阳参加我的丧礼后把我安葬。"诏书已封，放在中车府令赵高掌理印信玉玺处，没有交给使者。七月丙寅日，秦始皇在沙丘平台去世。丞相李斯因为皇帝死在外地，恐怕各位皇子和全国发生变故，就隐瞒此事，不发布始皇去世的消息。把棺木放置在丧车中，派亲信的宦官驾车，所到之处仍进献食物。百官奏事照旧，宦官从丧车内批复大臣奏呈的公事。只有胡亥、赵高以及所宠幸的宦官五六人知道皇帝已死。赵高以前曾教过胡亥书法及讼狱法律等知识，胡亥私下宠幸他。赵高于是与公子胡亥、丞相李斯阴谋拆开秦始皇所封赐给公子扶苏的书信，加以更改而诈称丞相李斯在沙丘接受秦始皇的遗诏，立胡亥为太子。另外写了一封信给公子扶苏、蒙恬，列举他们的罪过，赐令自杀。这些事都在《李斯列传》中。前行，从井陉抵达九原。时值暑天，皇上的尸体在丧车中发了臭，就命令侍从官员用车装载一石鲍鱼，用以扰乱尸臭的气味。

行从直道至咸阳，发丧。太子胡亥袭位，为二世皇帝。九月，葬始皇郦山。始皇初即位，穿治郦山，及并天下，天下徒送诣七十余万人，穿三泉，下铜而致椁，宫观百官奇器珍怪徙臧（藏）满之。令匠作机弩矢，有所穿近者，辄射之。以水银为百川江河大海，机相灌输，上具天文，下具地理。以人鱼膏为烛，度不灭者久之。二世曰："先帝后宫非有子者，出焉不宜。"皆令从死，死者甚众。葬既已下，或言工匠为机，臧皆知之，臧重即泄。大事毕，已臧，闭中羡（埏），下外羡门，尽闭工匠臧者，无复出者。树草木以象山。

◎**大意** 从直道上行至咸阳，宣布始皇去世的消息。太子胡亥继立，称为二世皇帝。九月，将秦始皇安葬在郦山。秦始皇刚即位，就挖掘修治郦山寿陵，等到统一天下，全国各地送来七十多万刑徒，向下挖过了三重泉水，浇灌铜汁后放置外椁，模拟的宫观、百官及各种奇器珍宝藏满陵墓。命令工匠制作由机关控制的弩箭，有人一接近就会触动机关被箭射死。拿水银做成江河大海，用机器互相灌输，墓顶装饰成天文星象，底下布置成地形图案。用人鱼的脂肪做蜡烛，估计能长久不熄。二世皇帝说："先帝后宫妃嫔没有孩子的，不应放她们出宫。"命令她们全部殉葬，死了很多人。下葬以后，有人说工匠制造了机关，地宫中藏的东西他们都知道，会泄露消息。大事完成后，关闭了墓道中门，落下墓道外门，把工匠和搬运物品的人全部封闭在里面，没有人逃出去。又种植草木，使陵墓像一座山一样。

西楚霸王项羽

选自《项羽本纪》

项籍者，下相人也，字羽。初起时，年二十四。其季父项梁，梁父即楚将项燕，为秦将王翦所戮者也。项氏世世为楚将，封于项，故姓项氏。

◎**大意** 项籍，是下相人，表字羽。初起兵时，年龄二十四岁。他的叔父是项梁，项梁的父亲就是楚国名将项燕，为秦国名将王翦所杀。项氏世代都是楚国将领，被封于项地，因而姓项。

项籍少时，学书不成，去；学剑，又不成。项梁怒之。籍曰："书足以记名姓而已。剑一人敌，不足学，学万人敌。"于是项梁乃教籍兵法，籍大喜，略知其意，又不肯竟学。项梁尝有栎阳逮，乃请蕲狱掾曹咎书抵栎阳狱掾司马欣，以故事得已。项梁杀人，与籍避仇于吴中。吴中贤士大夫皆出项梁下。每吴中有大繇（徭）役及丧，项梁常为主办，阴以兵法部勒宾客及子弟，以是知其能。秦始皇帝游会稽，渡浙江，梁与籍俱观。籍曰："彼可取而代也。"梁掩其口，曰："毋妄言，族矣！"梁以此奇籍。籍长八尺余，力能扛（gāng）鼎，才气过人，虽吴中子弟皆已惮籍矣。

◎**大意**　项羽年少时，学习认字和写字没有长进，就不再学了；学剑习武，也无成就。项梁对此很气愤。项羽说："学书只是够写个姓名而已。剑术只不过一人敌，不值得学习，我要学能敌万人的本领。"于是项梁就教项羽学习兵法，项羽很高兴，但只略知一二，又不肯完成全部学业。项梁曾因罪被栎阳县捉拿，他请托蕲县狱掾曹咎给栎阳县狱掾司马欣写了一封说情信，才使事情得以了结。项梁杀了人，和项羽到吴中避仇。吴中贤士大夫的才能都不如项梁。每当吴中有大的徭役和丧葬大事，常由项梁主持。项梁暗中以兵法部署组织宾客与门徒，借以了解他们的才能。秦始皇帝巡游会稽，渡过钱塘江，项梁与项羽一起观看。项羽说："那个人我可取而代之！"项梁忙掩其口，说："不要胡说，会被灭族的！"由此项梁觉得项羽是个奇才。项羽身高八尺多，有举鼎之力、过人之才。即便是吴中豪族子弟也都畏惧项羽。

秦二世元年七月，陈涉等起大泽中。其九月，会稽守通谓梁曰："江西皆反，此亦天亡秦之时也。吾闻先即制人，后则为人所制。吾欲发兵，使公及桓楚将。"是时桓楚亡在泽中。梁曰："桓楚亡，人莫知其处，独籍知之耳。"梁乃出，诫籍持剑居外待。梁复入，与守坐，曰："请召籍，使受命召桓楚。"守曰："诺。"梁召籍入。须臾，梁眴（shùn）籍曰："可行矣！"于是籍遂拔剑斩守头。项梁持守头，佩其印绶。门下大惊，扰乱，籍所击杀数十百人。一府中皆慑伏，莫敢起。梁乃召故所知豪吏，谕以所为起大事，遂举吴中兵。使人收下县，得精兵八千人。梁部署吴中豪杰为校尉、候、司马。有一人不得用，自言于梁。梁曰："前时某丧使公主某事，不能办，以此不任用公。"众乃皆伏。于是梁为会稽守，籍为裨（pí）将，徇下县。

◎**大意** 秦二世元年七月，陈涉等人在大泽乡揭竿起义。同年九月，会稽郡守殷通对项梁说："江西都已反了，这也是天要灭亡秦朝的时候。我听说先下手可以制人，后下手则为人所制。我想起兵，让你和桓楚为将。"当时桓楚在江湖流亡。项梁说："桓楚流亡，没人知道其下落，只有项羽知道。"项梁出来，吩咐项羽持剑在门外等候。项梁又走进去，和郡守坐在一起，说："请你召见项羽，委派他去找桓楚。"郡守说："好。"项梁召进项羽。不一会儿，项梁向项羽使眼色说："可以行动了！"项羽随即拔剑斩下郡守的头颅。项梁提着郡守的头，挂着郡守的大印。郡守衙内的侍从大惊，一片混乱，被项羽砍杀近百人。衙内的人等吓得趴在地上，不敢起来。项梁召集平素相好的地方豪强官吏，告诉他们此举就是起义反秦，于是在吴中召集兵马。项梁派人到会稽所属各县收拢丁壮，获得八千精兵。项梁委派吴中豪杰分别担任校尉、军候、司马等官职。有一人未被任用，亲自去问项梁。项梁对他说："前些时某人的丧事，让你去主持一项事务，你未能办到，因此不能任用你。"众人无不心悦诚服。于是项梁做了会稽郡守，项羽担任偏将，镇抚郡下属县。

广陵人召平于是为陈王徇广陵，未能下。闻陈王败走，秦兵又且至，乃渡江矫陈王命，拜梁为楚王上柱国。曰："江东已定，急引兵西击秦。"项梁乃以八千人渡江而西。闻陈婴已下东阳，使使欲与连和俱西。陈婴者，故东阳令史，居县中，素信谨，称为长者。东阳少年杀其令，相聚数千人，欲置长，无适用，乃请陈婴。婴谢不能，遂强立婴为长，县中从者得二万人。少年欲立婴便为王，异军苍头特起。陈婴母谓婴曰："自我为汝家妇，未尝闻汝先古之有贵者。今暴得大名，不祥。不如有所属，事成犹得封侯，事败易以亡，非世所指名也。"婴乃不敢为王。谓其军吏曰："项氏世世将家，有名于楚。今欲举大事，将非其人不可。我倚名族，亡秦必矣。"于是众从其言，以兵属项梁。项梁渡淮，黥布、蒲将军亦以兵属焉。凡六七万人，军下邳。

◎**大意** 广陵人召平这时替陈胜攻夺广陵，未能攻占。听说陈胜已经败逃，秦军即将到来，于是渡江假托陈胜之命，封项梁为楚王上柱国。对项梁说："江东已经平定，你要立即领兵西进攻打秦军。"项梁于是带领八千人渡江西进。听说陈婴已占领东阳，项梁派使者要求与他结盟一同西进。陈婴曾任东阳令史，家在县城，平素厚道谨慎，被尊为有德行的人。东阳的年轻人杀了县令，聚集数千人，想推举首领，却无合适的人选，就请陈婴出任。陈婴推辞说不能胜任，他们便强行推立陈婴为首领，县中响应起义的达两万人。年轻人要立陈婴为王，建立一支与众不同、头裹青巾的军队。陈婴的母亲对陈婴说："自从我做了你们家的媳妇，还未尝听说你家祖上有过显贵人物。现在突然获得帝王之名，不是好兆头。不如依附别人，事情成功了还可以封侯，事情失败了也容易逃亡，不至于成为世人所注目而被指名追捕的人。"陈婴因此不敢称王。他对军吏说："项氏世代为将，在楚国很有名望。现在要进行反秦大业，不由项氏来率领，恐怕难以成功。我们依附名门大族，一定能灭秦。"于是大家听从他的意见，率军投靠项梁。项梁渡过淮河，黥布、蒲将军也带自己的部队归附了他。总共有六七万人，驻军于下邳。

　　当是时，秦嘉已立景驹为楚王，军彭城东，欲距（拒）项梁。项梁谓军吏曰："陈王先首事，战不利，未闻所在。今秦嘉倍（背）陈王而立景驹，逆无道。"乃进兵击秦嘉。秦嘉军败走，追之至胡陵。嘉还战一日，嘉死，军降。景驹走死梁地。项梁已并秦嘉军，军胡陵，将引军而西。章邯军至栗，项梁使别将朱鸡石、余樊君与战。余樊君死。朱鸡石军败，亡走胡陵。项梁乃引兵入薛，诛鸡石。项梁前使项羽别攻襄城，襄城坚守不下。已拔，皆坑之。还报项梁。项梁闻陈王定死，召诸别将会薛计事。此时沛公亦起沛，往焉。

◎**大意**　这时，秦嘉已拥立景驹为楚王，驻军于彭城之东，要抵抗项梁。项梁对军吏说："陈胜首先举义，作战失利，不知去处。现在秦嘉背叛陈胜而拥立景驹，是大逆不道的！"于是进军攻打秦嘉。秦嘉的军队失败逃走，项梁追击到胡陵。秦嘉回军又打了一天，秦嘉战死，其军队投降。景驹逃跑，死于梁地。项梁收编了秦嘉的军队，驻扎于胡陵，准备率军西进。章邯的军队到达栗县，项梁派部将朱鸡石、余樊君出战。余樊君战死。朱鸡石兵败，逃回胡陵。项梁于是率军进入薛县，杀了朱鸡石。项梁前时派项羽去攻打襄城，襄城守军顽强抵抗，一时难以攻下。攻占后，项羽将他们全部活埋。回来报告项梁。项梁听说陈胜确实已死，召集各部将领到薛县商议大事。这时沛公刘邦也在沛县起义，赶去参加会议。

　　居鄛（cháo）人范增，年七十，素居家，好奇计，往说项梁曰："陈胜败固当。夫秦灭六国，楚最无罪。自怀王入秦不反（返），楚人怜之至今，故楚南公曰'楚虽三户，亡秦必楚'也。今陈胜首事，不立楚后而自立，其势不长。今君起江东，楚蜂午之将皆争附君者，以君世世楚将，为能复立楚之后也。"于是项梁然其言，乃求楚怀王孙心民间，为人牧羊，立以为楚怀王，从民所望也。陈婴为楚上柱国，封五县，与怀王都盱台（xū yí）。项梁自号为武信君。

◎**大意** 居鄛人范增，七十岁了，一直隐居在家，好奇谋诡计。他去游说项梁说："陈胜的失败在意料之中。秦朝所灭的六国中，楚国最无辜。自从楚怀王被秦国劫去未返，楚国人至今怀念着他，所以楚南公说'即使楚国只剩三户人家，灭亡秦国的也必是楚国'。现在陈胜首先起事，不拥立楚王的后代而自立为王，他的势力自然难以长久。现在你起兵江东，楚国四面八方的将领之所以争先恐后地归附你，就是因为你家世代为楚将，能够重新扶立楚王的后代。"于是项梁采纳了他的意见，在民间找到楚怀王的孙子熊心，当时他正在为人家放羊，项梁拥立他为楚怀王，以顺从人民的心愿。陈婴任楚上柱国，被赐封五县，和楚怀王在盱台建都。项梁自称为武信君。

居数月，引兵攻亢父，与齐田荣、司马龙且（jū）军救东阿，大破秦军于东阿。田荣即引兵归，逐其王假。假亡走楚。假相田角亡走赵。角弟田间故齐将，居赵不敢归。田荣立田儋子市为齐王。项梁已破东阿下军，遂追秦军。数使使趣（促）齐兵，欲与俱西。田荣曰："楚杀田假，赵杀田角、田间，乃发兵。"项梁曰："田假为与国之王，穷来从我，不忍杀之。"赵亦不杀田角、田间以市于齐。齐遂不肯发兵助楚。项梁使沛公及项羽别攻城阳，屠之。西破秦军濮阳东，秦兵收入濮阳。沛公、项羽乃攻定陶。定陶未下，去，西略地至雍丘，大破秦军，斩李由。还攻外黄，外黄未下。

◎**大意** 过了几个月，项梁率兵攻打亢父县，和齐国田荣、楚国司马龙且的军队救援东阿县，并在东阿大败秦军。田荣领兵回国，驱逐齐王田假。田假逃奔楚国。田假的相国田角逃奔赵国。田角的弟弟田间原是齐国的将领，住在赵国不敢回去。田荣扶立田儋的儿子田市为齐王。项梁打败东阿一带的秦军，乘胜追击。几次派遣使者催促齐国出兵，想和他们一起西进。田荣却说："楚国杀掉田假，赵国杀掉田角、田间，我就出兵。"项梁说："田假是盟国国王，走投无路时来投靠我，不忍心杀他。"赵国也不愿意杀田角、田间与齐国做交易。齐国就不肯发兵帮助楚军。项梁派沛公刘邦和项羽另行分兵攻城阳，屠灭了全城。又西进在濮阳之东打败秦军，秦军龟缩于濮阳城中。沛公、项羽就进攻定陶县。未能攻下定陶，他们撤军，向西攻到雍丘，大破秦军，杀死李由。又回军攻打外黄，未能攻下外黄。

项梁起东阿，西，比至定陶，再破秦军，项羽等又斩李由，益轻秦，有骄色。宋义乃谏项梁曰："战胜而将骄卒惰者败。今卒少惰矣，秦兵日益，臣为君畏之。"项梁弗听。乃使宋义使于齐。道遇齐使者高陵君显，曰："公将见武信君乎？"曰："然。"曰："臣论武信君军必败。公徐行即免死，疾行则及祸。"秦果悉起兵益章邯，击楚军，大破之定陶，项梁死。沛公、项羽去外黄攻陈留，陈留坚守不能下。沛公、项羽相与谋曰："今项梁军破，士卒恐。"乃与吕臣军俱引兵而东。吕臣军彭城东，项羽军彭城西，沛公军砀（dàng）。

◎ **大意** 项梁从东阿发兵，向西进军，等到了定陶，又一次打败秦军，项羽等又杀了李由，更加轻视秦军，时有骄傲的神色。宋义劝谏项梁说："打了胜仗而将领骄傲、士兵松懈，就会招致失败。现在士兵斗志已有些涣散，而秦兵一天天得到增援，我真为您担心。"项梁不听。于是派宋义出使齐国。在路上遇见齐国使者高陵君显，宋义说："你要去拜见武信君吗？"高陵君说："是的。"宋义说："我断定武信君要失败。你慢走就可免死，走得快则会遭殃。"秦国果然以全部兵力支援章邯，攻击楚军，在定陶大破楚军，项梁战死。沛公、项羽离开外黄转攻陈留。陈留守军顽强抵抗，未能攻下。沛公、项羽商量说："现在项梁的军队被打垮，士兵惶恐。"就和吕臣的军队一起向东撤退。吕臣驻扎在彭城的东面，项羽驻扎于彭城的西面，沛公驻扎在砀县。

章邯已破项梁军，则以为楚地兵不足忧，乃渡河击赵，大破之。当此时，赵歇为王，陈馀为将，张耳为相，皆走入巨鹿城。章邯令王离、涉间围巨鹿，章邯军其南，筑甬道而输之粟。陈馀为将，将卒数万人而军巨鹿之北，此所谓河北之军也。

◎ **大意** 章邯打败了项梁的军队，就以为楚地的军事不需忧虑了，于是渡过黄河攻打赵国，大破赵兵。这时，赵歇是国王，陈馀为赵大将，张耳为赵相国，都逃进巨鹿城。章邯命王离、涉间包围巨鹿，章邯驻扎在巨鹿城南，修筑甬道为他们运送粮食。陈馀为大将，率兵数万人驻扎在巨鹿之北，这就是所说的河北军。

楚兵已破于定陶，怀王恐，从盱台之彭城，并项羽、吕臣军自将之。以吕臣为司徒，以其父吕青为令尹。以沛公为砀郡长，封为武安侯，将砀郡兵。

◎**大意** 楚军在定陶被打垮，怀王恐慌，从盱台迁至彭城，合并项羽、吕臣的军队亲自统领。任吕臣为司徒，用吕臣的父亲吕青为令尹。任用沛公为砀郡守，并封他为武安侯，统领砀郡军队。

初，宋义所遇齐使者高陵君显在楚军，见楚王曰："宋义论武信君之军必败，居数日，军果败。兵未战而先见败征，此可谓知兵矣。"王召宋义与计事而大说（悦）之，因置以为上将军；项羽为鲁公，为次将，范增为末将，救赵。诸别将皆属宋义，号为卿子冠军。行至安阳，留四十六日不进。项羽曰："吾闻秦军围赵王巨鹿，疾引兵渡河，楚击其外，赵应其内，破秦军必矣。"宋义曰："不然。夫搏牛之虻不可以破虮虱。今秦攻赵，战胜则兵罢（疲），我承其敝；不胜，则我引兵鼓行而西，必举秦矣。故不如先斗秦赵。夫被（pī）坚执锐，义不如公；坐而运策，公不如义。"因下令军中曰："猛如虎，很如羊，贪如狼，强不可使者，皆斩之。"乃遣其子宋襄相齐，身送之至无盐，饮酒高会。天寒大雨，士卒冻饥。项羽曰："将戮力而攻秦，久留不行。今岁饥民贫，士卒食芋菽，军无见（现）粮，乃饮酒高会，不引兵渡河因赵食，与赵并力攻秦，乃曰'承其敝'。夫以秦之强，攻新造之赵，其势必举赵。赵举而秦强，何敝之承！且国兵新破，王坐不安席，扫境内而专属于将军，国家安危，在此一举。今不恤士卒而徇其私，非社稷之臣。"项羽晨朝上将军宋义，即其帐中斩宋义头，出令军中曰："宋义与齐谋反楚，楚王阴令羽诛之。"当是时，诸将皆慴服，莫敢枝梧。皆曰："首立楚者，将军家也。今将军诛乱。"乃相与共立羽为假上将军。使人追宋义子，及之齐，杀之。使桓楚报命于怀王。怀王因使项羽为上将军，当阳君、蒲将军皆属项羽。

◎**大意** 当初，宋义所遇到的齐国使者高陵君显还在楚军中，他见到楚王说："宋义判断武信君项梁的部队必败。过了几天，其军果然被打败了。军队尚未交战而事先看到了失败的征兆，这可以说是懂得用兵了。"楚王召见宋义商议大事，对他很满意，就任命他为上将军；项羽为鲁公，担任次将，范增为末将，出兵救赵。各路将领都隶属宋义，称宋义为卿子冠军。部队走到安阳，停留四十六天不前进。项羽说："我听说秦军把赵王围困在巨鹿，如果急速领兵渡过黄河，我们攻击秦军外围，赵军在内接应，一定可以打败秦军。"宋义说："不妥。叮牛的虻不能用来咬小小的虮子。现在秦军攻打赵国，打胜了则士兵疲劳，我们可趁秦军疲敝而击灭之；打不胜，我们就大张旗鼓地率军西进，一定能够打败秦军。所以不如先让秦赵两军相斗。冲锋陷阵，我不如你；运筹决策，你就不如我了。"于是他给军中下令说："凶猛如虎、执拗如羊、贪婪如狼而强横不听命令的，一律斩首。"于是派他的儿子宋襄辅助齐国，并亲自送他到无盐县，大摆筵席广会宾客。当时天气寒冷，又下起大雨，士卒又冷又饿。项羽说："本该并力攻打秦军，却长久屯驻而不向前进。如今年荒民贫，士兵吃芋头和豆子充饥，军中没有存粮，却宴会宾客，不领兵渡河以赵地的粮食作为军粮，与赵国合力攻秦，却说：'利用秦兵的疲敝。'以秦军的强大，攻打刚建立的赵国，肯定能够攻克它。赵国被占领而秦军更强盛，又有什么疲敝可以利用！况且我国军队前不久被打败，君王坐不安席，倾全国之兵交给将军指挥，国家安危，在此一举。现在不体恤士卒而图谋私利，不是国家的栋梁之臣。"项羽早上进见上将军宋义，就在中军营帐斩下宋义的首级，向军中发布命令说："宋义与齐国阴谋反楚，楚王密令我杀掉他。"这个时候，诸将无不畏服，没有人敢反抗。都说："首先扶立楚王的，是将军家。现在又是将军杀了乱臣逆贼。"于是一起拥立项羽为代理上将军。项羽派人追赶宋义的儿子宋襄，追到齐国，杀了宋襄。又派桓楚向怀王报告了情况。怀王于是就委任项羽为上将军，当阳君黥布、蒲将军都隶属项羽指挥。

项羽已杀卿子冠军，威震楚国，名闻诸侯。乃遣当阳君、蒲将军将卒二万渡河，救巨鹿。战少利，陈馀复请兵。项羽乃悉引兵渡河，皆沉船，破釜甑(zèng)，烧庐舍，持三日粮，以示士卒必死，无一还心。于是至则围王离，与秦军遇，九战，绝其甬道，大破之，杀苏角，虏王离。涉间不降楚，自烧杀。当是时，楚兵冠诸侯。诸侯军救巨鹿下者十余壁，莫敢纵兵。及楚击秦，诸将皆从壁上观。楚战士无不一以当十，楚兵呼声动天，诸侯军无不人人惴恐。于是已破秦军，项羽召见诸侯将，入辕门，无不膝行而前，莫敢仰视。项羽由是始为诸侯上将军，诸侯皆属焉。

◎**大意** 项羽杀了卿子冠军宋义后，威震楚国，名闻诸侯。于是项羽派遣当阳君、蒲将军领兵两万渡过漳河，驰援巨鹿。初战稍有利，陈馀又请求援兵。项羽就统领全军渡过漳河，沉掉所有船只，砸坏食具，烧毁营帐，只携带三日干粮，以向士兵表示生死就在此一战，不能存一点后退之心。于是一到巨鹿便包围了王离，与秦军交战，经过多次战斗，断绝了秦军的甬道，大破秦军，杀了苏角，虏获了王离。涉间不向楚军投降，自焚而死。当时，楚军气势雄冠诸侯。各路援军在巨鹿城外有十余座营垒，都不敢出兵。楚军进攻秦军时，各路援军将领都在军营的围墙上观看。楚军士兵无不以一当十，楚兵呼喊之声惊天动地，诸侯军人人惊惧惶恐。于是打败秦军后，项羽召见诸侯将领，他们进了辕门，无不跪地而行，不敢抬头仰视。项羽由此开始成为诸侯的上将军，各路诸侯都归他指挥。

章邯军棘原，项羽军漳南，相持未战。秦军数却，二世使人让章邯。章邯恐，使长史欣请事。至咸阳，留司马门三日，赵高不见，有不信之心。长史欣恐，还走其军，不敢出故道，赵高果使人追之，不及。欣至军，报曰："赵高用事于中，下无可为者。今战能胜，高必疾妒吾功；战不能胜，不免于死。愿将军孰（熟）计之。"陈馀亦遗章邯书曰："白起为秦将，南征鄢、郢，北坑马服，攻城略地，不可胜计，而竟赐死。蒙恬为秦将，北逐戎人，开榆中地数千里，竟斩阳周。何者？功多，秦不能尽封，因以法诛之。今将军为秦将三岁矣，所亡失以十万数，而诸侯并起滋益多。彼赵高素谀日久，今事急，亦恐二世诛之，故欲以法诛将军以塞责，使人更代将军以脱其祸。夫将军居外久，多内卻（隙），有功亦诛，无功亦诛。且天之亡秦，无愚智皆知之。今将军内不能直谏，外为亡国将，孤特独立而欲常存，岂不哀哉！将军何不还兵与诸侯为从（zòng），约共攻秦，分王其地，南面称孤；此孰与身伏铁（fū）质，妻子为僇（戮）乎？"章邯狐疑，阴使候始成使项羽，欲约。约未成，项羽使蒲将军日夜引兵度三户，军漳南，与秦战，再破之。项羽悉引兵击秦军汙（yū）水上，大破之。

◎**大意** 章邯驻扎在棘原，项羽驻扎在漳水之南，两军对峙未战。秦军多次退却，秦二世派人责备章邯。章邯惊恐，派长史司马欣请示指令。到了咸阳，在司马门停留三天，赵高不肯接见，有不信任之意。司马欣恐惧，暗自逃回军中，不敢走原路，赵高果然派人追赶他，没能追到。司马欣到了军中，报告说："赵高在朝中操纵政权，下面的人无可作为。现在战争若能取胜，赵高必定嫉妒我们的功劳；战事不胜，难免一死。希望将军认真考虑此事。"陈馀也给章邯写信说："白起为秦将，南征楚国鄢、郢，北坑四十万马服军，攻城略地，不可胜数，最终被赐一死。蒙恬为秦将，北逐匈奴，在榆中开疆拓土几千里，竟然被斩于阳周。为什么呢？功劳太多，秦朝不能完全封赐，就利用法令诛杀功臣。如今将军担任秦将已三年了，所损失的兵马以十万数，而反秦的武装越来越多。赵高惯于奉承，现在形势危急，也害怕二世杀他，所以要利用法令诛杀将军以推脱责任，派人代替将军以逃脱他的祸殃。将军在外长期居留，在朝廷里多有嫌隙，有功也要被诛，无功也要被诛。况且现在天要灭亡秦朝，无论愚人、智人都看得出来。现在将军在朝内不能直言进谏，在朝外成了亡国将军，孤立无援而想长久存在，岂不可悲！将军何不反戈与诸侯联合，相约一起攻秦，分割秦地称王，登王位称孤道寡？这与伏身刀砧，妻儿被杀相比如何呢？"章邯犹豫难决，暗中派一个名叫始成的军候出使项羽军中，想订立和约。和约尚未订立，项羽派蒲将军日夜兼程渡过三户津，驻扎于漳河南岸，与秦军交战，再次打败秦军。项羽率领全军在汙水边攻打秦军，将他们打得大败。

　　章邯使人见项羽，欲约。项羽召军吏谋曰："粮少，欲听其约。"军吏皆曰："善。"项羽乃与期洹（huán）水南殷虚上。已盟，章邯见项羽而流涕，为言赵高。项羽乃立章邯为雍王，置楚军中。使长史欣为上将军，将秦军为前行。

◎**大意**　章邯派人拜见项羽，要求谈判投降条件。项羽召集军吏商议道："现在缺少军粮，我想答应章邯的合约。"军吏都说："好。"于是项羽与章邯约定在洹水南边的殷虚会谈。订完盟约，章邯拜见项羽时痛哭流涕，向项羽诉说赵高的罪恶。项羽就封章邯为雍王，安置在楚军中。委任长史司马欣为上将军，带领已投降的秦军做先锋。

　　到新安。诸侯吏卒异时故繇（徭）使屯戍过秦中，秦中吏卒遇之多无状，及秦军降诸侯，诸侯吏卒乘胜多奴虏使之，轻折辱秦吏卒。秦吏卒多窃言曰："章将军等诈吾属降诸侯，今能入关破秦，大善；即不能，诸侯虏吾属而东，秦必尽诛吾父母妻子。"诸将微闻其计，以告项羽。项羽乃召黥布、蒲将军计曰："秦吏卒尚众，其心不服，至关中不听，事必危，不如击杀之，而独与章邯、长史欣、都尉翳入秦。"于是楚军夜击坑秦卒二十余万人新安城南。

◎**大意** 部队到了新安。诸侯军中的官兵先前因服徭役或驻守边疆曾路过关中，关中官兵对待他们多粗暴无礼，等到秦军投降诸侯，诸侯官兵大多趁机像对待奴仆一样役使他们，随意折磨凌虐他们。秦军官兵有很多在私下议论说："章邯将军等欺骗我们投降诸侯，现在如果能够入关灭秦，最好；如果不能，诸侯将我们像俘虏一样带去东方，秦朝一定会杀尽我们的父母妻儿。"诸将暗中听到他们的议论，报告给项羽。项羽于是召见黥布、蒲将军商议说："秦军官兵还很多，他们心中不服。到关中不听指挥，是很危险的事，不如把他们杀了，而只与章邯、长史司马欣、都尉董翳入秦。"于是夜里楚军在新安城南坑杀了二十余万秦兵。

行略定秦地。函谷关有兵守关，不得入。又闻沛公已破咸阳，项羽大怒，使当阳君等击关。项羽遂入，至于戏西。沛公军霸上，未得与项羽相见。沛公左司马曹无伤使人言于项羽曰："沛公欲王关中，使子婴为相，珍宝尽有之。"项羽大怒，曰："旦日飨士卒，为击破沛公军！"当是时，项羽兵四十万，在新丰鸿门，沛公兵十万，在霸上。范增说项羽曰："沛公居山东时，贪于财货，好美姬。今入关，财物无所取，妇女无所幸，此其志不在小。吾令人望其气，皆为龙虎，成五采，此天子气也。急击勿失。"

◎**大意** 项羽西进攻取秦地。函谷关有兵把守，不能进入。又听说沛公刘邦已攻克咸阳，项羽大怒，派当阳君黥布等攻打函谷关。项羽于是进入关里，到达戏水之西。沛公驻军霸上，尚未和项羽相见。沛公的左司马曹无伤派人对项羽说："沛公想在关中称王，委任秦王子婴为相国，奇珍异宝都被他占有。"项羽大怒，说："明日早晨以酒食犒赏士兵，给我打败刘邦的军队！"这时，项羽拥兵达四十万，驻扎在新丰鸿门，沛公的兵只有十万，驻在霸上。范增劝说项羽："沛公在山东时，贪财好物，迷恋美女。现在入关，不取财物，不亲近妇女，这表明其志向不小。我让人察望他那里天上的云气，都显龙形，呈五彩祥光，这正是天子之气。赶快攻打，莫失良机。"

楚左尹项伯者，项羽季父也，素善留侯张良。张良是时从沛公，项伯乃夜驰之沛公军，私见张良，具告以事，欲呼张良与俱去。曰："毋从俱死也。"张良曰："臣为韩王送沛公，沛公今事有急，亡去不义，不可不语。"良乃入，具告沛公。沛公大惊，曰："为之奈何？"张良曰："谁为大王为此计者？"曰："鲰（zōu）生说我曰'距（拒）关，毋内（纳）诸侯，秦地可尽王也'。故听之。"
良曰："料大王士卒足以当项王乎？"沛公默然，曰："固不如也，
且为之奈何？"张良曰："请往谓项伯，言沛公不敢背项王也。"
沛公曰："君安与项伯有故？"张良曰："秦时与臣游，项伯杀人，
臣活之。今事有急，故幸来告良。"沛公曰："孰与君少长？"良
曰："长于臣。"沛公曰："君为我呼入，吾得兄事之。"张良出，
要（邀）项伯。项伯即入见沛公。沛公奉卮（zhī）酒为寿，约为婚
姻，曰："吾入关，秋豪（毫）不敢有所近，籍吏民，封府库，而
待将军。所以遣将守关者，备他盗之出入与非常也。日夜望将军
至，岂敢反乎！愿伯具言臣之不敢倍（背）德也。"项伯许诺。谓
沛公曰："旦日不可不蚤（早）自来谢项王。"沛公曰："诺。"于是
项伯复夜去，至军中，具以沛公言报项王。因言曰："沛公不先
破关中，公岂敢入乎？今人有大功而击之，不义也，不如因善遇
之。"项王许诺。

◎**大意** 楚国左尹项伯是项羽的叔父，一向与留侯张良交好。张良此时跟随沛公，
项伯于是连夜奔往沛公军中，私下会见张良，把事情都告诉了他，想叫张良和他
一起离开。说："不要跟着沛公一同赴死。"张良说："我为韩王才跟沛公来到这
里，沛公现在事有危难，逃走不义，不能不告诉他。"张良就进去，都告诉了沛
公。沛公大惊，说："这该怎么办呢？"张良说："谁给你出的这个主意？"沛公
说："一个无知的小子劝我说'据守函谷关，不要接纳诸侯，就可以占有整个秦地
而称王了'。所以听了他的话。"张良说："大王估计自己的兵力能敌项王吗？"
沛公沉默片刻，说："根本不能，该怎么办呢？"张良说："请让我去告诉项伯，
说沛公是不敢背叛项王的。"沛公说："你怎么和项伯有交情？"张良说："在秦
朝时，我和项伯有交往，项伯杀了人，我救过他。现在事情危急，所以特地来告诉
我。"沛公说："项伯与你比谁年岁大？"张良说："项伯比我大。"沛公说："你
替我把他唤进来，我得尊他为兄长。"张良出去，邀请项伯。项伯于是进见沛公。
沛公为他举杯敬酒祝寿，与他结为儿女亲家，说："我进关后，丝毫也不敢贪占，
登记了官民的户籍，封存了府库，等待项将军。之所以派将守关，是防备其他盗
贼出入和意外事变的。我日夜盼望将军到来，怎敢谋反呢！希望您向项将军详细说
明我是不敢背信弃义的。"项伯答应了，对沛公说："明天不可不早些来向项王谢
罪。"沛公说："好。"于是项伯又连夜回去，到了军营，将沛公的话详细转告项

羽，并趁机说："沛公如不先攻克关中，你怎敢进去呢？现在人家有大功而要攻打他，是不义的，不如就此好好待他。"项王应允了。

　　沛公旦日从百余骑来见项王，至鸿门，谢曰："臣与将军戮力而攻秦，将军战河北，臣战河南，然不自意能先入关破秦，得复见将军于此。今者有小人之言，令将军与臣有郤（隙）。"项王曰："此沛公左司马曹无伤言之；不然，籍何以至此。"项王即日因留沛公与饮。项王、项伯东向坐。亚父南向坐。亚父者，范增也。沛公北向坐，张良西向侍。范增数（shuò）目项王，举所佩玉玦（jué）以示之者三，项王默然不应。范增起，出召项庄，谓曰："君王为人不忍，若入前为寿，寿毕，请以剑舞，因击沛公于坐，杀之。不（否）者，若属皆且为所虏。"庄则入为寿，寿毕，曰："君王与沛公饮，军中无以为乐，请以剑舞。"项王曰："诺。"项庄拔剑起舞，项伯亦拔剑起舞，常以身翼蔽沛公，庄不得击。于是张良至军门，见樊哙。樊哙曰："今日之事何如？"良曰："甚急。今者项庄拔剑舞，其意常在沛公也。"哙曰："此迫矣，臣请入，与之同命。"哙即带剑拥盾入军门。交戟之卫士欲止不内（纳），樊哙侧其盾以撞，卫士仆地，哙遂入，披帷西向立，瞋（chēn）目视项王，头发上指，目眦（zì）尽裂。项王按剑而跽（jì）曰："客何为者？"张良曰："沛公之参乘樊哙者也。"项王曰："壮士，赐之卮酒。"则与斗卮酒。哙拜谢，起，立而饮之。项王曰："赐之彘肩。"则与一生彘（zhì）肩。樊哙覆其盾于地，加彘肩上，拔剑切而啗之。项王曰："壮士，能复饮乎？"樊哙曰："臣死且不避，卮酒安足辞！夫秦王有虎狼之心，杀人如不能举，刑人如恐不胜，天下皆叛之。怀王与诸将约曰'先破秦入咸阳者王之'。今沛公先破秦入咸阳，豪（毫）毛不敢有所近，封闭宫室，还军霸上，以待大王来。故遣将守关者，备他盗出入与非常也。劳苦而功高如此，未有封侯之赏，而听细说，欲诛有功之人。此亡秦之续耳，窃为大王不取也。"项王未有以应，曰："坐。"樊哙从良坐。坐须臾，沛公起如厕，因招樊哙出。

◎ **大意**　沛公第二天早晨带领一百多人来见项羽，到了鸿门，道歉说："我与将军合力攻秦，将军战于河北，我战于河南，但是我也没想到能先入关灭掉秦朝，得以在此又见到将军。现在有小人挑唆，使将军和我产生矛盾。"项羽说："这是你的左司马曹无伤说的；不然，我怎么会做出这种事。"当天项羽就与沛公宴饮。项羽、项伯面向东坐。亚父面向南坐。亚父，就是范增。沛公面向北坐，张良面向西陪坐。范增屡次向项羽使眼色，多次举起所佩带的玉玦暗示项羽采取行动，项羽默然不应。范增站起来，出去叫项庄，对他说："项王为人心肠软，你进去上前祝酒，敬完酒，就请求舞剑，趁机在坐席上刺击沛公，杀死他。否则，你们都将被他俘虏。"项庄就进去祝酒，敬完酒，说："君王与沛公饮酒，军中没有什么可以取乐，请让我舞剑。"项羽说："好。"于是项庄拔剑起舞，项伯也拔剑起舞，常用身体掩护沛公，项庄不能行刺。于是张良走到军门，找到樊哙。樊哙说："今天的事怎样？"张良说："很危急。现在项庄拔剑起舞，其意图常在沛公身上。"樊哙说："事情如此紧迫，请让我进去，与沛公同生死。"樊哙立即带剑持盾进入军门。帐前站岗的卫士交叉举戟要阻止他进入，樊哙横着盾牌撞击卫士，卫士倒在地上，樊哙就进入了大帐，分开帐帷向西站立，怒目注视着项羽，头发竖起，眼角都裂开了。项羽提剑跪起说："来客是干什么的？"张良说："他是沛公的参乘樊哙。"项羽说："真是个壮士，赏赐他一杯酒。"就给他一大杯酒。樊哙拜谢，站起来喝了。项羽说："赏赐他猪腿！"于是给了他一整条猪腿。樊哙将盾牌反放在地上，把猪腿放在上面，拔剑切开，大口吞吃。项羽说："壮士，还能再喝酒吗？"樊哙说："我连死都不怕，一杯酒怎能推辞！秦王怀有虎狼之心，杀人唯恐不能尽，用刑则唯恐不重，天下人都背叛了他。楚怀王和诸将约定'先灭掉秦朝进入咸阳者为关中王'。现在沛公先打败秦朝进入咸阳，东西毫厘也不敢占取，封闭宫室，回军驻扎霸上，等待大王到来。之所以派将守关，是为了防备其他强盗出入与意外事变。这样劳苦功高，您不给封侯的奖赏，反而听信小人谗言，要杀有功之人。这是继续走秦朝灭亡的道路，我以为大王的做法实不可取。"项羽没有回应，说："坐。"樊哙挨着张良坐下。坐了一会，沛公起来上厕所，趁机叫樊哙出去。

　　沛公已出，项王使都尉陈平召沛公。沛公曰："今者出，未辞也，为之奈何？"樊哙曰："大行不顾细谨，大礼不辞小让。如今人方为刀俎（zǔ），我为鱼肉，何辞为。"于是遂去。乃令张良留谢。良问曰："大王来何操？"曰："我持白璧一双，欲献项王，玉斗一双，欲与亚父，会其怒，不敢献。公为我献之。"张良曰："谨诺。"当是时，项王军在鸿门下，沛公军在霸上，相去四十里。

沛公则置车骑，脱身独骑，与樊哙、夏侯婴、靳强、纪信等四人持剑盾步走，从郦山下，道芷（zhǐ）阳间（jiàn）行。沛公谓张良曰："从此道至吾军，不过二十里耳。度（duó）我至军中，公乃入。"沛公已去，间至军中，张良入谢，曰："沛公不胜杯杓（sháo），不能辞。谨使臣良奉白璧一双，再拜献大王足下；玉斗一双，再拜奉大将军足下。"项王曰："沛公安在？"良曰："闻大王有意督过之，脱身独去，已至军矣。"项王则受璧，置之坐上。亚父受玉斗，置之地，拔剑撞而破之，曰："唉！竖子不足与谋。夺项王天下者，必沛公也，吾属今为之虏矣。"沛公至军，立诛杀曹无伤。

◎**大意**　沛公出去后，项羽让都尉陈平召唤沛公。沛公说："刚才出来，没有告辞，怎么办呢？"樊哙说："干大事不要顾忌细枝末节，行大礼不要怕小的责难。现在人家是刀俎，我们是鱼肉，何必告辞。"于是就一起走了。叫张良留下来致谢。张良说："大王来时带了什么礼物？"沛公说："我带了一双白璧，要献给项王；玉斗一双，想给亚父。恰逢他们发怒，不敢献上。你替我献给他们。"张良说："谨遵所命。"当时，项羽的军队驻扎在鸿门下，沛公军驻扎在霸上，相距四十里。沛公于是丢下来时所带的车骑，脱身独自骑马，樊哙、夏侯婴、靳强、纪信等四人持剑抱盾跑步相随，从郦山脚下经芷阳抄小路逃走。行前沛公对张良说："由这条路到我们军营，不过二十里。估计我到了军营，你便进去。"沛公离开后，走小路到了军中，于是张良进帐对项羽说："沛公不胜酒力，不能告辞。谨派我奉白璧一双，敬献大王足下；玉斗一双，敬奉大将军。"项羽问："沛公在哪里？"张良说："听说大王有意责备，他脱身独自离开，已回到军营中了。"项羽于是收下白璧，放在坐席上。亚父收下玉斗，弃置地上，拔剑将它击碎，说："唉！与这小子难以共谋大事。抢夺项王天下的，必定是沛公，我等将要成为他的俘虏了。"沛公回到军中，立刻杀了曹无伤。

居数日，项羽引兵西屠咸阳，杀秦降王子婴，烧秦宫室，火三月不灭；收其货宝妇女而东。人或说项王曰："关中阻山河四塞，地肥饶，可都以霸。"项王见秦宫室皆以（已）烧残破，又心怀思欲东归，曰："富贵不归故乡，如衣绣夜行，谁知之者！"说者曰："人言楚人沐猴而冠耳，果然。"项王闻之，烹说者。

◎ **大意**　过了几天，项羽率军西进，屠灭咸阳，杀死秦朝降王子婴，焚烧秦朝宫室，大火三个月不灭；收取秦朝的财宝妇女向东而去。有人劝项羽说："关中凭借山河四塞险固，土地肥沃，可以建都称霸。"项羽看到秦朝宫室都已被烧毁，又思念家乡，想回东方，说："富贵了不回家乡，就像身穿锦绣在夜里行走，谁能看到！"劝他的人说："人们说楚国人像猕猴戴着人的帽子一样，果然如此。"项羽听到此话，煮杀了他。

项王使人致命怀王。怀王曰："如约。"乃尊怀王为义帝。项王欲自王，先王诸将相。谓曰："天下初发难（nàn）时，假立诸侯后以伐秦。然身被坚执锐首事，暴露于野三年，灭秦定天下者，皆将相诸君与籍之力也。义帝虽无功，故当分其地而王之。"诸将皆曰："善。"乃分天下，立诸将为侯王。项王、范增疑沛公之有天下，业已讲解，又恶负约，恐诸侯叛之，乃阴谋曰："巴、蜀道险，秦之迁人皆居蜀。"乃曰："巴、蜀亦关中地也。"故立沛公为汉王，王巴、蜀、汉中，都南郑。而三分关中，王秦降将以距（拒）塞汉王。项王乃立章邯为雍王，王咸阳以西，都废丘。长史欣者，故为栎阳狱掾，尝有德于项梁；都尉董翳者，本劝章邯降楚。故立司马欣为塞王，王咸阳以东至河，都栎阳；立董翳为翟王，王上郡，都高奴。徙魏王豹为西魏王，王河东，都平阳。瑕丘申阳者，张耳嬖臣也，先下河南郡，迎楚河上，故立申阳为河南王，都雒阳。韩王成因故都，都阳翟。赵将司马卬定河内，数有功，故立卬为殷王，王河内，都朝歌。徙赵王歇为代王。赵相张耳素贤，又从入关，故立耳为常山王，王赵地，都襄国。当阳君黥布为楚将，常冠军，故立布为九江王，都六（lù）。鄱（pó）君吴芮率百越佐诸侯，又从入关，故立芮为衡山王，都邾（zhū）。义帝柱国共敖将兵击南郡，功多，因立敖为临江王，都江陵。徙燕王韩广为辽东王。燕将臧荼从楚救赵，因从入关，故立荼为燕王，都蓟。徙齐王田市为胶东王。齐将田都从共救赵，因从入关，故立都为齐王，都临菑。故秦所灭齐王建孙田安，项羽方渡河救赵，田安下济北数城，引其兵降项羽，故立安为济北王，都博阳。田荣者，数负项梁，又不肯将兵从楚击秦，以故不封。成安君陈馀弃将印去，不从入关，然素闻其贤，有功于赵，闻其在南皮，故因环封三县。番（鄱）君将梅铛功多，故封十万户侯。项王自立为西楚霸王，王九郡，都彭城。

◎**大意** 项羽派人向怀王报告。楚怀王说："照前约办事。"于是项羽就尊怀王为义帝。项羽想自己称王，就先封各位将相为王。对他们说："全国义军初起时，暂立六国的后代为王以讨伐秦朝。然而亲身冲锋陷阵首先起义，日晒雨淋在外作战三年，灭亡秦朝平定天下的，都是诸位将相与我项羽的力量。义帝虽然无功，因系诸侯之后，也应当分地封王。"诸将都说："好。"于是划分天下，封诸将为王侯。项羽、范增怀疑沛公会夺取天下，但事情已经和解，又不想承担撕毁怀王之约的罪名，害怕诸侯叛离自己，就暗中策划道："巴、蜀交通不便，秦朝犯罪被流放的人都居住在蜀地。"就说："巴、蜀也是关中区域。"所以封沛公为汉王，管辖巴、蜀、汉中，建都南郑。而将关中土地划为三份，封秦朝降将为王以抗拒汉王。于是项羽封章邯为雍王，管辖咸阳以西地区，建都废丘。长史司马欣，以前任栎阳狱掾，曾对项梁有恩；都尉董翳，本来劝过章邯投降楚军。因此封司马欣为塞王，管辖咸阳以东至黄河之地，建都栎阳；封董翳为翟王，管辖上郡，建都高奴。调魏王豹为西魏王，统领河东郡，建都平阳。瑕丘人申阳，是张耳宠信之臣，先攻克河南郡，在黄河岸上迎接楚军，因此被封为河南王，建都雒阳。韩王成仍居韩国故都，建都阳翟。赵国将领司马卬平定河内，屡次立功，所以封司马卬为殷王，统领河内郡，建都朝歌。调赵王歇任代王。赵相国张耳一向贤能，又跟随入关，所以封张耳为常山王，统领赵地，建都襄国。当阳君黥布是楚国大将，勇冠诸军，因此封黥布为九江王，建都六县。鄱君吴芮率领百越士兵帮助诸侯，又跟随入关，所以封吴芮为衡山王，建都邾。义帝的柱国共敖领兵攻南郡，功劳多，所以封共敖为临江王，建都江陵。调封燕王韩广为辽东王。燕国将领臧荼随楚国救赵，并跟随入关，所以立臧荼为燕王，建都蓟。调封齐王田市为胶东王。齐将田都跟随一起救援赵国，并随从入关，因此封田都为齐王，都于临淄。原秦朝灭掉的齐王建的孙子田安，项羽正在渡黄河救援赵国时，田安攻克济北几座城池，率其军投降了项羽，所以封田安为济北王，建都博阳。田荣屡次背弃项梁，又不肯率兵随楚攻打秦军，因此不封。成安君陈馀抛弃将印而去，不跟随入关，但一直听说他很贤能，有功于赵，又听说他在南皮县，所以就把环绕南皮的三个县封给他。鄱君吴芮的部将梅铛功劳多，因此封他为十万户侯。项羽自封为西楚霸王，统领九个郡，建都彭城。

汉之元年四月，诸侯罢戏（麾）下，各就国。项王出之国，使人徙义帝，曰："古之帝者地方千里，必居上游。"乃使使徙义帝长沙郴（chēn）县。趣（促）义帝行，其群臣稍稍背叛之，乃阴令衡山、临江王击杀之江中。韩王成无军功，项王不使之国，与俱至彭城，废以为侯，已又杀之。臧荼之国，因逐韩广之辽东，广弗听，荼击杀广无终，并王其地。

◎**大意** 汉王元年四月，诸侯在项羽的帅旗下分散，各自奔赴封国。项羽东出函谷关到封国去，派人迁移义帝，说："古代帝王的领地方圆千里，一定要住到居高临下之地。"就让使者把义帝迁往长沙郴县。催促义帝上路，义帝的臣下逐渐叛离了义帝，项羽就密令衡山王吴芮、临江王共敖在长江上杀了他。韩王成没有军功，项羽不让他到封国，让他一起去彭城，黜废为侯，随后又杀了他。臧荼到了封国，就赶韩广去辽东，韩广不肯，臧荼在无终县把他杀死，兼并了他的领地。

田荣闻项羽徙齐王市胶东，而立齐将田都为齐王，乃大怒，不肯遣齐王之胶东，因以齐反，迎击田都。田都走楚。齐王市畏项王，乃亡之胶东就国。田荣怒，追击杀之即墨。荣因自立为齐王，而西击杀济北王田安，并王三齐。荣与彭越将军印，令反梁地。陈馀阴使张同、夏说说齐王田荣曰："项羽为天下宰不平。今尽王故王于丑地，而王其群臣诸将善地，逐其故主赵王乃北居代，馀以为不可。闻大王起兵，且不听不义，愿大王资馀兵，请以击常山，以复赵王，请以国为扞（hàn）蔽。"齐王许之，因遣兵之赵。陈馀悉发三县兵，与齐并力击常山，大破之。张耳走归汉。陈馀迎故赵王歇于代，反之赵。赵王因立陈馀为代王。

◎**大意** 田荣听说项羽迁齐王田市到胶东，而封齐将田都为齐王，非常愤怒，不愿意送齐王田市去胶东，就据齐反叛，迎面攻击田都。田都跑到楚国。齐王田市害怕项王，就逃去胶东赴任。田荣生气了，在即墨把他杀死。田荣于是自立为齐王，并西进攻杀了济北王田安，兼并三齐领地。田荣授予彭越将军印信，让他在梁地反叛。陈馀暗派张同、夏说游说齐王田荣道："项羽主宰天下事，不公平。现在把原来的诸侯都封到不好的边远地区，而把好地方封给他的臣下诸将，驱逐原来的国王，使赵王歇北居代地，陈馀认为这样不行。听说大王起兵，而且不听从项羽的无义命令，希望大王资助陈馀兵力，用以攻打常山，以恢复赵王歇的领地，让赵国成为齐国屏蔽。"齐王答应了他们，于是派兵去赵国。陈馀调动三县全部兵力，与齐军合力攻打常山，大败常山王。张耳投靠汉王刘邦。陈馀在代地迎接原赵王歇，返回赵国。赵王于是立陈馀为代王。

是时，汉还定三秦。项羽闻汉王皆已并关中，且东，齐、赵叛之，大怒。乃以故吴令郑昌为韩王，以距（拒）汉。令萧公角等击彭越。彭越败萧公角等。汉使张良徇韩，乃遗项王书曰："汉王失职，欲得关中，如约即止，不敢东。"又以齐、梁反书遗项羽曰："齐欲与赵并灭楚。"楚以此故无西意，而北击齐。征兵九江王布。布称疾不往，使将将数千人行。项王由此怨布也。

◎**大意** 这时，汉王回军平定三秦。项羽听说汉王已吞并了整个关中，将要东进，齐国、赵国也背叛了他，非常愤怒。于是任秦时吴县令郑昌为韩王，以抗阻汉王。命令萧公角等人攻打彭越。彭越打败了萧公角等人。汉王派张良镇抚韩国，于是给项羽写信道："汉王没有得到应得的土地，想要得到关中，兑现盟约所定就停止行动，不敢东进。"又利用齐、梁反叛楚国的事给项羽写信说："齐国想要和赵国合力消灭楚国。"项羽因此无意西进，而向北攻打齐国。项羽向九江王黥布征兵。黥布托病不去，仅派部将带几千人前往。项羽因此怨恨黥布。

汉之二年冬，项羽遂北至城阳，田荣亦将兵会战。田荣不胜，走至平原，平原民杀之。遂北烧夷齐城郭室屋，皆坑田荣降卒，系虏其老弱妇女。徇齐至北海，多所残灭。齐人相聚而叛之。于是田荣弟田横收齐亡卒得数万人，反城阳。项王因留，连战未能下。

◎**大意** 汉王二年冬，项羽北进到了城阳，田荣也率军迎战。田荣不敌，败逃到平原郡，平原百姓杀了他。于是项羽北进焚毁齐的城郭房屋，全部坑杀了田荣的降兵，掳掠其老弱妇女。又攻打齐国到北海郡，很多地方被毁灭。齐国人聚集起来反叛项羽。于是田荣的弟弟田横收拢齐军散兵得几万人，返回城阳。项羽就停留下来，连战几次未能攻克。

春，汉王部五诸侯兵，凡五十六万人，东伐楚。项王闻之，即令诸将击齐，而自以精兵三万人南从鲁出胡陵。四月，汉皆已入彭城，收其货宝美人，日置酒高会。项王乃西从萧晨击汉军而东，至彭城，日中，大破汉军。汉军皆走，相随入穀（gǔ）、泗水，杀汉卒十余万人。汉卒皆南走山，楚又追击至灵壁东睢（suī）水上。汉军却，为楚所挤，多杀，汉卒十余万人皆入睢水，睢水为之不流。围汉王三币（匝）。于是大风从西北而起，折木发屋，扬沙石，窈冥昼晦，逢迎楚军。楚军大乱，坏散，而汉王乃得与数十骑遁去。欲过沛，收家室而西；楚亦使人追之沛，取汉王家；家皆亡，不与汉王相见。汉王道逢得孝惠、鲁元，乃载行。楚骑追汉王，汉王急，推堕孝惠、鲁元车下，滕公常下收载之。如是者三。曰："虽急不可以驱，奈何弃之？"于是遂得脱。求太公、吕后不相遇。审食其从太公、吕后间行，求汉王，反遇楚军。楚军遂与归，报项王，项王常置军中。

◎**大意** 这年春天，汉王率领五个诸侯国的兵力，共五十六万人，东进讨伐楚国。项羽听说后，就命令诸将攻打齐国，而自己率领精兵三万人从鲁县出胡陵县南进。四月，汉军都已进入彭城，收取其财宝美女，天天大摆筵席饮酒聚会。项羽就西出萧县，于黎明时向东攻打汉军，直达彭城，中午时分，大破汉军。汉军全部逃走，接连跟着掉进穀水、泗水中，在这里被杀的汉兵有十余万人。汉兵向南逃进山区，楚军又追击到灵壁以东的睢水上。汉军退却，受楚军逼压，死亡很多，十余万汉兵都掉入睢水，睢水因此不能流动。楚军将汉王重重包围。这时大风忽从西北刮起，折树掀屋，飞沙走石，天昏地暗，迎面扑击楚军。楚军大乱，四散奔逃，汉王才得以与几十名骑兵逃去。汉王想经过沛县，携家眷西逃；楚军也派人追到了沛县，捉拿汉王家眷；家眷都逃走了，没能和汉王相见。汉王在路上遇见了他的儿子和女儿，也就是后来的孝惠帝和鲁元公主，便载在车上一同逃亡。楚军骑兵追赶汉王，汉王惶急，将孝惠、鲁元推落车下，滕公不断下车收载他俩。如此反复了多次。滕公说："虽然危急不能快驰，但怎么能忍心抛弃骨肉呢？"这样终于逃脱。一路寻找太公、吕后，没有遇到。审食其随太公、吕后抄小路走，寻找汉王，反而遇上楚军。于是楚军带他们回去，报告给项羽，项羽一直把他们安置在军营中。

是时吕后兄周吕侯为汉将兵居下邑，汉王间往从之，稍稍收其士卒。至荥阳，诸败军皆会，萧何亦发关中老弱未傅悉诣荥阳，复大振。楚起于彭城，常乘胜逐北，与汉战荥阳南京、索间，汉败楚，楚以故不能过荥阳而西。

◎**大意**　当时吕后的兄长周吕侯为汉王领兵住在下邑县，汉王抄小路赶去与他会合，慢慢地收拢士兵。到荥阳，各路败散的部队都会聚一处，萧何也尽发关中未登记服役名册的年老、幼弱之人齐赴荥阳，汉王声势又大振起来。楚军从彭城开始，不断乘胜追击败退的汉兵，与汉军在荥阳南面的京县、索亭之间大战，汉军挫败楚军，楚军因此不能通过荥阳而西进。

　　项王之救彭城，追汉王至荥阳，田横亦得收齐，立田荣子广为齐王。汉王之败彭城，诸侯皆复与楚而背汉。汉军荥阳，筑甬道属之河，以取敖仓粟。

◎**大意**　项羽去救援彭城，追击汉王到荥阳，田横也趁机收复了齐国，拥立田荣的儿子田广为齐王。汉王在彭城被打败后，诸侯又都归附于楚而背离了汉。汉军驻扎于荥阳，修筑甬道直达黄河岸边，用以取得敖仓的粮食。

　　汉之三年，项王数侵夺汉甬道，汉王食乏，恐，请和，割荥阳以西为汉。项王欲听之。历阳侯范增曰："汉易与耳，今释弗取，后必悔之。"项王乃与范增急围荥阳。汉王患之，乃用陈平计间项王。项王使者来，为太牢具，举欲进之。见使者，详（佯）惊愕曰："吾以为亚父使者，乃反项王使者。"更持去，以恶食食项王使者。使者归报项王，项王乃疑范增与汉有私，稍夺之权。范增大怒，曰："天下事大定矣，君王自为之。愿赐骸骨归卒伍。"项王许之。行未至彭城，疽发背而死。

◎**大意**　汉王三年，项羽多次侵夺汉军的甬道，汉王缺乏粮食，惊恐不已，请求议和，分割荥阳以西之地为汉。项羽想听从议和。历阳侯范增说："汉已经很容易对付了，现在放弃机会不攻打，日后必定后悔。"项羽于是和范增急速包围荥阳。汉王对此很忧虑，就采用陈平的计策离间项羽与范增。项羽的使者来了，汉军准备好饭菜，将要端出来摆在席上时看见使者，假装惊愕地说："我以为是亚父的使者，原来竟是项王的使者。"便更换筵席，拿不好的食物给项羽的使者吃。使者回去报告给项羽，项羽于是怀疑范增与汉王私下有交往，逐渐削夺他的权力。范增很气愤，说："天下事大局已定，君王自己干吧。请恩准老朽回家做平民。"项羽答应了他。范增尚未走到彭城，背上毒疮发作而死。

汉将纪信说汉王曰："事已急矣，请为王诳楚为王，王可以间出。"于是汉王夜出女子荥阳东门被甲二千人，楚兵四面击之。纪信乘黄屋车，傅左纛（dào），曰："城中食尽，汉王降。"楚军皆呼万岁。汉王亦与数十骑从城西门出，走成皋。项王见纪信，问："汉王安在？"信曰："汉王已出矣。"项王烧杀纪信。

◎**大意** 汉将纪信劝汉王说："情况已很危急，请允许我打扮成大王的样子去蒙骗楚军，大王可以趁机悄悄地逃出。"于是汉王夜间在荥阳东门派出披甲女子二千人，楚军四面围击她们。纪信乘着用黄绸做车盖的车，在车子左边插上装饰有牛尾的大旗，喊道："城中粮食已尽，汉王投降。"楚军都高喊万岁。这时汉王与几十名骑兵从城的西门出去，逃奔到成皋。项羽见到纪信，问道："汉王在哪里？"纪信说："汉王已出城了。"项羽烧死了纪信。

汉王使御史大夫周苛、枞（cōng）公、魏豹守荥阳。周苛、枞公谋曰："反国之王，难与守城。"乃共杀魏豹。楚下荥阳城，生得周苛。项王谓周苛曰："为我将，我以公为上将军，封三万户。"周苛骂曰："若不趣降汉，汉今虏若，若非汉敌也。"项王怒，烹周苛，并杀枞公。

◎**大意** 汉王派御史大夫周苛、枞公、魏豹把守荥阳。周苛、枞公商量道："魏豹是叛国之王，难以和他一起守城。"于是二人一起杀死魏豹。楚军攻克荥阳城，活捉周苛。项羽对周苛说："做我的部将，我任你为上将军，封赏三万户。"周苛骂他说："你不赶快投降汉军，汉军会很快俘虏你，你不是汉王的对手。"项羽发怒，煮杀了周苛，并杀了枞公。

汉王之出荥阳，南走宛、叶，得九江王布，行收兵，复入保成皋。汉之四年，项王进兵围成皋。汉王逃，独与滕公出成皋北门，渡河走修武，从张耳、韩信军。诸将稍稍得出成皋，从汉王。楚遂拔成皋，欲西。汉使兵距（拒）之巩，令其不得西。

◎**大意** 汉王逃出荥阳，南奔宛县、叶县，九江王黥布归降，沿途收拢士兵，又回到成皋坚守。汉王四年，项王进军包围成皋，汉王出逃，孤身和滕公跑出成皋北门，渡过黄河跑去修武，来到张耳、韩信军中。诸将陆续逃出成皋，跟随汉王。楚军于是夺取了成皋，想要西进。汉王派兵在巩县抵御，使楚军不能西进。

是时，彭越渡河击楚东阿，杀楚将军薛公。项王乃自东击彭越。汉王得淮阴侯兵，欲渡河南。郑忠说汉王，乃止壁河内。使刘贾将兵佐彭越，烧楚积聚。项王东击破之，走彭越。汉王则引兵渡河，复取成皋，军广武，就敖仓食。项王已定东海来，西，与汉俱临广武而军，相守数月。

◎**大意** 当初，彭越渡过黄河到东阿攻打楚军，杀了楚将军薛公。项羽于是亲自向东攻打彭越。汉王取得淮阴侯韩信的军队，想渡黄河南进。郑忠劝说汉王，于是按兵屯驻河内，派刘贾领兵辅助彭越，烧毁了楚军的粮草辎重。项羽东进打败了他们，把彭越打跑了。汉王就率军渡过黄河，又夺取了成皋，驻扎在广武，使用敖仓的粮食。项羽平定了东海，回军西进，和汉军都驻扎在广武，相持了几个月。

当此时，彭越数反梁地，绝楚粮食，项王患之。为高俎，置太公其上，告汉王曰："今不急下，吾烹太公。"汉王曰："吾与项羽俱北面受命怀王，曰'约为兄弟'，吾翁即若翁，必欲烹而翁，则幸分我一杯羹。"项王怒，欲杀之。项伯曰："天下事未可知，且为天下者不顾家，虽杀之无益，只益祸耳。"项王从之。

◎**大意** 这个时候，彭越多次扰乱梁地，断绝楚军粮食，项羽为此忧虑。他设置一个高大的砧板，把汉王的父亲放在上面，告诉汉王说："现在你不赶快投降，我就煮杀你父亲。"汉王说："我与你都是听命于怀王的臣下，说过'结为兄弟'，我的父亲就是你的父亲，真要煮杀你父亲的话，希望你分给我一杯肉汤。"项羽听了大怒，要杀汉王的父亲。项伯说："天下事难以预料，况且志在天下的人是不顾家的，即使杀了他也没好处，只是增添祸端而已。"项羽听从了他的话。

楚汉久相持未决，丁壮苦军旅，老弱罢（疲）转漕。项王谓汉王曰："天下匈匈数岁者，徒以吾两人耳，愿与汉王挑战决雌雄，毋徒苦天下之民父子为也。"汉王笑谢曰："吾宁斗智，不能斗力。"项王令壮士出挑战。汉有善骑射者楼烦，楚挑战三合，楼烦辄射杀之。项王大怒，乃自被甲持戟挑战。楼烦欲射之，项王瞋目叱之，楼烦目不敢视，手不敢发，遂走还入壁，不敢复出。汉王使人间问之，乃项王也。汉王大惊。于是项王乃即汉王相与临广武间而语。汉王数之，项王怒，欲一战。汉王不听，项王伏弩射中汉王。汉王伤，走入成皋。

◎**大意** 楚汉长期相持未决胜负，青壮年苦于军役，老弱疲于运送粮饷。项羽对汉王说："天下战乱纷扰数年，只是因为我们两个人而已，希望向你挑战，一决雌雄，不要平白地使天下百姓受这样的痛苦。"汉王笑着推辞说："我宁可斗智，不愿斗力。"项羽命令壮士出营挑战。汉军中有个神箭手，楚兵挑战三个回合，都被他用箭射杀了。项羽大为愤怒，就亲自披甲持戟挑战。神箭手正要射他，项羽对他怒目呵斥，那神箭手眼不敢看，手不敢射，于是跑回营垒，不敢再出来。汉王派人暗中打听，才知挑战者就是项羽。汉王大吃一惊。于是项羽靠近汉王，隔着广武涧对话。汉王历数项羽之罪，项羽恼怒，要求决战一场。汉王不接受挑战，项羽埋伏的弓箭手射中了汉王。汉王受伤，跑进成皋。

项王闻淮阴侯已举河北，破齐、赵，且欲击楚，乃使龙且往击之。淮阴侯与战，骑将灌婴击之，大破楚军，杀龙且。韩信因自立为齐王。项王闻龙且军破，则恐，使盱台人武涉往说淮阴侯。淮阴侯弗听。是时，彭越复反，下梁地，绝楚粮。项王乃谓海春侯大司马曹咎等曰："谨守成皋，则汉欲挑战，慎勿与战，毋令得东而已。我十五日必诛彭越，定梁地，复从将军。"乃东，行击陈留、外黄。

◎**大意** 项羽听说淮阴侯韩信已占领河北，打败了齐国、赵国，并且将要攻打楚国，于是派龙且前往迎击。淮阴侯韩信与龙且交战，骑将灌婴出战，大败楚军，杀了龙且。韩信于是自立为齐王。项羽得知龙且军败，便惊恐起来，派盱台人武涉去游说淮阴侯韩信。淮阴侯不听。这时，彭越又起兵，攻克梁地，断绝楚军粮食。项羽就对海春侯大司马曹咎等人说："小心地守住成皋，即便汉军挑战，也千万不要出战，只要不使汉军东进就行了。我十五天内必定诛杀彭越，平定梁地，再与将军会合。"于是东进，攻打陈留、外黄。

外黄不下。数日，已降，项王怒，悉令男子年十五已（以）上诣城东，欲坑之。外黄令舍人儿年十三，往说项王曰："彭越强劫外黄，外黄恐，故且降，待大王。大王至，又皆坑之，百姓岂有归心？从此以东，梁地十余城皆恐，莫肯下矣。"项王然其言，乃赦外黄当坑者。东至睢阳，闻之皆争下项王。

◎**大意** 一开始，外黄没能攻下。过了几天，全城投降，项羽愤怒不已，命令所有十五岁以上的男子都到城东去，要挖坑活埋他们。外黄县令的一个门客有个十三岁的儿子，去劝说项羽道："彭越强力威逼外黄，外黄人人恐惧，所以权且投降，等待大王来解救。大王来了，又要全部坑杀，百姓怎能有归顺之心？从此向东，梁地十余座城邑无不恐惧，不会愿意投降了。"项羽认为他的话是对的，就赦免了要坑杀的外黄人。向东直到睢阳等地的人，听到这个情况无不争相投顺项羽。

汉果数挑楚军战，楚军不出。使人辱之，五六日，大司马怒，渡兵汜水。士卒半渡，汉击之，大破楚军，尽得楚国货赂。大司马咎、长史翳、塞王欣皆自刭汜水上。大司马咎者，故蕲狱掾，长史欣亦故栎阳狱吏，两人尝有德于项梁，是以项王信任之。当是时，项王在睢阳，闻海春侯军败，则引兵还。汉军方围钟离眜于荥阳东，项王至，汉军畏楚，尽走险阻。

◎**大意** 汉军果然不断向楚军挑战，楚军不出。汉王派人辱骂楚军，五六天后，大司马发怒，挥兵渡汜水。士兵刚渡过一半，汉军攻击他们，大败楚军，缴获了楚军全部的货物、钱财。大司马曹咎、长史董翳、塞王司马欣都自刭于汜水岸边。大司马曹咎是以前的蕲县狱掾，长史司马欣也是以前的栎阳狱吏，两人曾对项梁有过恩，所以项羽信任他们。当时，项羽在睢阳，听到海春侯兵败，就率兵返回。汉军正在荥阳之东包围钟离眜，项羽到来，汉军畏惧楚军，全部逃到险要地带。

是时，汉兵盛食多，项王兵罢（疲）食绝。汉遣陆贾说项王，请太公，项王弗听。汉王复使侯公往说项王，项王乃与汉约，中分天下，割鸿沟以西者为汉，鸿沟而东者为楚。项王许之，即归汉王父母妻子。军皆呼万岁。汉王乃封侯公为平国君。匿弗肯复见。曰："此天下辩士，所居倾国，故号为平国君。"项王已约，乃引兵解而东归。

◎**大意** 这时，汉军兵盛粮多，项羽兵疲粮断。汉王就派遣陆贾去劝说项羽，请求放回太公，项羽不听。汉王又派侯公前去劝说项羽，于是项羽和汉王订约，平分天下，划分鸿沟以西的地方为汉，鸿沟以东的地方为楚。项羽答应侯公，马上归还汉王的父母妻子。军中兵将无不呼喊万岁。于是汉王封侯公为平国君。侯公隐藏起来不愿再露面。汉王说："这位是天下的才辩之士，所到之处能倾覆其国，所以称他为平国君。"项羽订约后，就偃旗息鼓，率军回国。

汉欲西归，张良、陈平说曰："汉有天下太半，而诸侯皆附之。楚兵罢（疲）食尽，此天亡楚之时也，不如因其机而遂取之。今释弗击，此所谓'养虎自遗患'也。"汉王听之。汉五年，汉王乃追项王至阳夏南，止军，与淮阴侯韩信、建成侯彭越期会而击楚军。至固陵，而信、越之兵不会。楚击汉军，大破之。汉王复入壁，深堑而自守。谓张子房曰："诸侯不从约，为之奈何？"对曰："楚兵且破，信、越未有分地，其不至固宜。君王能与共分天下，今可立致也。即不能，事未可知也。君王能自陈以东傅海，尽与韩信；睢阳以北至穀城，以与彭越：使各自为战，则楚易败也。"汉王曰："善。"于是乃发使者告韩信、彭越曰："并力击楚。楚破，自陈以东傅海与齐王，睢阳以北至穀城与彭相国。"使者至，韩信、彭越皆报曰："请今进兵。"韩信乃从齐往，刘贾军从寿春并行，屠城父，至垓下。大司马周殷叛楚，以舒屠六，举九江兵，随刘贾、彭越皆会垓下，诣项王。

◎**大意** 汉王想往西回国，张良、陈平劝他说："汉已拥有大半个天下，而诸侯无不归顺于汉。楚军兵疲粮尽，这正是天要灭楚的时候，不如乘此机会攻灭它。现在放走楚军，这就是常说的'养虎给自己留下祸患'呀。"汉王听从了他们的意见。汉王五年，汉王追赶项羽到了阳夏之南，驻扎下来，与淮阴侯韩信、建成侯彭越约定日期共击楚军。到达固陵后，韩信、彭越的军队却没有来会合。楚军攻打汉军，汉军大败。汉王又进入营垒，深挖壕沟防守。对张良说："诸侯不守约，怎么办呢？"张良回答说："楚军将败，韩信、彭越没有分到领地。他们不来本在情理之中。君王若能和他们共分天下，现在即可招他们前来。若不能，事情就难以预料了。君王若能将自陈以东到近海之地，都给韩信；睢阳往北至穀城的地区，给彭越：使他们各为自身利益而战，楚国就容易打败了。"汉王说："好。"于是派出使者，前去告诉韩信、彭越："合力攻打楚军。楚败后，自陈以东到滨海地区给齐王，睢阳以北至穀城给彭相国。"使者到后，韩信、彭越都答复说："请求立即出兵。"韩信于是从齐国前往，刘贾军从寿春并进，屠灭城父，到达垓下。大司马周殷背叛楚国，以舒县之兵屠灭六县，发动九江兵，随同刘贾、彭越会合于垓下，追击项羽。

项王军壁垓下，兵少食尽，汉军及诸侯兵围之数重。夜闻汉军四面皆楚歌，项王乃大惊曰："汉皆已得楚乎？是何楚人之多也！"项王则夜起，饮帐中。有美人名虞，常幸从；骏马名骓，常骑之。于是项王乃悲歌慷慨，自为诗曰："力拔山兮气盖世，时不利兮骓不逝。骓不逝兮可奈何，虞兮虞兮奈若何！"歌数阕，美人和之。项王泣数行下，左右皆泣，莫能仰视。

◎**大意**　项羽在垓下扎起营寨，兵少粮尽，汉军及诸侯军将他们包围数重。夜间听到汉军四面都唱起楚歌，项羽于是大惊道："汉军已夺取楚国了吗？为什么楚人这样多呢？"项羽便晚上起来，在帐中饮酒。有一个名叫虞的美姬，常受宠幸随从项羽；有一匹名叫骓的骏马，项羽经常骑它。于是项羽就慷慨悲歌，自己作诗吟唱道："力能拔山啊，豪气盖世；时运不利啊，骏马难驰。骏马难驰啊，又有何妨？虞姬啊虞姬啊，如何安放！"连唱了几遍，美姬给他伴唱。项羽泪流数行，左右侍从无不哭泣，难以抬头观看。

于是项王乃上马骑，麾下壮士骑从者八百余人，直夜溃围南出，驰走。平明，汉军乃觉之，令骑将灌婴以五千骑追之。项王渡淮，骑能属者百余人耳。项王至阴陵，迷失道，问一田父（fǔ），田父绐（dài）曰"左"。左，乃陷大泽中。以故汉追及之。项王乃复引兵而东，至东城，乃有二十八骑。汉骑追者数千人。项王自度不得脱。谓其骑曰："吾起兵至今八岁矣，身七十余战，所当者破，所击者服，未尝败北，遂霸有天下。然今卒困于此，此天之亡我，非战之罪也。今日固决死，愿为诸君快战，必三胜之，为诸君溃围，斩将，刈（yì）旗，令诸君知天亡我，非战之罪也。"乃分其骑以为四队，四向。汉军围之数重。项王谓其骑曰："吾为公取彼一将。"令四面骑驰下，期山东为三处。于是项王大呼驰下，汉军皆披靡，遂斩汉一将。是时，赤泉侯为骑将，追项王，项王瞋目而叱之，赤泉侯人马俱惊，辟易数里。与其骑会为三处。汉军不知项王所在，乃分军为三，复围之。项王乃驰，复斩汉一都尉，杀数十百人，复聚其骑，亡其两骑耳。乃谓其骑曰："何如？"骑皆伏曰："如大王言。"

◎ **大意**　于是项羽就骑上马，部下壮士骑马相随的有八百多人，半夜里向南冲破重围，驱马而奔。天亮了，汉军才发觉，命骑将灌婴率五千骑兵追赶。项羽渡过淮河，能追随他的骑兵仅一百多人而已。项羽到达阴陵，迷失了道路，问一个老农夫，老农夫骗他说"向左"。左行，就陷入了大沼泽地。因此汉军追上了他们。项羽于是又率兵向东跑，到达东城，只有二十八名骑兵了。汉军骑兵追赶的有几千人。项羽自己估计不能逃脱了。于是对他的骑兵说："我起兵到现在八年了，身经七十余战，所挡之敌败，所攻之敌降，未曾败过，这才称霸天下。然而今天终于被困在这里，这是天要亡我，并非打仗的过错。今日本当决死，愿为诸君痛快地打一仗，一定连胜三次，为诸君突围、斩将、砍旗，让诸君知道是天要亡我，而不是打仗的过错。"于是把他的人马分作四队，四个方向。汉军重重包围了他们。项羽对他的骑兵说："我为你们斩他一将。"命令四个方向的骑兵冲下去，约定在山的东面分三处会合。于是项羽高声呼喊着冲杀下去，汉军惊惧四散，于是斩杀一员汉将。这时，赤泉侯杨喜任骑将，追击项羽，项羽对他怒目呵斥，赤泉侯人马俱惊，倒退了几里，项羽与他的骑兵在三处会合。汉军不知道项羽在哪里，就将部队分为三路，又包围了项王。项羽于是冲杀，又斩杀汉军一个都尉，杀了近百人，再次聚合他的骑兵，仅仅损失两名而已。于是问他的骑兵说："怎么样？"骑兵都敬佩地说："正如大王所说。"

　　于是项王乃欲东渡乌江。乌江亭长檥（yǐ）船待，谓项王曰："江东虽小，地方千里，众数十万人，亦足王也。愿大王急渡。今独臣有船，汉军至，无以渡。"项王笑曰："天之亡我，我何渡为！且籍与江东子弟八千人渡江而西，今无一人还，纵江东父兄怜而王我，我何面目见之？纵彼不言，籍独不愧于心乎？"乃谓亭长曰："吾知公长者。吾骑此马五岁，所当无敌，尝一日行千里，不忍杀之，以赐公。"乃令骑皆下马步行，持短兵接战。独籍所杀汉军数百人。项王身亦被十余创。顾见汉骑司马吕马童，曰："若非吾故人乎？"马童面之，指王翳曰："此项王也。"项王乃曰："吾闻汉购我头千金，邑万户，吾为汝德。"乃自刎而死。王翳取其头，余骑相蹂践争项王，相杀者数十人。最其后，郎中骑杨喜，骑司马吕马童，郎中吕胜、杨武各得其一体。五人共会其体，皆是。分其地为五：封吕马童为中水侯，封王翳为杜衍侯，封杨喜为赤泉侯，封杨武为吴防侯，封吕胜为涅阳侯。

◎**大意** 项羽这时想东渡乌江浦。乌江亭长移船靠岸等着，对项羽说："江东虽小，但地方千里，民众几十万，也足可称王了。希望大王赶快渡江。现在就我有船，汉军到来，也无船可渡。"项羽笑着说："天要亡我，我渡江干什么！况且我与八千江东子弟一起渡过长江西进，今天没有一人回来，即使江东父老兄弟怜爱而以我为王，我有何面目去见他们？即使他们不说，我能不愧疚于心吗？"于是他对亭长说："我知道你是一个有德行的人，我骑这匹马五年了，所向无敌，曾经日行千里，不忍杀它，赏赐给你吧。"就命令骑兵都下马步行，持短小的兵器交战。仅项羽所杀的汉军就有几百人。项羽也身受十余处伤。回头看见了汉骑司马吕马童，说："你不是我的老朋友吗？"吕马童面对项羽，指给王翳说："这就是项王。"项羽于是说："我听说汉王悬赏千金、封地万户，买我的人头，我为你做件好事吧。"就自刎而死了。王翳割取了项羽的头，其余的骑兵互相践踏争抢项羽的尸体，相互残杀的达几十人。最后，郎中骑杨喜，骑司马吕马童，郎中吕胜、杨武各得项羽身体的一部分。五人所得肢体能合并在一起，确是项羽。所以将悬赏的万户邑分为五份：封吕马童为中水侯，封王翳为杜衍侯，封杨喜为赤泉侯，封杨武为吴防侯，封吕胜为涅阳侯。

项王已死，楚地皆降汉，独鲁不下。汉乃引天下兵欲屠之，为其守礼义，为主死节，乃持项王头视鲁，鲁父兄乃降。始，楚怀王初封项籍为鲁公，及其死，鲁最后下，故以鲁公礼葬项王穀城。汉王为发哀，泣之而去。

◎**大意** 项羽死后，楚地都投降了汉，只有鲁不投降。于是汉王想率天下兵马屠灭他们，后来考虑到鲁人不降是因为他们谨守礼义，能为主而死，就拿项羽的头给鲁人看，鲁父老兄弟这才投降。当初，楚怀王初封项羽为鲁公，到他死后，鲁又是最后投降，所以按鲁公的礼仪将项羽葬于穀城。汉王为他送葬，挥泪而去。

诸项氏枝属，汉王皆不诛。乃封项伯为射阳侯。桃侯、平皋侯、玄武侯皆项氏，赐姓刘氏。

◎**大意**　项羽各支宗族，汉王都不诛杀。还封项伯为射阳侯。桃侯、平皋侯、玄武侯都是项氏一宗，赐为刘姓。

太史公曰：吾闻之周生曰"舜目盖重瞳子"，又闻项羽亦重瞳子。羽岂其苗裔邪？何兴之暴也！夫秦失其政，陈涉首难，豪杰蜂起，相与并争，不可胜数。然羽非有尺寸，乘势起陇（垄）亩之中，三年，遂将五诸侯灭秦，分裂天下，而封王侯，政由羽出，号为"霸王"，位虽不终，近古以来未尝有也。及羽背关怀楚，放逐义帝而自立，怨王侯叛己，难矣。自矜功伐，奋其私智而不师古，谓霸王之业，欲以力征经营天下，五年卒亡其国，身死东城，尚不觉寤（悟），而不自责，过矣。乃引"天亡我，非用兵之罪也"，岂不谬哉！

◎**大意**　太史公说：我听周生说"舜的眼睛大概有双瞳子"，又听说项羽也是双瞳子。项羽难道是舜的后裔吗？为什么兴起那样突然呢！秦朝暴虐无道，陈胜首先发难，英雄豪杰蜂拥而起，相互争斗，不可胜数。然而项羽并无尺寸之权势可借，却乘势兴起于民间，仅三年，就率领五诸侯灭亡了秦朝，分割天下，封授王侯，政令由项羽发布，号称"霸王"，王位虽未善终，近古以来也是未曾有过的。等到项羽放弃关中回归楚国，驱逐义帝而自立为王，怨恨诸侯王背叛自己，其处境就困难了。自夸功劳，逞个人机智而不效法古人，认为霸王大业，要以武力来夺取经营，仅五年时间就丢掉了自己的国家，身死东城，还不觉悟，也不责备自己，这已是大错特错了。竟然找借口"天要亡我，并非用兵的过错"，岂不荒谬！

高祖，沛丰邑中阳里人，姓刘氏，字季。父曰太公，母曰刘媪（ǎo）。其先刘媪尝息大泽之陂，梦与神遇。是时雷电晦冥，太公往视，则见蛟龙于其上。已而有身，遂产高祖。

◎**大意** 高祖，沛县丰邑中阳里人。姓刘，表字季。父亲叫太公，母亲叫刘媪。当初刘媪曾在大湖岸边休息，梦中与神相遇。这时雷鸣电闪天昏地暗，太公前去看她，便看到蛟龙在刘媪身上。此事发生后不久刘媪就怀孕了，于是生了高祖。

高祖为人，隆准而龙颜，美须髯，左股有七十二黑子。仁而爱人，喜施，意豁如也。常有大度，不事家人生产作业。及壮，试为吏，为泗水亭长，廷中吏无所不狎侮。好酒及色。常从王媪、武负贳（shì）酒，醉卧，武负、王媪见其上常有龙，怪之。高祖每酤（gū）留饮，酒雠数倍。及见怪，岁竟，此两家常折券弃责（债）。

◎**大意**　高祖这个人，长得隆鼻龙额，胡须很好看，左大腿上有七十二颗黑痣。他对人亲善宽厚，喜欢予人恩惠，性情豁达。一向胸怀大志，不做平常人家所从事的生产劳动。到了壮年，被用为吏，担任泗水亭长，县衙里的吏员没有不被他轻侮的。他爱好酒与女色，常常到王媪、武负的酒馆赊酒喝，喝醉了便睡倒，武负、王媪常看到他的上方有龙盘旋，深感奇怪。高祖每次来买酒或留下喝酒，卖出去的酒总是平时的几倍。发现怪异现象后，年终时，这两家酒店常销毁他的欠据，舍去他的酒债。

高祖常（尝）繇（徭）咸阳，纵观，观秦皇帝，喟（kuì）然太息曰："嗟乎，大丈夫当如此也！"

◎**大意**　高祖曾经在咸阳服劳役，有一天允许百姓观看皇帝的车驾，看到了秦始皇，他感慨地长叹说："啊，大丈夫应当这样啊！"

单父人吕公善沛令，避仇从之客，因家沛焉。沛中豪桀吏闻令有重客，皆往贺。萧何为主吏，主进，令诸大夫曰："进不满千钱，坐之堂下。"高祖为亭长，素易诸吏，乃绐为谒曰"贺钱万"，实不持一钱。谒入，吕公大惊，起，迎之门。吕公者，好相人，见高祖状貌，因重敬之，引入坐。萧何曰："刘季固多大言，少成事。"高祖因狎侮诸客，遂坐上坐，无所诎。酒阑，吕公因目固留高祖。高祖竟酒，后。吕公曰："臣少好相人，相人多矣，无如季相，愿季自爱。臣有息女，愿为季箕帚妾。"酒罢，吕媪怒吕公曰："公始常欲奇此女，与贵人。沛令善公，求之不与，何自妄许与刘季？"吕公曰："此非儿女子所知也。"卒与刘季。吕公女乃吕后也，生孝惠帝、鲁元公主。

◎**大意**　单父人吕公与沛县令交好，为避仇到沛县令家客居，就在沛县安家了。沛县的豪杰官吏听说县令家有贵客，都奉送礼物前往道贺。萧何任主吏，主管接收礼品，对来贺的宾客说："贺礼不满千钱的，请坐在堂下。"高祖担任亭长，一向看不起这班官吏，就在名帖上哄骗道"贺钱一万钱"，实际没带一个钱。名帖递进去，吕公大惊，急忙起身，到门口迎接。吕公这个人，善于给人相面，一见高祖相貌，就十分敬重他，领到堂上坐下。萧何说："刘季一向爱说大话，很少能说到做到。"高祖趁机要戏侮这些宾客，就坐了上座，毫不谦让。酒快喝完了，吕公用眼色示意高祖一定留下。高祖一直等到席散，留到最后。吕公说："我年轻时就喜欢给人相面，相过的人很多，没有像你这样的贵相，希望你自爱。我有一个亲生女儿，愿意给你做洒扫的婢妾。"酒宴结束后，吕媪生气地对吕公说："你以前常想让女儿显贵，要嫁给贵人。沛县令和你交情好，要娶她你不肯，你怎么胡乱许给刘季呢？"吕公说："这不是你们这些女流之辈能懂的。"最终把女儿嫁与刘季。吕公的女儿就是吕后，生了孝惠帝、鲁元公主。

高祖为亭长时，常告归之田。吕后与两子居田中耨（nòu），有一老父过请饮，吕后因铺（bū）之。老父相吕后曰："夫人天下贵人。"令相两子，见孝惠，曰："夫人所以贵者，乃此男也。"相鲁元，亦皆贵。老父已去，高祖适从旁舍来，吕后具言客有过，相我子母皆大贵。高祖问，曰："未远。"乃追及，问老父。老父曰："乡（向）者夫人婴儿皆似君，君相贵不可言。"高祖乃谢曰："诚如父言，不敢忘德。"及高祖贵，遂不知老父处。

◎**大意** 高祖做亭长时，常常休假回家种田。吕后和两个孩子在田中锄草，有个过路的老人向她讨水喝，吕后便给他食物。老人仔细看了吕后的相貌说："夫人是天下的贵人。"吕后让他给两个孩子看相，见了孝惠，说："夫人所以相贵，就因为这个男孩。"又相鲁元，也是贵人之相。老人走了，高祖恰巧从邻居家过来，吕后给他详述了刚才路过这里的老人认为其母子都是大贵之相的事。高祖问有多久了，吕后说："没走多远。"于是高祖便追去，问老人。老人说："方才那位夫人和小孩的命相都像你，你的命相贵不可言。"高祖便道谢说："若能真如老先生所言，我不会忘记你的恩德。"等到高祖显贵时，就不知道老人的去向了。

高祖为亭长，乃以竹皮为冠，令求盗之薛治之，时时冠之，及贵常冠，所谓"刘氏冠"乃是也。

◎**大意** 高祖做亭长时，喜欢戴用竹皮做的帽子，让负责捕盗的卒吏到薛县定做，时常戴着它。到了显贵时还常常戴，人们常说的"刘氏冠"就是这种帽子。

高祖以亭长为县送徒郦山，徒多道亡。自度比至皆亡之，到丰西泽中，止饮，夜乃解纵所送徒。曰："公等皆去，吾亦从此逝矣！"徒中壮士愿从者十余人。高祖被酒，夜径泽中，令一人行前。行前者还报曰："前有大蛇当径，愿还。"高祖醉，曰："壮士行，何畏！"乃前，拔剑击斩蛇。蛇遂分为两，径开。行数里，醉，因卧。后人来至蛇所，有一老姬夜哭。人问何哭，姬曰："人杀吾子，故哭之。"人曰："姬子何为见杀？"姬曰："吾子，白帝子也，化为蛇，当道，今为赤帝子斩之，故哭。"人乃以姬为不诚，欲笞之，姬因忽不见。后人至，高祖觉。后人告高祖，高祖乃心独喜，自负。诸从者日益畏之。

◎**大意** 高祖以亭长的身份替县里往郦山押送役夫，不少役夫在途中逃走。高祖估计等到了郦山役夫会跑光，到了丰邑西边的一片洼地中，停下来饮酒，夜里便放了所押送的役夫。说："你们都走吧，我也从这里逃亡了！"役夫中愿意跟随他的有十几人。高祖带着醉意，连夜抄小路穿过洼地，命一个人在前边探路。前行的人回来报告说："前面有条大蛇挡路，请回转吧。"高祖已醉，说："壮士行走，怕什么！"于是赶上前去，拔出剑斩蛇。蛇随即分为两段，路被开通。往前走了几里，高祖大醉，就躺倒了。后面的人来到斩蛇的地方，有一个老妇在那里哭泣。这些人问她为什么哭，老妇人说："有人杀了我的儿子，所以才哭。"这些人说："你的儿子为什么被杀？"老妇人说："我儿子是白帝的儿子，变成蛇，挡在路上，现在被赤帝的儿子杀了，所以哭他。"人们便以为老妇的话不真实，要抽打她，老妇忽然不见了。后边的人赶到时，高祖已睡醒。这些人告诉高祖刚才的事，高祖暗自欢喜，自命不凡。那些追随他的人对他越来越敬服了。

秦始皇帝常曰"东南有天子气"，于是因东游以厌（yā）之。高祖即自疑，亡匿，隐于芒、砀山泽岩石之间。吕后与人俱求，常得之。高祖怪问之。吕后曰："季所居上常有云气，故从往常得季。"高祖心喜。沛中子弟或闻之，多欲附者矣。

◎**大意** 秦始皇帝常说"东南方有天子气"，为此他巡游东方予以震慑。高祖怀疑此事与自己有关，跑出去躲避，隐藏在芒、砀一带的山泽岩石间。吕后跟别人一起去找他，常能找到。高祖奇怪地问她原因。吕后说："你所住的地方上面经常有云气，所以依着云气找去，就常能找到你。"高祖由衷地高兴。沛县的年轻人听说了此事，很多人想去追随他。

秦二世元年秋，陈胜等起蕲（qí），至陈而王，号为"张楚"。诸郡县皆多杀其长吏以应陈涉。沛令恐，欲以沛应涉。掾（yuàn）、主吏萧何、曹参乃曰："君为秦吏，今欲背之，率沛子弟，恐不听。愿君召诸亡在外者，可得数百人，因劫众，众不敢不听。"乃令樊哙召刘季。刘季之众已数十百人矣。

◎**大意**　秦二世元年秋天，陈胜等在蕲县起义，到陈县后自立为王，号称"张楚"。各个郡县大都杀其官员以响应陈涉。沛县县令害怕，想要带领沛县响应陈涉。狱掾、主吏萧何、曹参于是说："你是秦朝的官吏，如今要背叛它，率领沛县子弟，恐怕他们不会听从你。希望你招引那些逃亡在外的人，可以得到几百人。利用他们挟持县中的民众，民众不敢不听命于你。"县令于是派樊哙去召唤刘季。刘季的追随者已有近百人了。

于是樊哙从刘季来。沛令后悔，恐其有变，乃闭城城守，欲诛萧、曹。萧、曹恐，逾城保刘季。刘季乃书帛射城上，谓沛父老曰："天下苦秦久矣。今父老虽为沛令守，诸侯并起，今屠沛。沛今共诛令，择子弟可立者立之，以应诸侯，则家室完。不然，父子俱屠，无为也。"父老乃率子弟共杀沛令，开城门迎刘季，欲以为沛令。刘季曰："天下方扰，诸侯并起，今置将不善，一败涂地。吾非敢自爱，恐能薄，不能完父兄子弟。此大事，愿更相推择可者。"萧、曹等皆文吏，自爱，恐事不就，后秦种族其家，尽让刘季。诸父老皆曰："平生所闻刘季诸珍怪，当贵，且卜筮之，莫如刘季最吉。"于是刘季数让。众莫敢为，乃立季为沛公。祠黄帝、祭蚩尤于沛庭，而衅鼓旗，帜皆赤。由所杀蛇白帝子，杀者赤帝子，故上（尚）赤。于是少年豪吏如萧、曹、樊哙等皆为收沛子弟二三千人，攻胡陵、方与，还守丰。

◎**大意**　就这样樊哙随刘季来到沛县。沛县令又后悔了，害怕他们发生变故，于是关上城门加以防守，想要杀掉萧何、曹参。萧、曹二人恐惧，翻越城墙投靠刘季。刘季于是用帛写了一封信射到城上，对沛县的父老说："天下人受秦朝暴政之苦太久了。现在大家虽然在为沛县令防守城池，但各方诸侯都已起兵，很快就会屠灭沛县。如果大家现在一起杀掉县令，推举一位可做首领的沛县子弟主事，以响应诸侯，那么诸位的家室就可以保全。不然，老少都被屠杀，就不值得了。"父老便率领子弟一起杀掉沛县令，打开城门迎入刘季，想让他做沛县令。刘季说："当今天下大乱，诸侯并起，现在如若首领选择不当，一旦失败就不可收拾。我不是要保全自己，而是怕能力浅薄，不能保全父老兄弟。这是大事，希望大家另推举一位可以胜任的人。"萧何、曹参都是文吏，只求自保，害怕事情不成功，日后会被秦朝灭族，所以尽量让给刘季。各位父老都说："平时听说刘季各种奇闻逸事，应当显贵，况且占卜此事，没有比刘季更吉利的人了。"这时刘季还是再三谦让。大家没人敢应，于是拥立刘季为沛公。在沛县衙门祭祀了黄帝、蚩尤，又杀牲取血涂鼓祭旗，旗帜都是红色。因为以前所杀的蛇是白帝的儿子，而杀它的是赤帝的儿子，所以崇尚红色。于是年轻的豪杰如萧何、曹参、樊哙等人都去征召沛县的青年，聚集了两三千人，攻打胡陵、方与，之后回军驻守丰邑。

　　秦二世二年，陈涉之将周章军西至戏而还。燕、赵、齐、魏皆自立为王。项氏起吴。秦泗川监平将兵围丰，二日，出与战，破之。命雍齿守丰，引兵之薛。泗川守壮败于薛，走至戚，沛公左司马得泗川守壮，杀之。沛公还军亢父，至方与，周市来攻方与，未战。陈王使魏人周市略地。周市使人谓雍齿曰："丰，故梁徙也。今魏地已定者数十城。齿今下魏，魏以齿为侯守丰。不下，且屠丰。"雍齿雅不欲属沛公，及魏招之，即反为魏守丰。沛公引兵攻丰，不能取。沛公病，还之沛。沛公怨雍齿与丰子弟叛之，闻东阳宁君、秦嘉立景驹为假王，在留，乃往从之，欲请兵以攻丰。是时秦将章邯从陈，别将司马尸（yí）将兵北定楚地，屠相，至砀。东阳宁君、沛公引兵西，与战萧西，不利。还收兵聚留，引兵攻砀，三日乃取砀。因收砀兵，得五六千人。攻下邑，拔之。还军丰。闻项梁在薛，从骑百余往见之。项梁益沛公卒五千人、五大夫将十人。沛公还，引兵攻丰。

◎**大意**　秦二世二年，陈胜的将领周章率部西进到戏水而回。燕、赵、齐、魏诸国都自立为王。项梁、项羽在吴县起兵。秦朝泗川郡监平率兵围攻丰邑，两天后，沛公出去应战，打败了秦军。沛公命令雍齿坚守丰邑，自己引兵去攻打薛县。泗川郡守壮在薛县被打败，跑到戚邑，沛公左司马擒获泗川郡守壮，杀死了他。沛公回军亢父，到了方与，周市来攻打方与，没有交战。陈胜派魏国人周市攻城略地。周市派人对雍齿说："丰邑，曾是梁国迁都之地。现在魏国已平定了几十座城邑。你如果投降魏国，魏国就封你为侯驻守丰邑。不投降的话，就要血洗丰邑。"雍齿向来不想隶属沛公，等魏国一招引，马上背叛沛公而替魏国防守丰邑。沛公率军攻打丰邑，未能攻克。沛公生了病，回到沛县。沛公怨恨雍齿和丰邑的子弟都背叛自己，听说东阳宁君、秦嘉拥立景驹代理楚王，在留县，就前去投靠他们，想借兵攻打丰邑。这时秦将章邯围追陈胜，偏将司马尸率军北进平定楚地，屠灭了相县，来到砀县。东阳宁君、沛公引兵西进，在萧县西面交战，打得不顺利。回到留县聚集散兵，率军攻打砀县，三天就攻克了砀县。趁机收服砀县兵员，获得五六千人。又攻打下邑，攻了下来。回军丰邑。听说项梁在薛县，沛公带百余名随从骑兵去见他。项梁给沛公增拨士兵五千人、五大夫级的将官十人。沛公返回，率军攻打丰邑。

从项梁月余，项羽已拔襄城还。项梁尽召别将居薛。闻陈王定死，因立楚后怀王孙心为楚王，治盱台。项梁号武信君。居数月，北攻亢父，救东阿，破秦军。齐军归，楚独追北，使沛公、项羽别攻城阳，屠之。军濮阳之东，与秦军战，破之。

◎**大意** 沛公跟随项梁一个多月时，项羽攻取了襄城而回。项梁把各部将领都召集到薛县，听说陈王确实死了，于是拥立楚国后人怀王的孙子心为楚王，建都盱台。项梁号为武信君。过了几个月，楚军北进攻打亢父，救援东阿，打败了秦军。齐军回归本国，楚军单独追击败逃的秦军，派沛公、项羽从另一路攻打城阳，屠灭了城阳。驻扎于濮阳东面，与秦军交战，打败了秦军。

秦军复振，守濮阳，坏水。楚军去而攻定陶，定陶未下。沛公与项羽西略地至雍丘之下，与秦军战，大破之，斩李由。还攻外黄，外黄未下。

◎**大意** 秦军重整旗鼓，固守濮阳，引水环城作为屏障。楚军撤离而转攻定陶，没有攻下。沛公和项羽西进到雍丘城下，与秦军交战，大破秦军，杀了李由。接着回军攻打外黄，没有攻克。

项梁再破秦军，有骄色。宋义谏，不听。秦益章邯兵，夜衔枚击项梁，大破之定陶，项梁死。沛公与项羽方攻陈留，闻项梁死，引兵与吕将军俱东。吕臣军彭城东，项羽军彭城西，沛公军砀。

◎**大意**　项梁又一次打败了秦军，有骄傲的神色。宋义劝诫，他不听。秦派兵增援章邯，于夜间衔枚偷袭项梁，在定陶大败楚军，项梁战死。沛公和项羽正在攻打陈留，听说项梁死了，率军与将军吕臣一起东退。吕臣驻扎在彭城东面，项羽驻扎在彭城西面，沛公驻扎在砀县。

章邯已破项梁军，则以为楚地兵不足忧，乃渡河，北击赵，大破之。当是之时，赵歇为王，秦将王离围之巨鹿城，此所谓河北之军也。

◎**大意**　章邯打垮了项梁的军队，便以为楚地战事不用担心了，就渡过黄河，北进攻打赵国，大破赵军。这时，赵歇为赵王，秦将王离把他围困在巨鹿城，这就是所谓的"河北之军"。

秦二世三年，楚怀王见项梁军破，恐，徙盱台都彭城，并吕臣、项羽军自将之。以沛公为砀郡长，封为武安侯，将砀郡兵。封项羽为长安侯，号为鲁公。吕臣为司徒，其父吕青为令尹。

◎**大意**　秦二世三年，楚怀王看到项梁的军队已垮，十分害怕，从盱台迁都彭城，合并吕臣、项羽的军队亲自统率。任命沛公为砀郡长，封为武安侯，统领砀郡的军队。封项羽为长安侯，号为鲁公。吕臣任司徒，他的父亲吕青为令尹。

赵数请救，怀王乃以宋义为上将军，项羽为次将，范增为末将，北救赵。令沛公西略地入关。与诸将约，先入定关中者王（wàng）之。

◎**大意**　赵国多次请求救援，楚怀王便任命宋义为上将军，项羽为次将，范增为末将，北进救援赵国。命令沛公向西进军关中。并与各路将领约定，先平定关中的做关中王。

当是时，秦兵强，常乘胜逐北，诸将莫利先入关。独项羽怨秦破项梁军，奋，愿与沛公西入关。怀王诸老将皆曰："项羽为人僄悍猾贼。项羽尝攻襄城，襄城无遗类，皆坑之，诸所过无不残灭。且楚数进取，前陈王、项梁皆败。不如更遣长者扶义而西，告谕秦父兄。秦父兄苦其主久矣，今诚得长者往，毋侵暴，宜可下。今项羽僄悍，今不可遣。独沛公素宽大长者，可遣。"卒不许项羽，而遣沛公西略地，收陈王、项梁散卒。乃道砀至成阳，与杠里秦军夹壁，破魏二军。楚军出兵击王离，大破之。

◎**大意**　这时候，秦军强盛，常常乘胜追击败军，各路将领没人认为先入关是有利的。只有项羽怨恨秦军打败了项梁，愤激难捺，愿和沛公西进入关。怀王手下的老将都说："项羽为人勇猛凶残。他曾经攻克襄城，襄城军民没有留下一人，全都被活埋了。凡他所过之处，没有不被彻底毁灭的。况且楚军多次进攻，以前陈胜、项梁都失败了。不如另派一位忠厚的人实行仁义，向西进发，使秦地的父老兄弟明白。秦地的父老兄弟受其君主的苦已很久了，如今若真能有一位宽厚之人前去，不欺凌暴虐，应能攻克。而今项羽剽悍，不可派遣。只有沛公向来是宽厚的长者，可以派遣。"怀工最终没有答应项羽，而派遣沛公西进攻取秦地。沛公收集陈王、项梁的散兵，路经砀，到达成阳，与杠里的秦军对垒，打败了秦军的两支部队。楚军出兵攻击王离，把他的军队打得大败。

沛公引兵西，遇彭越昌邑，因与俱攻秦军，战不利。还至栗，遇刚武侯，夺其军，可四千余人，并之。与魏将皇欣、魏申徒武蒲之军并攻昌邑，昌邑未拔。西过高阳。郦食其（yì jī）为监门，曰："诸将过此者多，吾视沛公大人长者。"乃求见说沛公。沛公方踞床，使两女子洗足。郦生不拜，长揖，曰："足下必欲诛无道秦，不宜踞见长者。"于是沛公起，摄衣谢之，延上坐。食其说沛公袭陈留，得秦积粟。乃以郦食其为广野君，郦商为将，将陈留兵，与偕攻开封，开封未拔。西与秦将杨熊战白马，又战曲遇东，大破之。杨熊走之荥阳，二世使使者斩以徇。南攻颍阳，屠之。因张良遂略韩地轘（huán）辕。

◎**大意**　沛公引兵西进，在昌邑遇见彭越，就和他一起攻打秦军，打得不顺利。

回到栗县，和刚武侯相遇，夺取了他的军队，有四千多人，并入了自己的军队。与魏将皇欣、魏申徒武蒲的军队联合攻打昌邑，没有攻克。向西进军路过高阳。郦食其任监门，说："经过这里的将领很多，我看沛公是一个有德行的贵人。"于是请求进见游说沛公。沛公正坐在床上，让两个女子给他洗脚。郦食其见了不下拜，只是深深拱手行礼，说："足下如果一定要诛讨无道的秦朝，就不应该蹲坐着接见长者。"于是沛公站了起来，整理衣服向他道歉，请他坐上座。郦食其劝说沛公袭击陈留，获得秦军的储粮。沛公于是封郦食其为广野君，郦商为将，统率陈留的兵马，与他一起攻打开封，没有攻克。西进与秦将杨熊在白马交战，又在曲遇东面打了一仗，大败秦军。杨熊逃去荥阳，秦二世派使者将他斩首示众。沛公南进攻打颍阳，屠杀全城。凭借张良夺取了韩国的轘辕关。

　　当是时，赵别将司马卬方欲渡河入关，沛公乃北攻平阴，绝河津。南，战雒阳东，军不利，还至阳城，收军中马骑，与南阳守齮战犨（chōu）东，破之。略南阳郡，南阳守齮走，保城守宛。沛公引兵过而西。张良谏曰："沛公虽欲急入关，秦兵尚众，距（拒）险。今不下宛，宛从后击，强秦在前，此危道也。"于是沛公乃夜引兵从他道还，更旗帜，黎明，围宛城三匝。南阳守欲自刭。其舍人陈恢曰："死未晚也。"乃逾城见沛公，曰："臣闻足下约，先入咸阳者王之。今足下留守宛。宛，大郡之都也，连城数十，人民众，积蓄多，吏人自以为降必死，故皆坚守乘城。今足下尽日止攻，士死伤者必多；引兵去宛，宛必随足下后：足下前则失咸阳之约，后又有强宛之患。为足下计，莫若约降，封其守，因使止守，引其甲卒与之西。诸城未下者，闻声争开门而待，足下通行无所累。"沛公曰："善。"乃以宛守为殷侯，封陈恢千户。引兵西，无不下者。至丹水，高武侯鳃、襄侯王陵降西陵。还攻胡阳，遇番君别将梅鋗，与皆（偕），降析、郦。遣魏人宁昌使秦，使者未来。是时章邯已以军降项羽于赵矣。

◎**大意**　这时，赵国偏将司马卬正要渡过黄河进军关中，沛公于是在北边攻打平阴，封锁黄河渡口。继而南进，在雒阳东面交战，战斗不利，回到阳城，集聚军中骑兵，与南阳郡守齮在犨东交战，打败了齮军。攻取南阳郡，南阳郡守齮逃走，坚守宛城。沛公率军放过宛城而西进。张良规劝他说："你虽然想迅速入关，但秦兵还很多，又据守险要。现在不夺取宛城，宛城守军从背后攻击，强大的秦军在前面阻挡，这是很危险的。"于是沛公就连夜率军从另一条路返回，更换旗帜，黎明时分，把宛城重重包围。南阳郡守想要自刎。他的门客陈恢说："现在寻死未免太早。"就越过城墙去见沛公，说："我听说足下有盟约，先攻入咸阳的就在关中称王。现在足下停留下来攻打宛城。宛城是个大郡的都城，连城几十座，人民众多，储备丰足，吏民自以为投降必死，所以都登城固守。如果足下整日停留在此攻城，士兵伤亡必会很多；如果引兵放弃宛城而去，宛城守军必定从背后攻击足下：足下前边会失去先入咸阳的盟约，后边又有强大的宛城守军的祸患。为足下设想，不如订约使其投降，封南阳郡守为侯，让他留守于此，率其军和他们一道西进。那些未被攻下的城邑听到这个消息，定会争先打开城门等待招降，足下便能通行无阻了。"沛公说："好。"于是封宛城守为殷侯，封赏陈恢一千户。沛公引兵西进，所过城邑无不降服。到达丹水，高武侯鳃、襄侯王陵在西陵投降。沛公回军攻打胡阳，遇到番君的部将梅鋗，与其并军作战，迫使析县、郦县投降。他又派遣魏国人宁昌出使秦朝，使者尚未回来。这时章邯已率军在赵地投降项羽了。

初，项羽与宋义北救赵，及项羽杀宋义，代为上将军，诸将黥布皆属，破秦将王离军，降章邯，诸侯皆附。及赵高已杀二世，使人来，欲约分王关中。沛公以为诈，乃用张良计，使郦生、陆贾往说秦将，啗（dàn）以利，因袭攻武关，破之。又与秦军战于蓝田南，益张疑兵旗帜，诸所过毋得掠卤（虏），秦人熹（喜），秦军解（懈），因大破之。又战其北，大破之。乘胜，遂破之。

◎**大意** 当初，项羽和宋义北进救援赵国，等到项羽杀了宋义，取代他做了上将军，各路将领如黥布等都从属于他，继而打败秦将王离，迫使章邯投降，诸侯也都归附了他。等到赵高杀了秦二世，派人前来，想和沛公定约分割关中而治之。沛公以为是个骗局，就采用张良的计策，派郦生、陆贾去游说秦将，诱之以利，趁机袭击武关，攻占了它。又与秦军在蓝田县的南面交战，广设疑兵，多树旗帜大造声势，命令各部凡所过之处不许抢掠，关中百姓很高兴，秦军斗志松懈，沛公趁机大败秦军。继而又在蓝田北面交战，也大获全胜。沛公乘胜追击，彻底消灭了秦军。

汉元年十月，沛公兵遂先诸侯至霸上。秦王子婴素车白马，系颈以组，封皇帝玺、符、节，降轵道旁。诸将或言诛秦王。沛公曰："始怀王遣我，固以能宽容；且人已服降，又杀之，不祥。"乃以秦王属吏，遂西入咸阳。欲止宫休舍，樊哙、张良谏，乃封秦重宝财物府库，还军霸上。召诸县父老豪桀曰："父老苦秦苛法久矣，诽谤者族，偶语者弃市。吾与诸侯约，先入关者王之，吾当王关中。与父老约法三章耳：杀人者死，伤人及盗抵罪。余悉除去秦法。诸吏人皆案堵如故。凡吾所以来，为父老除害，非有所侵暴，无恐！且吾所以还军霸上，待诸侯至而定约束耳。"乃使人与秦吏行县乡邑，告谕之。秦人大喜，争持牛羊酒食献飨军士。沛公又让不受，曰："仓粟多，非乏，不欲费人。"人又益喜，唯恐沛公不为秦王。

◎ **大意**　汉王元年十月，沛公的军队终于先于各路诸侯到达霸上。秦王子婴乘坐素车白马，用丝带系着脖子，捧着封合的皇帝玉玺、兵符、使节，在轵道亭旁投降。有的将领主张杀掉秦王。沛公说："当初怀王派我入关，本来是因为我宽大容人；况且人家已经降服，再杀他，不吉利。"便将秦王交给司法官员看管，就向西进入咸阳。沛公想住在秦王宫中休息，樊哙、张良劝谏，于是将秦宫里的珍贵财宝物器以及所有府库封闭起来，回军驻扎在霸上。沛公召集各县的父老豪杰说："父老受秦朝的酷刑苛法已经很久了，指责朝政的要灭族，相聚私语的要斩首于市。我和各路诸侯受怀王的约定，先入关中的做关中王，我应当做关中王。现在同父老约定，立法三章：杀人者处以死刑，伤人和抢劫的按情节轻重判罪。除此之外的秦法全部废除。所有的官吏百姓依旧各安其位。总的来说我来这里，就是为父老除害的，不是要损害欺凌你们，不要害怕！况且我之所以回军霸上，是要等各路诸侯的军队到来以决定如何处置而已。"于是派人与秦朝官吏一起巡行县城乡间，使家喻户晓。秦地百姓十分高兴，争相拿牛羊酒食慰劳士兵。沛公一再谦让不受，说："仓库里有很多粮食，并不缺乏，不想使大家破费。"百姓更加高兴，唯恐沛公不做秦王。

或说沛公曰："秦富十倍天下，地形强。今闻章邯降项羽，项羽乃号为雍王，王关中。今则来，沛公恐不得有此。可急使兵守函谷关，无内（纳）诸侯军，稍征关中兵以自益，距（拒）之。"沛公然其计，从之。十一月中，项羽果率诸侯兵西，欲入关，关门闭。闻沛公已定关中，大怒，使黥布等攻破函谷关。十二月中，遂至戏。沛公左司马曹无伤闻项王怒，欲攻沛公，使人言项羽曰："沛公欲王关中，令子婴为相，珍宝尽有之。"欲以求封。亚父劝项羽击沛公。方缮士，旦日合战。是时项羽兵四十万，号百万。沛公兵十万，号二十万，力不敌。会项伯欲活张良，夜往见良，因以文谕项羽，项羽乃止。沛公从百余骑，驱之鸿门，见谢项羽。项羽曰："此沛公左司马曹无伤言之。不然，籍何以生此！"沛公以樊哙、张良故，得解归。归，立诛曹无伤。

◎**大意** 有人劝说沛公："关中地区富饶十倍于天下，地势险要。现在听说章邯投降了项羽，项羽就给他加封号为雍王，让他在关中称王。现在他假若来了，你恐怕就不能占有这个地方了。应赶快派兵把守函谷关，不让诸侯军进关，慢慢在关中征兵以加强实力，以抗拒他们。"沛公认为他的计策是对的，照着做了。十一月中旬，项羽果然率领诸侯军西来，要进入函谷关，关门闭着。听说沛公已平定关中，项羽大怒，派黥布等攻破了函谷关。十二月中旬，就到了戏水。沛公的左司马曹无伤听说项王发怒，要攻打沛公，派人告诉项羽："沛公想在关中称王，任命子婴为丞相，所有的珍宝都被他占有了。"想借此向项羽求得封赏。亚父劝项羽进攻沛公。项羽准备以酒食招待士卒，第二天与沛公交战。这时项羽拥兵四十万，号称百万。沛公拥兵十万，号称二十万，兵力不如项羽。恰巧项伯要救张良，连夜去见他，沛公趁机通过他对项羽好言相劝，项羽这才取消了进攻的计划。沛公带了一百多骑兵，驰至鸿门，当面向项羽表示歉意。项羽说："这是你的左司马曹无伤说的。不然，我怎么会有这样的误会！"沛公借助樊哙、张良的保护，才得以脱身返回。回去后，立刻杀了曹无伤。

项羽遂西，屠烧咸阳秦宫室，所过无不残破。秦人大失望，然恐，不敢不服耳。

◎**大意** 项羽于是西进，在咸阳大肆屠杀并焚毁秦王朝的宫殿，所过之处无不遭到摧残破坏。关中百姓大失所望，然而因为害怕，又不敢不服从他。

项羽使人还报怀王。怀王曰："如约。"项羽怨怀王不肯令与沛公俱西入关，而北救赵，后天下约。乃曰："怀王者，吾家项梁所立耳，非有功伐，何以得主约！本定天下，诸将及籍也。"乃详（佯）尊怀王为义帝，实不用其命。

◎**大意** 项羽派人回去报告楚怀王。怀王说："按照约定办事。"项羽怨恨怀王不肯让他与沛公一起西进入关，而派他北上救援赵国，以致他后一步入关，未能实现誓约。于是说："怀王是我家项梁所扶立，并没有什么功劳，怎么能主持订约！本来平定天下的，是诸位将领和我项羽。"便表面上尊怀王为义帝，实际上不听从他的命令。

正月，项羽自立为西楚霸王，王梁、楚地九郡，都彭城。负约，更立沛公为汉王，王巴、蜀、汉中，都南郑。三分关中，立秦三将：章邯为雍王，都废丘；司马欣为塞王，都栎阳；董翳为翟王，都高奴。楚将瑕丘申阳为河南王，都雒阳。赵将司马卬为殷王，都朝歌。赵王歇徙王代。赵相张耳为常山王，都襄国。当阳君黥布为九江王，都六。怀王柱国共敖为临江王，都江陵。番君吴芮为衡山王，都邾。燕将臧荼为燕王，都蓟。故燕王韩广徙王辽东。广不听，臧荼攻杀之无终。封成安君陈馀河间三县，居南皮。封梅鋗十万户。

◎ **大意**　正月，项羽自立为西楚霸王，统领梁、楚地区的九个郡，建都彭城。他违背誓约，改封沛公为汉王，统领巴、蜀、汉中，建都南郑。把关中分为三份，封给原秦朝的三个将领：章邯为雍王，建都废丘；司马欣为塞王，建都栎阳；董翳为翟王，建都高奴。封楚将瑕丘申阳为河南王，建都雒阳。封赵将司马卬为殷王，建都朝歌。赵王歇迁往代地为王。赵相国张耳封为常山王，建都襄国。当阳君黥布封为九江王，建都六县。怀王的柱国共敖封为临江王，建都江陵。番郡吴芮封为衡山王，建都邾县。燕将臧荼封为燕王，建都蓟县。原燕王韩广迁往辽东为王。韩广不听从，臧荼将他杀死在无终。封赏成安君陈馀河间附近三个县，住在南皮。封赏梅鋗十万户。

四月，兵罢戏（麾）下，诸侯各就国。汉王之国，项王使卒三万人从，楚与诸侯之慕从者数万人，从杜南入蚀（lì）中。去辄烧绝栈道，以备诸侯盗兵袭之，亦示项羽无东意。至南郑，诸将及士卒多道亡归，士卒皆歌思东归。韩信说汉王曰："项羽王诸将之有功者，而王独居南郑，是迁也。军吏士卒皆山东之人也，日夜跂而望归，及其锋而用之，可以有大功。天下已定，人皆自宁，不可复用。不如决策东乡（向），争权天下。"

◎**大意** 四月，各路兵马在项羽旌麾之下撤离，诸侯各自回到封国。汉王去自己的封国时，项王派兵三万跟随，楚军与诸侯军中敬仰汉王而跟随他的有几万人。他们从杜县南边进入蚀中谷道。汉军一过去就烧断栈道，以防止诸侯军和匪徒的袭击，也是向项羽表示没有东进的意图。到达南郑，不少将领和士卒在中途逃亡回去，士卒都唱着思乡的歌曲想回东方。韩信劝汉王说："项羽封有功的部将到好地方为王，而唯独将你封在南郑，简直是流放。军中吏卒都是山东人，日夜盼望东归，趁着他们的锐气加以利用，可以建立功业。若天下平定后，人人安居乐业，就不能再利用了。不如下决心东进，争夺天下。"

项羽出关，使人徙义帝。曰："古之帝者地方千里，必居上游。"乃使使徙义帝长沙郴（chēn）县，趣义帝行，群臣稍倍（背）叛之，乃阴令衡山王、临江王击之，杀义帝江南。项羽怨田荣，立齐将田都为齐王。田荣怒，因自立为齐王，杀田都而反楚；予彭越将军印，令反梁地。楚令萧公角击彭越，彭越大破之。陈馀怨项羽之弗王己也，令夏说说田荣，请兵击张耳。齐予陈馀兵，击破常山王张耳，张耳亡归汉。迎赵王歇于代，复立为赵王。赵王因立陈馀为代王。项羽大怒，北击齐。

◎**大意** 项羽出了函谷关，派人去迁徙义帝。说："古代帝王的领地方圆千里，必定居住于上游。"于是让使者把义帝迁徙到长沙郴县，催促义帝上路，群臣渐渐背叛了义帝，项羽就暗地里让衡山王、临江王击杀他，在江南杀死了义帝。项羽怨恨田荣，封齐将田都为齐王。田荣很愤怒，自立为齐王，杀死田都而反叛楚国，授予彭越将军印信，让他在梁地反叛。楚命令萧公角攻打彭越，被彭越打得大败。陈馀埋怨项羽不封自己为王，派夏说去游说田荣，请求他发兵攻打张耳。齐借兵给陈馀，击败了常山王张耳，张耳逃去依附汉王。陈馀将赵王歇从代地接回来，恢复赵王原来的地位。赵王于是立陈馀为代王。项羽大为恼怒，北进攻打齐国。

八月，汉王用韩信之计，从故道还，袭雍王章邯。邯迎击汉陈仓，雍兵败，还走；止战好畤，又复败，走废丘。汉王遂定雍地。东至咸阳，引兵围雍王废丘，而遣诸将略定陇西、北地、上郡。令将军薛欧、王吸出武关，因王陵兵南阳，以迎太公、吕后于沛。楚闻之，发兵距（拒）之阳夏，不得前。令故吴令郑昌为韩王，距（拒）汉兵。

◎**大意**　八月，汉王采用韩信的计策，从故道县回军，袭击雍王章邯。章邯在陈仓迎击汉军，被打败，溃退；在好畤停下来再次交战，又被打败，逃到废丘。汉王于是平定了雍地。汉王东进到咸阳，率军把雍王围困在废丘，而分派诸将攻取了陇西、北地、上郡。让将军薛欧、王吸出武关，借助王陵的南阳驻军，以便从沛县迎接太公、吕后。楚国听到这一消息，派兵在阳夏阻挡，汉军不能前进。任命前吴县县令郑昌为韩王，抵抗汉军。

二年，汉王东略地，塞王欣、翟王翳、河南王申阳皆降。韩王昌不听，使韩信击破之。于是置陇西、北地、上郡、渭南、河上、中地郡，关外置河南郡。更立韩太尉信为韩王。诸将以万人若以一郡降者，封万户。缮治河上塞。诸故秦苑囿园池，皆令人得田之，正月，虏雍王弟章平。大赦罪人。

◎**大意**　二年，汉王东进攻城略地，塞王司马欣、翟王董翳、河南王申阳都投降了。韩王郑昌不愿意投降，汉王派韩信打败了他。于是在关内设置陇西、北地、上郡、渭南、河上、中地等郡，在关外设置河南郡。改封韩国太尉韩信为韩王。各地将领能带领万人或一郡之地投降的，封为万户侯。修筑河上郡的要塞。原来秦朝皇家的园林猎场，都让百姓耕种。正月，俘虏了雍王的弟弟章平。大赦罪犯。

汉王之出关至陕，抚关外父老，还，张耳来见，汉王厚遇之。

◎**大意**　汉王出关到陕县，安抚关外百姓，回来后，张耳来拜见，汉王对待他很优厚。

二月，令除秦社稷，更立汉社稷。

◎**大意**　二月，汉王下令废掉秦朝的社稷，改立汉的社稷。

三月，汉王从临晋渡，魏王豹将兵从。下河内，虏殷王，置河内郡。南渡平阴津，至雒阳。新城三老董公遮说汉王以义帝死故。汉王闻之，袒而大哭。遂为义帝发丧，临三日。发使者告诸侯曰："天下共立义帝，北面事之。今项羽放杀义帝于江南，大逆无道。寡人亲为发丧，诸侯皆缟素。悉发关内兵，收三河士，南浮江汉以下，愿从诸侯王击楚之杀义帝者。"

◎ **大意** 三月，汉王从临晋关渡黄河，魏王豹率兵随从，攻下河内，俘虏了殷王，设置河内郡。继而向南渡过平阴津，到达雒阳。新城邑的三老董公拦路向汉王诉说义帝被杀的情由。汉王听了，袒臂大哭。随即为义帝发丧，公祭三天。汉王分派使者通告诸侯说："天下共同拥立义帝，对他北面称臣。现在项羽驱逐义帝并在江南把他杀死，实为大逆无道。我亲自为义帝发丧，希望诸侯都穿丧服。我将尽发关内兵马，聚集三河士卒，向南沿长江汉水而进，愿跟随各诸侯王一起讨伐楚国那个杀害义帝的不义之徒。"

是时项王北击齐，田荣与战城阳。田荣败，走平原，平原民杀之。齐皆降楚。楚因焚烧其城郭，系虏其子女。齐人叛之。田荣弟横立荣子广为齐王，齐王反楚城阳。项羽虽闻汉东，既已连齐兵，欲遂破之而击汉。汉王以故得劫五诸侯兵，遂入彭城。项羽闻之，乃引兵去齐，从鲁出胡陵，至萧，与汉大战彭城灵壁东睢水上，大破汉军，多杀士卒，睢水为之不流。乃取汉王父母妻子于沛，置之军中以为质。当是时，诸侯见楚强汉败还，皆去汉复为楚。塞王欣亡入楚。

◎ **大意** 这时项王北进攻打齐国，田荣和他在城阳交战。田荣被打败，逃奔平原郡，平原民众杀了他。齐举国向楚国投降。楚军趁机焚毁齐国的城邑，掳掠他们的子女。齐国人又反叛楚国。田荣的弟弟田横拥立田荣的儿子田广为齐王，齐王在城阳反叛楚国。项羽虽然得悉汉军东进，但已与齐兵交战，想打垮齐军后再攻打汉军。汉王因此得以挟持五诸侯的兵力，顺利地进入彭城。项羽听说后，就率军离开齐国，由鲁地出胡陵，抵达萧县，与汉军在彭城灵壁东面的睢水上激战，大败汉军，杀死很多士卒，以致睢水堵塞不流。于是到沛县掳走了汉王的父母妻子，把他们留置军中当人质。这时，各路诸侯见到楚军强盛而汉军衰败，纷纷反过来叛汉投靠楚军。塞王司马欣也逃到楚国。

吕后兄周吕侯为汉将兵，居下邑。汉王从之，稍收士卒，军砀。汉王乃西过梁地，至虞。使谒者随何之九江王布所，曰："公能令布举兵叛楚，项羽必留击之。得留数月，吾取天下必矣。"随何往说九江王布，布果背楚。楚使龙且往击之。

◎**大意** 吕后的哥哥周吕侯为汉带一支军队，驻扎在下邑。汉王跑到他那里，渐渐收拢到一些散兵，驻扎在砀县。汉王于是向西经过梁地，到了虞县。他派谒者随何到九江王黥布那里，说："你若能使黥布举兵反叛楚国，项羽必定会停留下来攻打他。能使项羽停留几个月，我就一定能夺取天下。"随何前去游说九江王黥布，黥布果然反叛了楚国，楚国派龙且去攻打他。

　　汉王之败彭城而西，行使人求家室，家室亦亡，不相得。败后乃独得孝惠，六月，立为太子，大赦罪人。令太子守栎阳，诸侯子在关中者皆集栎阳为卫。引水灌废丘，废丘降，章邯自杀。更名废丘为槐里。于是令祠官祀天地四方上帝山川，以时祀之。兴关内卒乘塞。

◎**大意** 汉王于彭城失败后西退，途中派人去寻找家眷，家眷也已逃亡，没有找到。随后仅找到了孝惠，六月，立他为太子，大赦罪犯。命令太子防守栎阳，所有在关中的诸侯之子都聚集到栎阳守卫。又引水淹废丘，废丘举城投降，章邯自杀。把废丘改名为槐里。于是命令祠官祭祀天地四方上帝山川，以后定时祭祀。发动关内士卒去守卫边塞。

　　是时九江王布与龙且战，不胜，与随何间行归汉。汉王稍收士卒，与诸将及关中卒益出，是以兵大振荥阳，破楚京、索间。

◎**大意** 这时九江王黥布与龙且作战，未能取胜，和随何一起抄小路去归附汉王。汉王渐渐聚拢散兵，加上各路将领和关中兵员渐渐出动，因此在荥阳又军威大振，在京、索一线击破楚军。

　　三年，魏王豹谒归视亲疾，至即绝河津，反为楚。汉王使郦生说豹，豹不听。汉王遣将军韩信击，大破之，虏豹。遂定魏地，置三郡，曰河东、太原、上党。汉王乃令张耳与韩信遂东下井陉击赵，斩陈馀、赵王歇。其明年，立张耳为赵王。

◎**大意** 三年，魏王豹请假回家探望生病的父母，一到就阻断了黄河渡口，背叛汉而投降了楚。汉王派郦生劝说魏豹，魏豹不听。汉王派遣将军韩信去攻打，大破魏军，俘虏了魏豹。于是平定了魏地，设置三个郡，名叫河东、太原、上党。汉王于是命令张耳和韩信接着东进夺取井陉攻打赵国，杀了陈馀、赵王歇。第二年，封张耳为赵王。

汉王军荥阳南，筑甬道属之河，以取敖仓。与项羽相距岁余。项羽数侵夺汉甬道，汉军乏食，遂围汉王。汉王请和，割荥阳以西者为汉。项王不听。汉王患之，乃用陈平之计，予陈平金四万斤，以间疏楚君臣。于是项羽乃疑亚父。亚父是时劝项羽遂下荥阳，及其见疑，乃怒，辞老，愿赐骸骨归卒伍，未至彭城而死。

◎**大意** 汉王驻军在荥阳南面，修筑一条直达黄河岸边的甬道，用以取得敖仓的粮食。就这样与项羽对抗了一年多。项羽多次侵夺汉军甬道，汉军缺少粮食，于是项羽包围了汉王。汉王请求讲和，划荥阳以西的土地归汉。项王不接受。汉王忧虑，就采用陈平的计策，给陈平四万斤黄金，用来离间楚君臣的关系。于是项羽就对亚父范增产生了怀疑。亚父这时劝项羽趁机攻下荥阳，当他知道自己被怀疑后，非常气愤，托辞年老，请求项羽恩准他回去做平民，还没有走到彭城就死了。

汉军绝食，乃夜出女子东门二千余人，被甲，楚因四面击之。将军纪信乃乘王驾，诈为汉王，诳楚，楚皆呼万岁，之城东观，以故汉王得与数十骑出西门遁。令御史大夫周苛、魏豹、枞公守荥阳。诸将卒不能从者，尽在城中。周苛、枞公相谓曰："反国之王，难与守城。"因杀魏豹。

◎**大意** 汉军粮食断绝，于是晚上在东门派出二千余名妇女，披着铠甲，楚军便四面围击。将军纪信于是乘坐王车，伪装成汉王，迷惑楚军，楚军都高呼万岁，跑去城东观看，汉王得以趁机与几十名骑兵出西门潜逃。汉王命令御史大夫周苛、魏豹、枞公坚守荥阳。诸将卒不能跟随汉王的官兵，都在城中。周苛、枞公商量说："叛国之王，难以和他一起守城。"就杀了魏豹。

汉王之出荥阳，入关收兵，欲复东。袁生说汉王曰："汉与楚相距（拒）荥阳数岁，汉常困。愿君王出武关，项羽必引兵南走，王深壁，令荥阳成皋间且得休。使韩信等辑河北赵地，连燕齐，君王乃复走荥阳，未晚也。如此，则楚所备者多，力分，汉得休，复与之战，破楚必矣。"汉王从其计，出军宛叶间，与黥布行收兵。

◎**大意** 汉王逃出荥阳进入关中，聚集兵马准备再次东进。袁生劝说汉王："汉与楚在荥阳相持了几年，汉军常常被困。希望君王从武关出兵，项羽必定率军南进，大王深沟高垒坚守不战，使荥阳成皋一线暂且得到休整。派韩信等安定黄河以北的赵地，与燕、齐联合，君王这时再直驱荥阳，也为时不晚。这样，楚军要防备的地方就多了，军力分散，汉军则得到休整，再与楚军作战，必定能打败楚军。"汉王采纳他的计策，出兵宛城与叶县之间，与黥布一道沿路收拢兵马。

项羽闻汉王在宛，果引兵南。汉王坚壁不与战。是时彭越渡睢水，与项声、薛公战下邳，彭越大破楚军。项羽乃引兵东击彭越。汉王亦引兵北军成皋。项羽已破走彭越，闻汉王复军成皋，乃复引兵西，拔荥阳，诛周苛、枞公，而虏韩王信，遂围成皋。

◎**大意** 项羽听说汉王在宛县，果然带兵南下。汉王坚壁固守，不和他交战。这时彭越渡过睢水，与项声、薛公战于下邳，彭越大败楚军。于是项羽率军向东攻打彭越，汉王也引兵向北驻军成皋。项羽打败并赶走彭越后，得知汉军又驻扎在成皋，就又领兵西进，攻克荥阳，杀了周苛、枞公，俘虏了韩王信，于是进围成皋。

汉王跳（逃），独与滕公共车出成皋玉门，北渡河，驰宿修武。自称使者，晨驰入张耳、韩信壁，而夺之军。乃使张耳北益收兵赵地，使韩信东击齐。汉王得韩信军，则复振。引兵临河，南飨军小修武南，欲复战。郎中郑忠乃说止汉王，使高垒深堑，勿与战。汉王听其计，使卢绾、刘贾将辛二万人，骑数百，渡白马津，入楚地，与彭越复击破楚军燕郭西，遂复下梁地十余城。

◎**大意** 汉王急逃，只身与滕公乘车出了成皋城北的玉门，向北渡过黄河，奔往修武住宿。汉王自称使者，早晨策马进入张耳、韩信的营中，从而夺取了他们的军队。于是派张耳北上赵地大量征集兵马，派韩信东进攻打齐国。汉王得到韩信的军队，声势又大振起来。他率军来到黄河岸边，驻扎在小修武南面，想要再战。郎中郑忠劝阻汉王，让他坚守，不要和楚军交战。汉王采用了他的计策，派卢绾、刘贾率兵两万人和几百名骑兵，渡过白马津，进入楚地，与彭越一起在燕城之西再次打败楚军，接着又攻下梁地十多座城邑。

　　淮阴已受命东，未渡平原。汉王使郦生往说齐王田广，广叛楚，与汉和，共击项羽。韩信用蒯（kuǎi）通计，遂袭破齐。齐王烹郦生，东走高密。项羽闻韩信已举河北兵破齐、赵，且欲击楚，则使龙且、周兰往击之。韩信与战，骑将灌婴击，大破楚军，杀龙且。齐王广奔彭越。当此时，彭越将兵居梁地，往来苦楚兵，绝其粮食。

◎**大意**　淮阴侯受命东进后，尚未渡平原津。汉王派郦生游说齐王田广，田广背叛楚国，与汉和好，一起攻打项羽。韩信采用蒯通的计策，便打败了齐国。齐王烹杀了郦生，向东逃奔高密。项羽听说韩信已发动河北军打败了齐军、赵军，将要攻打楚国，就派龙且、周兰去迎击他。韩信与他们交战，骑将灌婴出击，大败楚军，杀了龙且。齐王田广投奔彭越。当时，彭越领兵驻扎在梁地，来回骚扰楚军，断绝楚军的粮食。

　　四年，项羽乃谓海春侯大司马曹咎曰："谨守成皋。若汉挑战，慎勿与战，无令得东而已。我十五日必定梁地，复从将军。"乃行击陈留、外黄、睢阳，下之。汉果数挑楚军，楚军不出，使人辱之五六日，大司马怒，度兵汜水。士卒半渡，汉击之，大破楚军，尽得楚国金玉货赂。大司马咎、长史欣皆自刭汜水上。项羽至睢阳，闻海春侯破，乃引兵还。汉军方围钟离眜于荥阳东，项羽至，尽走险阻。

◎**大意**　四年，项羽对海春侯大司马曹咎说："严守成皋。如果汉军挑战，千万不要应战，只要不让汉军东进就行了。我十五天内一定平定梁地，再与将军会合。"于是沿途攻打陈留、外黄、睢阳，全部攻克。汉军果然不断向楚军挑战，楚军不出战。汉军派人辱骂了楚军五六天，大司马十分气愤，挥兵强渡汜水。士卒刚渡过一半，汉军出击，大败楚军，获得楚军全部的货物钱财。大司马曹咎、长史司马欣都在汜水岸边自刎。项羽到了睢阳，听说海春侯兵败，就带兵返回。汉军正在荥阳东面围攻钟离眜，项羽到来，都急奔险要地带。

　　韩信已破齐，使人言曰："齐边楚，权轻，不为假王，恐不能安齐。"汉王欲攻之。留侯曰："不如因而立之，使自为守。"乃遣张良操印绶立韩信为齐王。

◎**大意** 韩信攻克齐国后，派人对汉王说："齐国邻近楚国，我的权力小，如不立为代理齐王，恐怕不能安定齐国。"汉王要去攻打他。留侯张良说："不如就此立他为王，让他独守一方。"于是派张良带着印绶去封韩信为齐王。

项羽闻龙且军破，则恐，使盱台人武涉往说韩信。韩信不听。

◎**大意** 项羽听说龙且的军队被打败，就恐惧起来，派盱台人武涉前去游说韩信。韩信不肯听从。

楚汉久相持未决，丁壮苦军旅，老弱罢（疲）转饷。汉王项羽相与临广武之间而语。项羽欲与汉王独身挑战。汉王数项羽曰："始与项羽俱受命怀王，曰先入定关中者王之，项羽负约，王我于蜀汉，罪一。项羽矫杀卿子冠军而自尊，罪二。项羽已救赵，当还报，而擅劫诸侯兵入关，罪三。怀王约入秦无暴掠，项羽烧秦宫室，掘始皇帝冢，私收其财物，罪四。又强杀秦降王子婴，罪五。诈坑秦子弟新安二十万，王其将，罪六。项羽皆王诸将善地，而徙逐故主，令臣下争叛逆，罪七。项羽出逐义帝彭城，自都之，夺韩王地，并王梁楚，多自予，罪八。项羽使人阴弑义帝江南，罪九。夫为人臣而弑其主，杀已降，为政不平，主约不信，天下所不容，大逆无道，罪十也。吾以义兵从诸侯诛残贼，使刑余罪人击杀项羽，何苦乃与公挑战！"项羽大怒，伏弩射中汉王。汉王伤匈（胸），乃扪足曰："虏中吾指！"汉王病创卧，张良强请汉王起行劳军，以安士卒，毋令楚乘胜于汉。汉王出行军，病甚，因驰入成皋。

◎**大意** 楚汉长期相持未分胜负，青壮年苦于行军打仗，老弱者疲于转运粮草。汉王和项羽隔着广武涧说话。项羽要与汉王单挑。汉王历数项羽的罪过说："当初我和你一起受命于怀王，说先入关中者为王，你违背约定，让我到蜀汉做王，这是第一罪。你假托怀王命令杀了卿子冠军而抬高自己的地位为上将军，这是第二罪。你救赵以后，应当回去报告，你却擅自挟持诸侯军入关，这是第三罪。怀王约定入关后不得烧杀掠夺，你却焚烧秦朝宫室，掘毁始皇帝陵墓，私自收取墓中财物，这是第四罪。你又强行杀掉已经投降的秦王子婴，这是第五罪。你在新安用欺骗的手段坑杀了二十万秦兵，封秦将为王，这是第六罪。你把各路将领封到好地方做王，而迁徙驱逐原来的诸侯王，使他们的臣下争相反叛，这是第七罪。你把义帝驱逐出彭城，自己在那里建都，强取韩王封地，吞并梁、楚之地，扩大自己的势力范围，这是第八罪。你派人在江南暗杀义帝，这是第九罪。你作为臣下而杀害主上，杀害已经投降的人，为政不公允，立约不守信，天理难容，可谓大逆不道，这是第十罪。我以正义之师跟随诸侯一道讨伐凶暴之贼，派受过刑的罪犯来击杀你就可以了，我何苦要与你单挑！"项羽大怒，埋伏的弓弩手射中了汉王。汉王胸部受伤，却摸着脚说："这个贼人射中了我的脚趾！"汉王因伤重而卧床不起，张良请汉王勉强起来去慰劳士卒，以安定军心，不让楚军乘机取胜于汉。汉王出来巡视军队，伤势严重，于是驱马进入成皋。

病愈，西入关，至栎阳，存问父老，置酒，枭故塞王欣头栎阳市。留四日，复如军，军广武。关中兵益出。

◎**大意** 箭伤痊愈后，汉王西入关中，来到栎阳，慰问当地父老，设置了酒宴，并将原塞王司马欣的头悬挂在街市示众。停了四天，又回到军中，驻扎在广武。关中不断发出援兵。

当此时，彭越将兵居梁地，往来苦楚兵，绝其粮食。田横往从之。项羽数击彭越等，齐王信又进击楚。项羽恐，乃与汉王约，中分天下，割鸿沟而西者为汉，鸿沟而东者为楚。项王归汉王父母妻子，军中皆呼万岁，乃归而别去。

◎**大意** 这个时候，彭越带兵驻扎梁地，不断骚扰楚军，断绝楚军的粮食。田横前去归附他。项羽不得不经常回击彭越等人，齐王韩信又向楚进攻。项羽害怕了，于是与汉王约定，平分天下，划分鸿沟以西归汉，鸿沟以东归楚。项王归还了汉王的父母妻子，士兵都高呼万岁，于是撤军返回。

项羽解而东归。汉王欲引而西归，用留侯、陈平计，乃进兵追项羽，至阳夏南止军，与齐王信、建成侯彭越期会而击楚军。至固陵，不会。楚击汉军，大破之。汉王复入壁，深堑而守之。

用张良计，于是韩信、彭越皆往。及刘贾入楚地，围寿春，汉王败固陵，乃使使者召大司马周殷举九江兵而迎武王，行屠城父，随刘贾、齐梁诸侯皆大会垓下。立武王布为淮南王。

◎**大意** 项羽收兵东归回国。汉王想率军西归，后来采用留侯、陈平的计策，进兵追击项羽，到阳夏南面屯驻下来，与齐王韩信、建成侯彭越约定日期合击楚军。汉王到达固陵，韩信、彭越没有会合。楚军攻打汉军，大败汉军。汉王又进入营垒，挖深壕沟防守。汉王使用张良的计策，于是韩信、彭越都前来会合。等到刘贾进入楚地，围攻寿春，汉王败于固陵，于是派使者去招引大司马周殷发动九江兵马会合武王黥布，途中屠灭了城父，随刘贾、齐梁诸侯齐聚垓下。汉王封武王黥布为淮南王。

五年，高祖与诸侯兵共击楚军，与项羽决胜垓下。淮阴侯将三十万自当之，孔将军居左，费将军居右，皇帝在后，绛侯、柴将军在皇帝后。项羽之卒可十万。淮阴先合，不利，却。孔将军、费将军纵，楚兵不利，淮阴侯复乘之，大败垓下。项羽卒闻汉军之楚歌，以为汉尽得楚地，项羽乃败而走，是以兵大败。使骑将灌婴追杀项羽东城，斩首八万，遂略定楚地。鲁为楚坚守不下。汉王引诸侯兵北，示鲁父老项羽头，鲁乃降。遂以鲁公号葬项羽穀城。还至定陶，驰入齐王壁，夺其军。

◎**大意** 五年，高祖与诸侯军合击楚军，与项羽在垓下决战。淮阴侯韩信率领三十万兵马与楚军正面对阵，孔将军居左翼，费将军居右翼，皇帝跟随在后，绛侯、柴将军则跟在皇帝后面。项羽的士卒大约十万。淮阴侯首先交战，没有打胜，撤退了。孔将军、费将军纵兵冲杀，楚军失利，淮阴侯又趁势反攻，于垓下大败楚军。项羽忽然听到汉军中的楚地歌声，以为汉军占领了楚地，便败逃，因此其军大败。汉王派骑将灌婴追杀项羽直到东城，斩首八万，终于夺取平定了楚地。鲁县为楚坚守不肯投降。汉王率诸侯军北上，把项羽的头给鲁县父老看，鲁县这才投降。汉王于是用鲁公的称号把项羽安葬在穀城。回到定陶，驱马进入齐王的营垒，夺取了他的军队。

正月，诸侯及将相相与共请尊汉王为皇帝。汉王曰："吾闻帝贤者有也，空言虚语，非所守也，吾不敢当帝位。"群臣皆曰：

"大王起微细，诛暴逆，平定四海，有功者辄裂地而封为王侯。大王不尊号，皆疑不信。臣等以死守之。"汉王三让，不得已，曰："诸君必以为便，便国家。"甲午，乃即皇帝位氾水之阳。

◎**大意** 正月，诸侯和将相一致请求尊奉汉王为皇帝。汉王说："我听说皇帝之号只有贤能的人才可以享有，徒有虚名而无实际的人，是守不住皇帝之位的，我不敢占取皇帝之位。"群臣都说："大王兴起于平民，诛暴灭逆，平定四海，对有功者总要分地封王。大王不称帝，人们都会疑虑不安。我们誓死坚持尊您为皇帝。"汉王再三谦让，不得已，说："你们一定坚持我称帝有利，那我只好从有利于国家的角度考虑，接受你们的意见了。"甲午，在氾水北岸登上了帝位。

皇帝曰义帝无后，齐王韩信习楚风俗，徙为楚王，都下邳。立建成侯彭越为梁王，都定陶。故韩王信为韩王，都阳翟。徙衡山王吴芮为长沙王，都临湘。番君之将梅鋗有功，从入武关，故德番君。淮南王布、燕王臧荼、赵王敖皆如故。

◎**大意** 皇帝说义帝没有后代，齐王韩信熟悉楚地风俗，调封为楚王，建都下邳。封建成侯彭越为梁王，建都定陶。原韩王信仍为韩王，建都阳翟。调衡山王吴芮为长沙王，建都临湘。吴芮的将领梅鋗有功，跟随进入武关，所以感激吴芮。淮南王黥布、燕王臧荼、赵王张敖都保持过去的封号。

天下大定。高祖都雒阳，诸侯皆臣属。故临江王骓（huān）为项羽叛汉，令卢绾、刘贾围之，不下。数月而降，杀之雒阳。

◎**大意** 天下安定。高祖建都雒阳，诸侯无不归附称臣。原临江王共骓仍忠于项羽，反叛汉室，高祖命令卢绾、刘贾围攻他，没有攻克。他几个月后投降了，在雒阳杀了他。

五月，兵皆罢归家。诸侯子在关中者复之十二岁，其归者复之六岁，食之一岁。

◎**大意** 五月，士卒都被遣散回家。诸侯子弟留在关中的免除十二年的赋税徭役，回去的免除徭役六年，由国家供养一年。

高祖置酒雒阳南宫。高祖曰："列侯诸将无敢隐朕，皆言其情。吾所以有天下者何？项氏之所以失天下者何？"高起、王陵对曰："陛下慢而侮人，项羽仁而爱人。然陛下使人攻城略地，所降下者因以予之，与天下同利也。项羽妒贤嫉能，有功者害之，贤者疑之，战胜而不予人功，得地而不予人利，此所以失天下也。"高祖曰："公知其一，未知其二。夫运筹策帷帐之中，决胜于千里之外，吾不如子房。镇国家，抚百姓，给馈饷，不绝粮道，吾不如萧何。连百万之军，战必胜，攻必取，吾不如韩信。此三者，皆人杰也，吾能用之，此吾所以取天下也。项羽有一范增而不能用，此其所以为我擒也。"

◎**大意** 高祖在雒阳南宫摆设酒席。高祖说："各位列侯将军不要瞒我，都说实情。我能取得天下是什么原因？项氏失去天下是什么原因？"高起、王陵回答说："陛下傲慢而戏侮别人，项羽亲善而爱惜别人。然而陛下派人攻城略地，所攻取的地方就分给他，与天下人共享利益。项羽却嫉贤妒能，对有功的人加以陷害，对贤能的人加以怀疑，打了胜仗而不授予功勋，取得土地而不给人好处，这就是他失去天下的原因。"高祖说："你只知其一，不知其二。运筹谋策于军帐之中，决定胜负于千里之外，我不如子房。安定国家，抚慰百姓，供给军粮，保证粮道不断，我不如萧何。统领百万大军，战必胜，攻必克，我不如韩信。这三个人，都是人中俊杰，我能任用他们，这就是我取得天下的原因。项羽仅有一个范增，还不能任用，这就是他被我打败的原因。"

高祖欲长都雒阳，齐人刘敬说，及留侯劝上入都关中，高祖是日驾，入都关中。六月，大赦天下。

◎**大意** 高祖想长久以雒阳为都，齐人刘敬劝谏，加上留侯张良劝说高祖进入关中建都，高祖即日起驾，进入关中建都。六月，大赦天下。

十月，燕王臧荼反，攻下代地。高祖自将击之，得燕王臧荼。即立太尉卢绾为燕王。使丞相哙将兵攻代。

◎**大意** 十月，燕王臧荼反叛，攻占了代地。高祖亲自带兵攻打，俘获了燕王臧荼，马上立太尉卢绾为燕王。派丞相樊哙领兵攻打代地。

其秋，利几反，高祖自将兵击之，利几走。利几者，项氏之将。项氏败，利几为陈公，不随项羽，亡降高祖，高祖侯之颍川。高祖至雒阳，举通侯籍召之，而利几恐，故反。

◎**大意** 这年秋天，利几造反，高祖亲自带兵攻打他，利几逃跑。利几这个人，原是项羽的部将。项羽失败时，利几在陈县做县令，没有跟随项羽，逃去投降了高祖，高祖封他做颍川侯。高祖到雒阳后，召见所有在册的通侯，而利几害怕，所以反叛。

六年，高祖五日一朝太公，如家人父子礼。太公家令说太公曰："天无二日，土无二王。今高祖虽子，人主也；太公虽父，人臣也。奈何令人主拜人臣！如此，则威重不行。"后高祖朝，太公拥彗（huì），迎门却行。高祖大惊，下扶太公。太公曰："帝，人主也，奈何以我乱天下法！"于是高祖乃尊太公为太上皇。心善家令言，赐金五百斤。

◎**大意** 六年，高祖每五天拜见一次太公，按照平民百姓家父子之间的礼节。太公的家令劝说太公："天无二日，地无二主。现在皇上虽是您的儿子，但是天下君主；您虽是他的父亲，但是皇上的臣子。怎么能让君主拜见臣下呢！这样的话，皇帝的权威就难行于国。"后来高祖拜见时，太公抱着扫帚，迎到门口并倒退着行走。高祖大惊，下去扶太公。太公说："皇帝是人间君主，怎么能因我而乱了天下法度！"于是高祖就尊奉太公为太上皇。心里觉得那个家令的话很好，赏赐他五百斤黄金。

十二月，人有上变事告楚王信谋反，上问左右，左右争欲击之。用陈平计，乃伪游云梦，会诸侯于陈，楚王信迎，即因执之。是日，大赦天下。田肯贺，因说高祖曰："陛下得韩信，又治秦中。秦，形胜之国，带河山之险，县（悬）隔千里，持戟百万，秦得百二焉。地势便利，其以下兵于诸侯，譬犹居高屋之上建瓴（líng）水也。夫齐，东有琅邪、即墨之饶，南有泰山之固，西有浊河之限，北有勃海之利。地方二千里，持戟百万，县隔千里之外，齐得十二焉。故此东西秦也。非亲子弟，莫可使王齐矣。"高祖曰："善。"赐黄金五百斤。

◎ **大意** 十二月，有人上书告发楚王韩信谋反，高祖问左右大臣，大臣争着要去攻打。高祖采用了陈平的计策，于是假装巡游云梦，在陈县会见诸侯，楚王韩信去迎接，就趁机将他拘捕。当天，大赦天下。田肯来祝贺，以此劝高祖说："陛下擒获了韩信，又建都于关中。关中是形势险要的地方，以险要的黄河崤山为屏障，沃野千里，天下有雄兵百万，关中有二万就足以抵挡。如此有利的地势，假使对诸侯用兵，其势就像从高高的屋脊上向下倒水一样不可阻挡。而齐地，东有琅邪、即墨的富饶，南有泰山的险固，西有黄河的阻隔，北有渤海的物产之利，纵横两千里，若天下有雄兵百万，齐地相隔不下千里，以十分之二兵力就足以抵挡。因此这两个地方堪称东秦、西秦了。不是嫡亲子弟，陛下不可以分封到齐地做王。"高祖说："好。"赏赐他五百斤黄金。

后十余日，封韩信为淮阴侯，分其地为二国。高祖曰将军刘贾数有功，以为荆王，王淮东。弟交为楚王，王淮西。子肥为齐王，王七十余城，民能齐言者皆属齐。乃论功，与诸列侯剖符行封。徙韩王信太原。

◎ **大意** 十多天后，（刘邦释放了韩信）封韩信为淮阴侯，把他原来的封地分作两个侯国。高祖说将军刘贾屡建战功，封他为荆王，管辖淮河以东地区。弟弟刘交为楚王，管辖淮河以西地区。儿子刘肥为齐王，统领七十余座城邑，凡能讲齐国话的百姓都归属齐国。于是论功行赏，与诸侯王剖分符节作为分封的信物。调迁韩王信到太原。

七年，匈奴攻韩王信马邑，信因与同谋反太原。白土曼丘臣、王黄立故赵将赵利为王以反，高祖自往击之。会天寒，士卒堕指者什二三，遂至平城。匈奴围我平城，七日而后罢去。令樊哙止定代地。立兄刘仲为代王。

◎ **大意** 七年，匈奴在马邑攻打韩王信，韩王信趁机与匈奴勾结在太原谋反。白土县的曼丘臣、王黄拥立原赵将赵利为王，也反叛朝廷，高祖亲自去讨伐。恰逢天气寒冷，士卒手指被冻掉的有十分之二三，于是到了平城。匈奴包围了平城，七天后才撤兵离去。高祖命令樊哙留下来平定代地。封哥哥刘仲为代王。

二月，高祖自平城过赵、雒阳，至长安。长乐宫成，丞相已（以）下徙治长安。

◎**大意**　二月，高祖从平城经赵国、雒阳，到了长安。长乐宫已经建成，丞相以下官员迁到了长安。

　　八年，高祖东击韩王信余反寇于东垣。

◎**大意**　八年，高祖东进到东垣追剿韩王信叛军的残部。

　　萧丞相营作未央宫，立东阙、北阙、前殿、武库、太仓。高祖还，见宫阙壮甚，怒，谓萧何曰："天下匈匈苦战数岁，成败未可知，是何治宫室过度也？"萧何曰："天下方未定，故可因遂就宫室。且夫天子以四海为家，非壮丽无以重威，且无令后世有以加也。"高祖乃说（悦）。

◎**大意**　丞相萧何营建未央宫，建造了东阙、北阙、前殿、武库、太仓。高祖回来后，看见宫阙极为壮丽，很生气，对萧何说："天下纷乱苦战数年，成败尚难预料，为什么修建过于豪华的宫殿呢？"萧何说："正因为天下尚未安定，才要趁机建好宫殿。况且天子以四海为家，不壮丽不足以显示威严，而且不能让后世超过这个规模。"高祖这才高兴起来。

　　高祖之东垣，过柏人，赵相贯高等谋弑高祖，高祖心动，因不留。代王刘仲弃国亡，自归雒阳，废以为合阳侯。

◎**大意**　高祖到东垣，经过柏人县时，赵相贯高等图谋杀害高祖，高祖觉得心跳异常，就没有在那里停留。代王刘仲弃国逃跑，私自返回雒阳，被废为合阳侯。

　　九年，赵相贯高等事发觉，夷三族。废赵王敖为宣平侯。是岁，徙贵族楚昭、屈、景、怀、齐田氏关中。

◎**大意**　九年，赵相贯高等人的事情被发觉，诛灭了他们的三族。废赵王张敖为宣平侯。这一年，将楚国昭氏、屈氏、景氏、怀氏、齐国田氏等贵族迁徙到关中。

　　未央宫成。高祖大朝诸侯群臣，置酒未央前殿。高祖奉玉卮，起为太上皇寿，曰："始大人常以臣无赖，不能治产业，不如仲力。今某之业所就孰与仲多？"殿上群臣皆呼万岁，大笑为乐。

◎**大意** 未央宫落成。高祖接受诸侯群臣的盛大朝贺，在未央宫前殿摆设酒宴。高祖手捧玉杯，起身为太上皇祝寿，说："当初您常认为我没出息，不能经营产业，不如二哥勤劳。现在我成就的事业与二哥相比谁的多呢？"殿上群臣都高呼万岁，大笑作乐。

十年十月，淮南王黥布、梁王彭越、燕王卢绾、荆王刘贾、楚王刘交、齐王刘肥、长沙王吴芮皆来朝长乐宫。春夏无事。

◎**大意** 十年十月，淮南王黥布、梁王彭越、燕王卢绾、荆王刘贾、楚王刘交、齐王刘肥、长沙王吴芮都来长乐宫朝见高祖。这年春夏平安无事。

七月，太上皇崩栎阳宫。楚王、梁王皆来送葬。赦栎阳囚。更命郦邑曰新丰。

◎**大意** 七月，太上皇在栎阳宫去世。楚王、梁王都赶来送葬。赦免栎阳的囚犯。把郦邑改名为新丰。

八月，赵相国陈豨（xī）反代地。上曰："豨尝为吾使，甚有信。代地吾所急也，故封豨为列侯，以相国守代，今乃与王黄等劫掠代地！代地吏民非有罪也。其赦代吏民。"九月，上自东往击之。至邯郸，上喜曰："豨不南据邯郸而阻漳水，吾知其无能为也。"闻豨将皆故贾（gǔ）人也，上曰："吾知所以与之。"乃多以金啖豨将，豨将多降者。

◎**大意** 八月，赵相国陈豨在代地反叛。高祖说："陈豨曾经为我做过事，很讲信用。代地是我很重视的地方，所以封陈豨为列侯，以相国的身份镇守代地，现在他竟和王黄之流劫掠代地！代地的吏民没有罪过，赦免他们。"九月，高祖亲自东进征讨陈豨。到了邯郸，高祖高兴地说："陈豨不向南据守邯郸却靠漳水来阻挡，我断定他已不能有所作为了。"听说陈豨的部将原来都是商人，高祖说："我知道用什么方法对付他们了。"于是以重金利诱陈豨的部将，陈豨的部将不少都投降了。

十一年，高祖在邯郸诛豨等未毕，豨将侯敞将万余人游行，王黄军曲逆，张春渡河击聊城。汉使将军郭蒙与齐将击，大破之。太尉周勃道太原入，定代地。至马邑，马邑不下，即攻残之。

◎**大意** 十一年，高祖在邯郸讨伐陈豨等尚未结束，陈豨的部将侯敞带领一万多人流动作战，王黄驻扎在曲逆，张春渡过黄河进攻聊城。汉军派将军郭蒙与齐国将领一并出击，把他们打得大败。太尉周勃从太原出兵，平定代地。到马邑时，马邑叛军不投降，周勃遂将马邑摧毁。

豨将赵利守东垣，高祖攻之，不下。月余，卒骂高祖，高祖怒。城降，令出骂者斩之，不骂者原之。于是乃分赵山北，立子恒以为代王，都晋阳。

◎**大意** 陈豨的部将赵利防守东垣，高祖率军攻打，没有攻下。持续了一个多月，城内守卒辱骂高祖，高祖十分气愤。全城投降后，高祖命令将骂自己的人检举出来处斩，没有骂的人赦免。于是把赵国常山以北的地方划分出来，立儿子刘恒为代王，建都于晋阳。

春，淮阴侯韩信谋反关中，夷三族。

◎**大意** 春天，淮阴侯韩信在关中谋反，被诛灭三族。

夏，梁王彭越谋反，废迁蜀；复欲反，遂夷三族。立子恢为梁王，子友为淮阳王。

◎**大意** 夏天，梁王彭越谋反，被废黜并流放到蜀地；再次企图谋反，于是被诛灭三族。立儿子刘恢为梁王，儿子刘友为淮阳王。

秋七月，淮南王黥布反，东并荆王刘贾地，北渡淮，楚王交走入薛。高祖自往击之。立子长为淮南王。

◎**大意** 秋天七月，淮南王黥布反叛，东进并吞了荆王刘贾的封地，又向北渡过淮水，楚王刘交逃入薛县。高祖亲自去征讨他。封儿子刘长为淮南王。

　　十二年，十月，高祖已击布军会甄（zhuì），布走，令别将追之。

　　高祖还归，过沛，留。置酒沛宫，悉召故人父老子弟纵酒，发沛中儿得百二十人，教之歌。酒酣，高祖击筑，自为歌诗曰："大风起兮云飞扬，威加海内兮归故乡，安得猛士兮守四方！"令儿皆和习之。高祖乃起舞，慷慨伤怀，泣数行下。谓沛父兄曰："游子悲故乡。吾虽都关中，万岁后吾魂魄犹乐思沛。且朕自沛公以诛暴逆，遂有天下，其以沛为朕汤沐邑，复其民，世世无有所与。"沛父兄诸母故人日乐饮极欢，道旧故为笑乐。十余日，高祖欲去，沛父兄固请留高祖。高祖曰："吾人众多，父兄不能给。"乃去。沛中空县皆之邑西献。高祖复留止，张（帐）饮三日。沛父兄皆顿首曰："沛幸得复，丰未复，唯陛下哀怜之。"高祖曰："丰吾所生长，极不忘耳，吾特为其以雍齿故反我为魏。"沛父兄固请，乃并复丰，比沛。于是拜沛侯刘濞为吴王。

◎**大意**　十二年十月，高祖在会甄击败黥布的军队，黥布逃走，高祖命令部将追击。

　　高祖率军归还，路过沛县时，停留下来。在沛宫摆设酒宴，将老朋友和父老兄弟都招来纵情畅饮，在沛县选出一百二十名儿童，教他们唱歌。酒喝得很畅快，高祖击着筑，吟唱起自编的诗歌："大风起兮云飞扬，威加海内兮归故乡，安得猛士兮守四方！"并让孩子们跟着学唱。高祖于是跳起舞来，心情激昂难抑，流下行行热泪。高祖对沛县父兄说："游子思念故乡。我虽然定都关中，但即使万岁之后我的魂魄还会喜欢、怀念沛县的。况且我以沛县县令的身份开始诛暴讨逆，终于取得了天下，就将沛县作为我的私人领地，免除沛县百姓的赋税徭役，世世代代不再有缴纳赋税的事。"沛县的父老兄弟及各位亲戚朋友，天天畅饮尽欢，叙说往事逗笑取乐。十多天后，高祖要离去，沛县父老兄弟百般挽留高祖。高祖说："我的侍从众多，乡亲们难以负担。"这才离开。沛县空巷而出，到城西献奉酒食。高祖又停留下来，搭起帐篷饮宴三天。沛县父兄都叩头请求说："沛县有幸得以免除徭役，丰邑却没有免除，请陛下怜爱他们。"高祖说："丰邑是我生长的地方，绝不会忘记，我只是恨他们曾跟随雍齿反叛我而依附魏。"沛县父兄一再请求，这才一并免除了丰邑的徭役，和沛县享受一样的待遇。于是封沛侯刘濞为吴王。

汉将别击布军洮（dào）水南北，皆大破之，追得斩布鄱阳。

◎**大意** 汉军将领分别在洮水南北攻打黥布，都大破叛军，追到鄱阳擒杀了黥布。

樊哙别将兵定代，斩陈豨当城。

◎**大意** 樊哙另带一支军队平定代地，在当城将陈豨斩首。

十一月，高祖自布军至长安。十二月，高祖曰："秦始皇帝、楚隐王陈涉、魏安釐（xī）王、齐湣（mǐn）王、赵悼襄王皆绝无后，予守冢各十家，秦皇帝二十家，魏公子无忌五家。"赦代地吏民，为陈豨、赵利所劫掠者皆赦之。陈豨降将言豨反时，燕王卢绾使人之豨所，与阴谋。上使辟阳侯迎绾，绾称病。辟阳侯归，具言绾反有端矣。二月，使樊哙、周勃将兵击燕王绾，赦燕吏民与反者。立皇子建为燕王。

◎**大意** 十一月，高祖从黥布的驻地回到长安。十二月，高祖说："秦始皇帝、楚隐王陈涉、魏安釐王、齐湣王、赵悼襄王都绝嗣无后，各给他们十户人家看守坟墓，秦始皇帝二十家，魏公子无忌五家。"赦免代地的官吏和庶民，受陈豨、赵利胁迫而叛乱者都予以赦免。陈豨的降将说陈豨反叛时，燕王卢绾曾派人到陈豨的处所，与他暗中谋划。高祖派辟阳侯去接卢绾，卢绾托病不来。辟阳侯返回，将卢绾有反叛苗头的情况一五一十做了陈述。二月，高祖派樊哙、周勃率军攻打燕王卢绾。赦免参与造反的燕地吏民。封皇子刘建为燕王。

高祖击布时，为流矢所中，行道病。病甚，吕后迎良医。医入见，高祖问医，医曰："病可治。"于是高祖嫚骂之曰："吾以布衣提三尺剑取天下，此非天命乎？命乃在天，虽扁鹊何益！"遂不使治病，赐金五十斤罢之。已而吕后问："陛下百岁后，萧相国即死，令谁代之？"上曰："曹参可。"问其次，上曰："王陵可。然陵少戆（zhuàng），陈平可以助之。陈平智有余，然难以独任。周勃重厚少文，然安刘氏者必勃也，可令为太尉。"吕后复问其次，上曰："此后亦非而所知也。"

◎ **大意**　高祖攻打黥布时，被飞箭射中，回来的路上就病了。后来病情加重，吕后请来一位名医。医生进去看完病，高祖询问医生，医生说："病可以治。"于是高祖骂医生说："我以一个平民的身份提着宝剑取得天下，这难道不是天命吗？命运既然在天，就是扁鹊来了又有什么用！"就不让医生治病，赏赐黄金五十斤打发他离去。过后吕后问道："陛下百年以后，萧相国如果死了，让谁接替他？"高祖说："曹参可以。"问曹参以后谁来接替，高祖说："王陵可以。但王陵稍显粗疏而认死理，可以让陈平帮助他。陈平才智有余，但难以独任。周勃稳重厚道而缺少文才，但安定刘氏天下的一定是周勃，可以让他做太尉。"吕后又问以后的人选，高祖说："这以后也不是你所能知道的。"

卢绾与数千骑居塞下候伺，幸上病愈自入谢。

◎ **大意**　卢绾带着几千人马住在边境上探查观望，希望高祖病愈后亲自去请罪。

四月甲辰，高祖崩长乐宫。四日不发丧。吕后与审食其谋曰："诸将与帝为编户民，今北面为臣，此常怏怏，今乃事少主，非尽族是，天下不安。"人或闻之，语郦将军。郦将军往见审食其，曰："吾闻帝已崩，四日不发丧，欲诛诸将。诚如此，天下危矣。陈平、灌婴将十万守荥阳，樊哙、周勃将二十万定燕、代，此闻帝崩，诸将皆诛，必连兵还乡以攻关中。大臣内叛，诸侯外反，亡可翘足而待也。"审食其入言之，乃以丁未发丧，大赦天下。

◎ **大意**　四月甲辰，高祖在长乐宫逝世。过了四天还不发丧。吕后和审食其商量说："诸将和皇帝一样出身于普通百姓，后来向皇帝北面称臣，这些人时常怏怏不乐，现在要让他们侍奉年少的皇帝，若不把他们全部族灭，天下不会安定。"有人听到这个消息，告诉了郦将军。郦将军前去拜见审食其，说："我听说皇帝已经驾崩，四天了还不发丧，想要诛杀诸位将领。真是这样的话，天下就危险了。陈平、灌婴带兵十万驻守荥阳，樊哙、周勃率军二十万平定燕、代之地，这时如果听到皇帝驾崩，诸将都被诛杀，必定会联合起来攻打关中。大臣在朝内反叛，诸侯在朝外造反，灭亡就很快了。"审食其进宫告诉吕后，这才在丁未日发丧，大赦天下。

卢绾闻高祖崩，遂亡入匈奴。

◎ **大意**　卢绾听说高祖已驾崩，就逃到匈奴去了。

丙寅，葬。己巳，立太子，至太上皇庙。群臣皆曰："高祖起微细，拨乱世反（返）之正，平定天下，为汉太祖，功最高。"上尊号为高皇帝。太子袭号为皇帝，孝惠帝也。令郡国诸侯各立高祖庙，以岁时祠。

◎**大意** 丙寅，安葬高祖。己巳日，立太子，来到太上皇庙。群臣都说："高祖起于平民，拨乱反正，平定天下，是汉的开国皇帝，功劳最高。"上尊号为高皇帝。太子继位做了皇帝，即孝惠帝。命令各郡国诸侯都建立高祖庙，每年按照一定的时令祭祀。

及孝惠五年，思高祖之悲乐沛，以沛宫为高祖原庙。高祖所教歌儿百二十人，皆令为吹乐，后有缺，辄补之。

◎**大意** 到了孝惠帝五年，孝惠帝想到高祖生前那么怀念和喜欢沛县，就把沛宫作为高祖原庙。高祖曾教过唱歌的一百二十名儿童，让他们都到庙里吹奏演唱，以后一有缺额，就立刻补上。

高帝八男：长庶齐悼惠王肥；次孝惠，吕后子；次戚夫人子赵隐王如意；次代王恒，已立为孝文帝，薄太后子；次梁王恢，吕太后时徙为赵共王；次淮阳王友，吕太后时徙为赵幽王；次淮南厉王长；次燕王建。

◎**大意** 高祖有八个儿子：庶出的长子齐悼惠王肥；次子孝惠帝，吕后所生；三子是戚夫人生的赵隐王如意；四子代王恒，后被立为孝文帝，薄太后所生；五子梁王恢，吕太后当政时调迁为赵共王；六子淮阳王友，吕太后时调迁为赵幽王；七子淮南厉王长；八子燕王建。

太史公曰：夏之政忠。忠之敝（弊），小人以野，故殷人承之以敬。敬之敝（弊），小人以鬼，故周人承之以文。文之敝（弊），小人以僿（sài），故救僿莫若以忠。三王之道若循环，终而复始。周秦之间，可谓文敝（弊）矣。秦政不改，反酷刑法，岂不缪乎？故汉兴，承敝（弊）易变，使人不倦，得天统矣。朝以十月。车服黄屋左纛。葬长陵。

◎**大意**　太史公说：夏朝的政治质朴。质朴的弊病，是使百姓缺少礼节，所以殷人以敬奉天地、鬼神、祖先取而代之。恭敬的弊病，是使百姓崇拜鬼神，所以周人以礼仪文明取而代之。礼仪文明的弊病，是使百姓虚伪，所以救治虚伪弊病的良方莫过于质朴。三个王朝的治国之道好像是循环往复、终而复始的。周朝到秦朝之间，可以说弊病在于繁缛的礼仪。秦朝政治不予改变，反而使用酷刑苛法，岂不荒谬？因此汉朝兴起，沿袭前朝弊政而加以改变，让人民休养生息，得到了天命。规定每年十月朝觐。皇帝的车驾用黄缯做顶并在车衡的左边插以饰有毛羽的旗帜。安葬高祖于长陵。

兵祖姜太公

选自《齐太公世家》

太公望吕尚者，东海上人。其先祖尝为四岳，佐禹平水土甚有功。虞夏之际封于吕，或封于申，姓姜氏。夏商之时，申、吕或封枝（支）庶子孙，或为庶人，尚其后苗裔也。本姓姜氏，从其封姓，故曰吕尚。

◎**大意** 太公望吕尚，是东海边上的人。他的祖先曾经做过四岳之官，辅佐夏禹治理水土很有功劳。在虞舜、夏禹时被封在吕地，有的被封在申地，姓姜。夏商两代，申吕两地有的被封给了旁支子孙，有的成了平民，吕尚就是他们的后代。吕尚本来姓姜，后用祖先的封邑为姓，所以叫吕尚。

　　吕尚盖尝穷困，年老矣，以渔钓奸（干）周西伯。西伯将出猎，卜之，曰"所获非龙非彨（螭），非虎非罴；所获霸王之辅"。于是周西伯猎，果遇太公于渭之阳，与语，大说（悦），曰："自吾先君太公曰'当有圣人适周，周以兴'。子真是邪？吾太公望子久矣。"故号之曰"太公望"，载与俱归，立为师。

◎**大意**　吕尚大概曾穷困潦倒过，年老了，通过钓鱼去结识周西伯。周西伯准备出外打猎，事先占卜了一卦，卦辞说"所得到的不是龙不是螭，不是虎不是罴；所得到的是霸王的辅臣"。于是周西伯去打猎，果然在渭水北面遇到太公，和他交谈后很高兴，说："我的先君太公就说'当有圣人来到周时，周会因此而兴旺'。您就是所说的这个人吧？我们太公盼望您很久啦。"所以称吕尚为"太公望"，周西伯与他一同乘车回去，封他为军师。

　　或曰，太公博闻，尝事纣。纣无道，去之。游说诸侯，无所遇，而卒西归周西伯。或曰，吕尚处士，隐海滨。周西伯拘羑里，散宜生、闳夭素知而招吕尚。吕尚亦曰"吾闻西伯贤，又善养老，盍（hé）往焉"。三人者为西伯求美女奇物，献之于纣，以赎西伯。西伯得以出，反（返）国。言吕尚所以事周虽异，然要之为文武师。

◎**大意**　有人说，太公吕尚博学多闻，曾经侍奉商纣王。纣王暴虐无道，太公就离开了他。太公游说各国诸侯，没有遇到赏识他的人，因而最终向西归附了周西伯。有人说，吕尚是隐士，隐居在海滨。周西伯被纣王囚禁在羑里时，散宜生、闳夭平素了解吕尚，因此请他出来。吕尚也说"我听说西伯贤明，又能很好地赡养老人，为什么不到他那儿去"。他们三人替西伯寻找美女和宝物，献给纣王，用来赎出西伯。西伯因而被释放回国。有关吕尚为周室服务的原因虽各不相同，但重要的是，他担任了文王、武王的军师。

　　周西伯昌之脱羑里归，与吕尚阴谋修德以倾商政，其事多兵权与奇计，故后世之言兵及周之阴权皆宗太公为本谋。周西伯政平，及断虞芮之讼，而诗人称西伯受命曰文王。伐崇、密须、犬夷，大作丰邑。天下三分，其二归周者，太公之谋计居多。

◎**大意**　周西伯姬昌从羑里脱身归来，与吕尚暗中谋划施行德政，以推翻商朝政权，其中有许多是用兵的权谋和奇妙的计策，所以后世谈论用兵及周代的秘密权术都推崇太公为主要谋划者。周西伯为政公平，解决了虞、芮两国的争端以后，诗人称周西伯是禀受了天命为文王。文王征讨崇国、密须、犬夷，大规模兴建丰邑。当时天下三分，其中二分归附了周，大多是出于太公的谋划。

　　文王崩，武王即位。九年，欲修文王业，东伐以观诸侯集否。师行，师尚父左杖黄钺（yuè），右把白旄以誓，曰："苍兕苍兕，总尔众庶，与尔舟楫，后至者斩！"遂至盟津。诸侯不期而会者八百诸侯。诸侯皆曰："纣可伐也。"武王曰："未可。"还师，与太公作此《太誓》。

◎**大意**　文王去世，武王继位。九年，武王想完成文王的大业，向东征伐，以观诸侯向背。军队出发时，师尚父（吕尚）左手执黄钺，右手握着白旄誓师，说："苍兕苍兕，集合你所有的民众，交给你舟船桨楫，迟到的斩首！"于是到了盟津。诸侯不经约定就来参加会盟的有八百位。诸侯都说："可以讨伐纣王了。"武王说："还不到时候。"率军队回转，与太公写了《太誓》。

　　居二年，纣杀王子比干，囚箕子。武王将伐纣，卜，龟兆不吉，风雨暴至。群公尽惧，唯太公强之劝武王，武王于是遂行。十一年正月甲子，誓于牧野，伐商纣。纣师败绩。纣反走，登鹿台，遂追斩纣。明日，武王立于社，群公奉明水，卫康叔封布采（彩）席，师尚父牵牲，史佚策祝，以告神讨纣之罪。散鹿台之钱，发钜桥之粟，以振（赈）贫民。封比干墓，释箕子囚。迁九鼎，修周政，与天下更始。师尚父谋居多。

◎**大意**　过了两年，纣王杀死王子比干，囚禁箕子。武王将要征讨纣王，占卜，龟兆不吉利，暴风雨骤至。大臣们都很恐惧，只有太公坚决劝说武王伐纣，武王于是出兵。十一年正月甲子日，在牧野誓师，讨伐商纣王。纣王的军队溃败。纣王回身逃跑，登上鹿台自杀，武王兵士就追来斩下纣王头颅。第二天，武王站在土地神社前，大臣们捧着净水，卫康叔封铺上彩席，师尚父牵着用来祭祀的牲畜，史佚诵读策文，禀告天神声讨纣王的罪行。又散发鹿台的钱财，发放钜桥的粮食，用来赈济贫民。又增修了比干的坟墓，释放了被囚禁的箕子。迁移九鼎，修明周朝政治，与天下百姓共同除旧布新。这些事情大多出于师尚父的谋划。

于是武王已平商而王（wàng）天下，封师尚父于齐营丘。东就国，道宿行迟。逆旅之人曰："吾闻时难得而易失。客寝甚安，殆非就国者也。"太公闻之，夜衣而行，犁（黎）明至国。莱侯来伐，与之争营丘。营丘边莱。莱人，夷也，会纣之乱而周初定，未能集远方，是以与太公争国。

◎**大意**　这时武王已消灭商朝而在天下称王，把师尚父封在齐地的营丘。师尚父往东去自己的封国，途中在旅舍住宿，行进缓慢。旅舍的人说："我听说时机难以得到而容易丧失。这位客人睡觉相当安稳，大概不是到封国去就任的人。"太公听到这话，连夜穿上衣服向前行进，天亮时到达封国。莱侯来攻伐，与太公争夺营丘。营丘靠近莱国边境。莱人，是夷族，适逢纣王乱政而周朝刚建立，还没有能安定边远地区，所以来和太公争夺土地。

太公至国，修政，因其俗，简其礼，通商工之业，便鱼盐之利，而人民多归齐，齐为大国。及周成王少时，管蔡作乱，淮夷畔（叛）周，乃使召康公命太公曰："东至海，西至河，南至穆陵，北至无棣，五侯九伯，实得征之。"齐由此得征伐，为大国。都营丘。

◎**大意**　太公到了封国，整顿政治，顺应当地的习俗，简化礼仪，通达工商之业，发展鱼盐生产，因而民众多来归附齐国，齐国于是成为大国。等到周成王幼年继位，管叔、蔡叔作乱，淮夷反叛周朝，于是派召康公授命太公说："东到大海，西到黄河，南到穆陵，北到无棣，五等诸侯和九州长官，你都可以征讨。"齐国从此得到征伐大权，成为大国，建都营丘。

制礼作乐 周公旦

选自《鲁周公世家》

周公旦者，周武王弟也。自文王在时，旦为子孝，笃仁，异于群子。及武王即位，旦常辅翼武王，用事居多。武王九年，东伐，至盟津，周公辅行。十一年，伐纣，至牧野，周公佐武王，作《牧誓》。破殷，入商宫。已杀纣，周公把大钺，召公把小钺，以夹武王，衅社，告纣之罪于天，及殷民。释箕子之囚。封纣子武庚禄父，使管叔、蔡叔傅之，以续殷祀。遍封功臣同姓戚者。封周公旦于少昊之虚曲阜，是为鲁公。周公不就封，留佐武王。

◎**大意** 周公旦是周武王的弟弟。当文王在世时，旦作为儿子就非常孝顺，忠厚仁爱，与文王其他儿子不同。等到武王即位，旦常常佐助辅弼武王，处理的政事最多。武王九年，向东征伐到达盟津，周公辅佐随行。十一年，武王征伐商纣王，到达牧野，周公辅佐武王，作了《牧誓》。随即攻破殷都，进入商朝王宫。武王诛杀商纣王后，周公手持大斧，召公手持小斧，在左右护卫武王，杀牲取血，祭祀社神，将商纣王的罪行昭告上天，以及殷商百姓。武王又释放被囚禁的箕子；册封商纣王的儿子武庚禄父，派管叔、蔡叔辅助、监管他，以延续殷商的祭祀；大规模封赏功臣和周王室同姓贵族；将周公旦分封在少昊的旧址曲阜，就是鲁公。周公没有到封国就职，留在京师辅佐武王。

武王克殷二年，天下未集，武王有疾，不豫，群臣惧，太公、召公乃缪卜。周公曰："未可以戚我先王。"周公于是乃自以为质，设三坛，周公北面立，戴璧秉圭，告于太王、王季、文王。史策祝曰："惟尔元孙王发，勤劳阻疾。若尔三王是有负子之责（债）于天，以旦代王发之身。旦巧能，多材多艺，能事鬼神。乃王发不如旦多材多艺，不能事鬼神。乃命于帝庭，敷佑四方，用能定汝子孙于下地，四方之民罔不敬畏。无坠天之降葆命，我先王亦永有所依归。今我其即命于元龟，尔之许我，我以其璧与圭归，以俟尔命。尔不许我，我乃屏璧与圭。"周公已令史策告太王、王季、文王，欲代武王发，于是乃即三王而卜。卜人皆曰吉，发书视之，信吉。周公喜，开籥（yuè），乃见书遇吉。周公入贺武王曰："王其无害。旦新受命三王，维长终是图。兹道能念予一人。"周公藏其策金滕（téng）匮中，诫守者勿敢言。明日，武王有瘳（chōu）。

◎**大意** 武王灭殷商二年，天下统一的大业尚未完全成功，武王生病，不舒服，大臣们都很忧虑。太公、召公就去虔诚地占卜。周公说："这样还不能感动我们的先王。"于是他以自己的生命为保证物，设立三个祭坛，面向北站立，头顶玉璧，手捧玉圭，向太王、王季、文王祷告。史官依据简册上的祝词祷告道："你们的子孙武王发，积劳成疾。如果上天让你们牺牲一个子孙，以便到天上侍奉鬼神，那就让旦来代替武王发吧。旦灵巧能干，多才多艺，能侍奉鬼神。而国王发不如旦多才多艺，不能侍奉鬼神。国王发受命于天庭，保护四方百姓，使你们的子孙在世间平安，天下的百姓没有不敬仰和畏惧他的。不要毁弃上天赐予的宝贵国运，我们的先王也才能永远有所依靠。现在我将以大龟来听候命令，你们如果答应我的请求，我就带着这些玉璧和玉圭来归附，等候你们的命令。你们如果不答应我的请求，我就将玉璧和玉圭收起来。"周公命令史官将简册上的祝词报告太王、王季、文王，表达替代武王发去死的意愿之后，才走近三王神位前占卜。占卜的人都说吉利，打开占卜书一看，果然吉利。周公高兴，打开藏有卜兆的箱子，又看到卜辞是吉利的。周公进宫向武王道贺说："王没有灾害。我刚刚接到三位先王的命令，你只考虑如何保持周朝的长久统治就行了。从这事上能看出先王体念天子。"周公把策书藏在用金缄封的匣子中，告诫保管的人不要声张。第二天，武王的病就好了。

其后武王既崩，成王少，在强（襁）葆（褓）之中。周公恐天下闻武王崩而畔（叛），周公乃践阼代成王摄行政当国。管叔及其群弟流言于国曰："周公将不利于成王。"周公乃告太公望、召公奭（shì）曰："我之所以弗辟（避）而摄行政者，恐天下畔（叛）周，无以告我先王太王、王季、文王。三王之忧劳天下久矣，于今而后成。武王蚤（早）终，成王少，将以成周，我所以为之若此。"于是卒相成王，而使其子伯禽代就封于鲁。周公戒伯禽曰："我文王之子，武王之弟，成王之叔父，我于天下亦不贱矣。然我一沐三捉发，一饭三吐哺，起以待士，犹恐失天下之贤人。子之鲁，慎无以国骄人。"

◎**大意** 后来武王去世，成王年幼，尚在襁褓之中。周公恐怕天下人听说武王去世而反叛，就代成王主持国家政务。管叔和他的弟弟们在京城散布流言说："周公将对成王不利。"周公就告诉太公望、召公奭说："我之所以不避嫌疑而替代成王行使职权，是担心天下反叛周室，无法向先王太王、王季、文王交代。三王为天下长期忧劳，至今才成功。武王早逝，成王年幼，我是为了完成周朝的大业才这样做。"于是他便继续辅佐成王，而让儿子伯禽代替他到鲁国封地就职。周公告诫伯禽说："我是文王的儿子，武王的弟弟，成王的叔父，我在天下的地位也算不低了。然而我洗一次头三次握住头发，吃一顿饭三次吐出咀嚼的食物，起身接待贤士，纵然这样还恐怕失掉天下的贤人。你到鲁国，千万不要因为自己是有封国的君主而看不起别人。"

管、蔡、武庚等果率淮夷而反。周公乃奉成王命，兴师东伐，作《大诰》。遂诛管叔，杀武庚，放蔡叔。收殷余民，以封康叔于卫，封微子于宋，以奉殷祀。宁淮夷东土，二年而毕定。诸侯咸服宗周。

◎**大意** 管叔、蔡叔、武庚等果然率领淮夷反叛。周公于是奉成王命令，出兵东征，创作了《大诰》。于是诛杀管叔，杀死武庚，放逐蔡叔；收服殷商的遗民，将康叔封在卫国，将微子封在宋国，用以承奉殷商的祭祀；平定淮夷占据的东部地区，两年才完成。诸侯都归服，以周王室为宗主。

天降祉福，唐叔得禾，异母同颖，献之成王，成王命唐叔以馈周公于东土，作《馈禾》。周公既受命禾，嘉天子命，作《嘉禾》。东土以集，周公归报成王，乃为诗贻王，命之曰《鸱鸮》。王亦未敢训周公。

◎**大意** 上天降临祥福，唐叔得到了奇异的禾苗，异株而同穗，奉献给成王。成王让唐叔将奇禾送给在东方的周公，写了《馈禾》。周公接受了天子赏赐的奇禾后，为感谢天子的恩赐，写了《嘉禾》。东部地区已经安定，周公回京师报告成王，就写了一首诗献给成王，题名叫《鸱鸮》。成王也没有敢斥责周公。

成王七年二月乙未，王朝步自周，至丰，使太保召公先之雒相土。其三月，周公往营成周雒邑，卜居焉，曰吉，遂国之。

◎**大意** 成王七年二月乙未日，成王为朝拜文王庙，从镐京步行到达丰京，派太保召公先往雒邑勘察地形。这年三月，周公前往营建成周雒邑，通过占卜选择建都地点，卜辞说吉利，于是就在那里营建国都。

成王长，能听政。于是周公乃还政于成王，成王临朝。周公之代成王治，南面倍（背）依（扆）以朝诸侯。及七年后，还政成王，北面就臣位，匑（gōng）匑如畏然。

◎**大意** 成王长大后，能够处理国政了。于是周公就把国政归还给成王，成王临朝执政。周公代成王治国时，面朝南方、背靠屏风接受诸侯朝拜。等到七年后，将国政归还给成王，回到臣子的位置上便北向而立，谨慎恭敬像有所畏惧的样子。

初，成王少时，病，周公乃自揃（剪）其蚤（爪）沉之河，以祝于神曰："王少未有识，奸神命者乃旦也。"亦藏其策于府。成王病有瘳。及成王用事，人或谮周公，周公奔楚。成王发府，见周公祷书，乃泣，反（返）周公。

◎ **大意** 当初成王幼时，生病，周公就剪掉自己的指甲沉于河中，向神祈祷说："国王年幼不懂事，违反神的意旨的是我周公旦。"这份策书也被藏于内府。后来成王就病愈了。等到成王主持国政，有人进谗言诬告周公，周公逃奔楚国。成王打开内府，看到周公祈祷的策书，就流下了眼泪，派人迎回了周公。

周公归，恐成王壮，治有所淫佚，乃作《多士》，作《毋逸》。《毋逸》称："为人父母，为业至长久，子孙骄奢忘之，以亡其家，为人子可不慎乎！故昔在殷王中宗，严恭敬畏天命，自度治民，震惧不敢荒宁，故中宗飨（享）国七十五年。其在高宗，久劳于外，为与小人，作其即位，乃有亮闇（ān），三年不言，言乃欢，不敢荒宁，密靖殷国，至于小大无怨，故高宗飨（享）国五十五年。其在祖甲，不义惟王，久为小人于外，知小人之依，能保施小民，不侮鳏寡，故祖甲飨（享）国三十三年。"《多士》称曰："自汤至于帝乙，无不率祀明德，帝无不配天者。在今后嗣王纣，诞淫厥佚，不顾天及民之从也。其民皆可诛。"周多士。"文王日中昃（zè）不暇食，飨（享）国五十年。"作此以诫成王。

◎ **大意** 周公回到朝廷，恐怕成王年纪大了，治理国家时会荒淫放荡，于是创作了《多士》和《毋逸》。《毋逸》说："做父母的，长期创业，子孙骄纵奢侈忘记了父母创业的艰辛，以致家业毁败，做儿子的可以不谨慎吗！所以从前殷王中宗，严肃恭敬地畏惧天命，自觉遵守法度以身作则，治理百姓，战战兢兢不敢荒怠、安逸，所以中宗当政七十五年。到了高宗，他长期在民间劳作，与百姓共同生活，等到即位时，就有了丧事，三年不曾说话，一旦说话就使百姓高兴，不敢荒怠、安逸，一心致力于安定殷国，做到人人都没怨言，所以高宗当政五十五年。到了祖甲，认为不可不合道义为王，长期逃亡在民间做平民，知道百姓的需求，能够保护并施恩于百姓，不欺侮鳏夫寡妇，所以祖甲当政三十二年。"《多士》说："从汤工到帝乙，没有不慎重祭祀鬼神、修明德行的，各个帝王都没有违背上天的命令。到后来纣王继位，骄奢淫逸，不顾及上天和百姓的愿望，百姓都认为他该杀。"周多贤士，"文王为政事忙碌到太阳偏西都顾不上吃饭，所以当政五十年"。周公用这些话来告诫成王。

成王在丰，天下已安，周之官政未次序，于是周公作《周官》，官别其宜。作《立政》，以便百姓。百姓说（悦）。

◎**大意** 成王居住在丰京，天下已经安定，周朝的职官制度还没有形成完备的体系，于是周公作《周官》，划分出每种官职合理的职责范围。又作《立政》，使百官明白居官为政的道理。百官都很高兴。

周公在丰，病，将没（殁），曰："必葬我成周，以明吾不敢离成王。"周公既卒，成王亦让，葬周公于毕，从文王，以明予小子不敢臣周公也。

◎**大意** 周公在丰京，生病，将要去世，说："一定要把我葬在成周，以表明我不敢离开成王。"周公去世后，成王也谦让，将周公葬在毕原，陪从文王，以表明自己不敢将周公当作臣子。

周公卒后，秋未获，暴风雷雨，禾尽偃，大木尽拔。周国大恐。成王与大夫朝服以开金滕书，王乃得周公所自以为功代武王之说。二公及王乃问史、百执事，史、百执事曰："信有，昔周公命我勿敢言。"成王执书以泣，曰："自今后其无缪（穆）卜乎！昔周公勤劳王家，惟予幼人弗及知。今天动威以彰周公之德，惟朕小子其迎，我国家礼亦宜之。"王出郊，天乃雨，反风，禾尽起。二公命国人，凡大木所偃，尽起而筑之。岁则大孰。于是成王乃命鲁得郊祭文王。鲁有天子礼乐者，以褒周公之德也。

◎**大意** 周公去世后，秋天庄稼尚未收获时，暴风雨大作，庄稼全部倒伏，大树全被连根拔起。全国上下大为恐慌。成王与大夫们穿上朝服，打开以金密封的匣子中的策书，成王才得到周公请求以自身代替武王去死的策文。太公、召公及成王便询问史官和所有随周公请命的办事官员，史官和办事官员说："的确有这件事，以前周公命令我们不准说。"成王手捧策书流泪，说："今后恐怕再也看不到像周公这样虔敬的占卜祷祝了！以前周公为王室勤苦操劳，只是我年幼不知道。现在上天显示威严以表彰周公的德行。我要亲自前往，祭祀周公之灵，我们国家也应当有这样的礼仪。"成王来到郊外祭天，天就开始下雨，风向反过来，庄稼全部立了起来。太公、召公命令百姓，凡是被刮倒的大树，都扶起来培土加固。这一年获得大丰收。于是成王命令鲁国可以郊祭上天，立庙祭文王。鲁国能够有天子的礼乐，就是为了褒奖周公旦的大德。

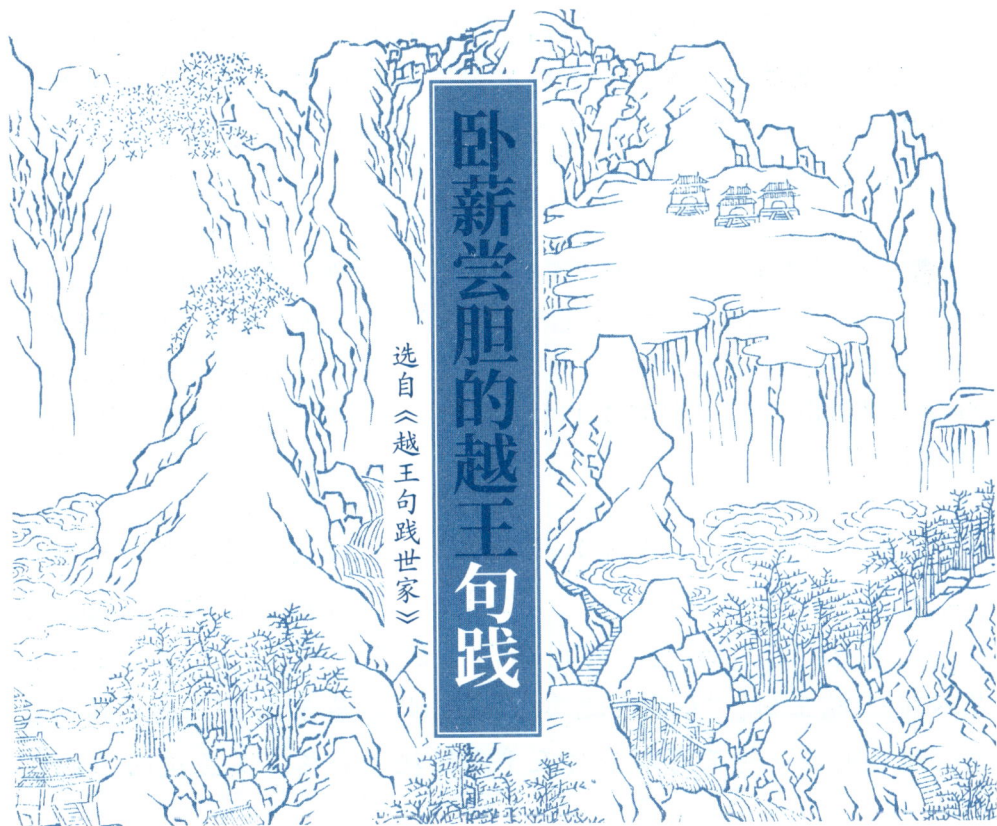

卧薪尝胆的越王句践

选自《越王句践世家》

越王句（gōu）践，其先禹之苗裔，而夏后帝少康之庶子也。封于会稽，以奉守禹之祀。文身断发，披草莱而邑焉。后二十余世，至于允常。允常之时，与吴王阖庐战而相怨伐。允常卒，子句践立，是为越王。

◎**大意** 越王句践的先祖是夏禹的后代，即夏后帝少康的庶子，被分封在会稽，以供奉、掌管夏禹的祭祀。他们在身上刺花纹，削断头发，斩除荒草，居住在这里，聚集成邑。传了二十多代，到了允常这一代。允常在位时，与吴王阖庐交战而结怨，互相攻打。允常去世后，他的儿子句践继位，当了越王。

元年，吴王阖庐闻允常死，乃兴师伐越。越王句践使死士挑战，三行，至吴陈（阵），呼而自刭。吴师观之，越因袭击吴师，吴师败于檇（zuì）李，射伤吴王阖庐。阖庐且死，告其子夫差曰："必毋忘越。"

◎**大意**　越王句践元年，吴王阖庐听说允常去世，就发兵进攻越国。越王句践派敢死队迎战。敢死队排成三行，行进到吴军阵前，一边大声喊叫一边刎颈自杀。吴国军队看到这种情形都呆住了，越国趁机袭击吴军。吴军在檇李被打败，吴王阖庐也被箭射伤。吴王阖庐将要死时，告诫他的儿子夫差说："一定不要忘记越国的仇恨。"

三年，句践闻吴王夫差日夜勒兵，且以报越，越欲先吴未发往伐之。范蠡（lí）谏曰："不可。臣闻兵者凶器也，战者逆德也，争者事之末也。阴谋逆德，好用凶器，试身于所末，上帝禁之，行者不利。"越王曰："吾已决之矣。"遂兴师。吴王闻之，悉发精兵击越，败之夫椒。越王乃以余兵五千人保栖于会稽。吴王追而围之。

◎**大意**　越王句践三年，句践听说吴王夫差日夜练兵，准备向越国报仇，越国打算在吴国发兵前去攻打它。范蠡劝谏说："不可以。我听说兵器是一种凶器，战争是违背道义的事，争斗是解决事情的下策。暗中谋划违背道义，喜欢使用凶器，亲自试着使用最下策，这样做是上天所禁止的，对于这么做的人没有好处。"越王句践说："我已经决定了。"于是大举兴兵。吴王夫差得知后，调集吴国全部的精锐部队迎击越军，在夫椒将越军打败。越王句践只好率领五千多残兵据守在会稽山。吴王夫差一路追击，包围了他们。

越王谓范蠡曰："以不听子，故至于此，为之奈何？"蠡对曰："持满者与天，定倾者与人，节事者以地。卑辞厚礼以遗之，不许，而身与之市。"句践曰："诺。"乃令大夫种行成于吴，膝行顿首曰："君王亡臣句践使陪臣种敢告下执事：句践请为臣，妻为妾。"吴王将许之。子胥言于吴王曰："天以越赐吴，勿许也。"种还，以报句践。句践欲杀妻子，燔宝器，触战以死。种止句践曰："夫吴太宰嚭（pǐ）贪，可诱以利，请间行言之。"于是句践乃以美女宝器令种间献吴太宰嚭。嚭受，乃见大夫种于吴王。种顿首言曰："愿大王赦句践之罪，尽入其宝器。不幸不赦，句践将尽杀其妻子，燔其宝器，悉五千人触战，必有当也。"嚭因说吴王曰："越以服为臣，若将赦之，此国之利也。"吴王将许之。子胥进谏曰："今不灭越，后必悔之。句践贤君，种、蠡良臣，若反国，将为乱。"吴王弗听，卒赦越，罢兵而归。

◎**大意**　越王句践对范蠡说："因为不听您的话，落到今天这种地步，应该怎么办呢？"范蠡回答："保持盈满不贪才能得到上天的帮助，挽救倾危依靠的是百姓，节物生财靠的是地利。如今只能用谦恭的言辞和丰厚的礼物去求和，如果不被答应，只好拿自己的身体作为抵押。"句践说："是。"于是就派大夫文种去吴国求和。大夫文种跪地前进，叩头说："您的亡命臣子句践派他的随从文种斗胆奉告执事人员：句践请求自己做您的臣子，他的妻子做您的奴婢。"吴王夫差准备答应他。伍子胥对吴王夫差说："上天把越国赐给吴国，不要答应求和。"文种回来后把情况报告给句践。句践打算杀死他的妻子儿女，烧毁宝器，与吴国拼死作战。文种劝阻句践说："吴国的太宰嚭贪婪，可以以财利为饵，引诱他，请派我暗中去劝说他。"于是越王句践就派大夫文种暗中将美女与宝器送给吴国的太宰嚭。太宰嚭接受后，就将文种引荐给了吴王夫差。文种向吴王叩头后说："希望大王赦免句践的罪过，将他的宝器全部接收。如果不幸没有被赦免，句践将杀掉他的妻子儿女，烧毁他所有的宝器，率领五千人拼死作战，一定要让吴军付出同等的代价。"太宰嚭趁机劝说吴王夫差："越王已经俯首称臣，如果将他赦免，对于吴国是非常有利的。"吴王夫差准备答应他。伍子胥又劝谏说："现在不灭掉越国，以后一定会后悔。句践是个贤明的君王，文种、范蠡是贤能的臣子，如果让他们返回越国，他们将会作乱。"吴王夫差不听伍子胥的劝谏，最终赦免越王，收兵回国。

句践之困会稽也，喟然叹曰："吾终于此乎？"种曰："汤系夏台，文王囚羑里，晋重耳奔翟，齐小白奔莒，其卒王霸。由是观之，何遽不为福乎？"

◎**大意**　句践被围困在会稽山上的时候，曾经叹息说："我就要终结在这里了吗？"文种说："从前商汤王被拘禁在夏台，周文王被囚禁在羑里，晋国的公子重耳逃亡到翟族那里，齐国小白出奔到莒国，他们最终都成就了王霸伟业。由此看来，怎么见得这不会转变为一件好事呢？"

吴既赦越，越王句践反（返）国，乃苦身焦思，置胆于坐（座），坐卧即仰胆，饮食亦尝胆也，曰："女（汝）忘会稽之耻邪？"身自耕作，夫人自织，食不加肉，衣不重采，折节下贤人，厚遇宾客，振（赈）贫吊死，与百姓同其劳。欲使范蠡治国政，蠡对曰："兵甲之事，种不如蠡；填（镇）抚国家，亲附百姓，蠡不如种。"于是举国政属大夫种，而使范蠡与大夫柘稽行成，为质于吴。二岁而吴归蠡。

◎**大意**　吴王夫差赦免越国后，越王句践返回故国，从此他便吃苦耐劳，忧心苦思，把苦胆挂在自己的起居处，坐下或躺着都能看到上边的苦胆，吃饭时也要尝一尝苦胆，对自己说："你忘记在会稽的耻辱了吗？"他亲自耕作农田，夫人亲自纺织，吃饭不吃肉，穿衣不穿有花纹的，屈身谦恭地对待贤能的人，优厚有礼地接待宾客，救济生活贫困的人，悼念死者，与百姓同甘共苦。他想让范蠡管理国家的政务，范蠡回答："用兵打仗的事，文种不如我；管理国家的事务，亲近、团结百姓，我不如文种。"于是句践将处理国家政事的任务交给大夫文种，而派范蠡和大夫柘稽到吴国议和，并留在吴国当人质。两年后吴国才放范蠡回国。

句践自会稽归七年，拊循其士民，欲用以报吴。大夫逢同谏曰："国新流亡，今乃复殷给，缮饰备利，吴必惧，惧则难必至。且鸷鸟之击也，必匿其形。今夫吴兵加齐、晋，怨深于楚、越，名高天下，实害周室，德少而功多，必淫自矜。为越计，莫若结齐，亲楚，附晋，以厚吴。吴之志广，必轻战。是我连其权，三国伐之，越承其弊，可克也。"句践曰："善。"

◎**大意**　句践从会稽山回越国后七年，尽心安抚关照越国的士兵和百姓，打算依靠他们向吴国报仇。大夫逢同劝谏说："国家不久之前才遭遇动乱破坏，现在刚刚殷实富裕一点，就开始修缮城池，整治军备，吴国一定疑心惊惧，吴国疑心惊惧则灾难一定会降临到我们头上。况且性情凶猛的鸷鸟攻击目标时，一定会先隐藏好它的形体。如今吴国的军队正在攻打齐国、晋国，和楚国、越国结下了很深的仇怨，它的名声威震天下，实际上这必然有损于周王室的威望，如果德行少而战功多，一定会变得贪心而自我膨胀。为越国筹划，不如结交齐国，亲近楚国，依附晋国，并厚待吴国。吴国的志向不断扩大，必然会轻视战争。这样我们联络各国势力，让其他三个国家讨伐吴国，越国就可以趁其应接不暇之际，出兵攻打，必定可以战胜它。"句践说："好。"

　　居二年，吴王将伐齐。子胥谏曰："未可。臣闻句践食不重味，与百姓同苦乐。此人不死，必为国患。吴有越，腹心之疾，齐与吴，疥癣（癣）也。愿王释齐先越。"吴王弗听，遂伐齐，败之艾陵，虏齐高、国以归。让子胥。子胥曰："王毋喜！"王怒，子胥欲自杀，王闻而止之。越大夫种曰："臣观吴王政骄矣，请试尝之贷粟，以卜其事。"请贷，吴王欲与，子胥谏勿与，王遂与之，越乃私喜。子胥言曰："王不听谏，后三年吴其墟乎！"太宰嚭闻之，乃数与子胥争越议，因谗子胥曰："伍员（yún）貌忠而实忍人，其父兄不顾，安能顾王？王前欲伐齐，员强谏，已而有功，用是反怨王。王不备伍员，员必为乱。"与逢同共谋，谗之王。王始不从，乃使子胥于齐，闻其托子于鲍氏，王乃大怒，曰："伍员果欺寡人，欲反（返）！"使人赐子胥属镂剑以自杀。子胥大笑曰："我令而父霸，我又立若，若初欲分吴国半予我，我不受，已，今若反以谗诛我。嗟乎，嗟乎，一人固不能独立！"报使者曰："必取吾眼置吴东门，以观越兵入也！"于是吴任嚭政。

◎**大意**　过了两年，吴王夫差准备攻打齐国。伍子胥劝谏说："还不可以。我听说句践吃饭都不吃两种菜，与老百姓同甘共苦。这个人不死，一定会成为国家的隐患。吴国有越国，就像心腹有了病患一样。齐国对于吴国，不过像皮肤上有了疥疮一样。希望您能暂且放弃齐国，先攻打越国。"吴王夫差不听伍子胥的劝谏，出兵讨伐齐国，在艾陵打败齐军，俘虏了齐国的贵族高无丕、国书回国。吴王夫差责备伍子胥。伍子胥说："大王您不要高兴得太早了！"吴王夫差闻言大怒，伍子胥想要自杀，吴工大差听说后阻止了他。这时，越国大夫文种说："我看吴王夫差处理政事已经非常骄傲自满了，请让我试着向他借些粮食，来探听一下情况。"越国向吴国请求借贷粮食，吴王夫差打算借给他们，伍子胥劝谏吴王不要借出粮食，吴王夫差最终把粮食借给了越国，越国暗自高兴。伍子胥说："大王如果再不听劝谏，三年后的吴国大概会变成一片废墟！"太宰嚭听到这话，就多次与伍子胥争论对付越国的事情，趁机在吴王面前诋毁伍子胥说："伍员表面上看起来是个忠厚老实的人，实际上是个非常残忍的人，他连自己父亲和哥哥的生死都不顾，又怎么会顾及大王呢？大王之前打算攻打齐国，伍员强行劝谏阻止，不久战胜而归，因为这事他反而怨恨大王。大王如果不防备伍员，伍员一定会犯上作乱的。"伯嚭还与逄同一起商议，在吴王夫差面前毁谤伍子胥。吴王夫差开始不听信他们的话，派伍子胥出使齐国，听说他把儿子托付给了齐国的鲍氏，于是勃然大怒，说："伍员果然欺骗了我，想要造反！"于是他派人赐伍子胥一把属镂剑让他自杀。伍子胥大笑说："我帮助你的父亲成就了霸业，又拥立你为王，你当初要把吴国分一半给我，我不接受，事情过去没多久，如今你反而听信谗言要诛杀我。唉，唉，孤家寡人肯定不能独立于世的！"他告诉使者说："我死后，一定要把我的眼睛挖出来放在吴国都城的东门上，让我能观看越国军队进城！"从此，吴王夫差任用太宰嚭主持政务。

居三年，句践召范蠡曰："吴已杀子胥，导谀者众，可乎？"对曰："未可。"

◎**大意** 又过了三年，句践召见范蠡说："吴国已经杀死了伍子胥，吴王的身边阿谀奉承的人很多，可以进攻吴国了吗？"范蠡回答："还不行。"

至明年春，吴王北会诸侯于黄池，吴国精兵从王，惟独老弱与太子留守。句践复问范蠡，蠡曰"可矣"。乃发习流二千人，教士四万人，君子六千人，诸御千人，伐吴。吴师败，遂杀吴太子。吴告急于王，王方会诸侯于黄池，惧天下闻之，乃秘之。吴王已盟黄池，乃使人厚礼以请成越。越自度亦未能灭吴，乃与吴平。

◎**大意** 到第二年春天，吴王夫差北上，在黄池与诸侯会盟，吴国的精锐兵士都跟随吴王外出，只剩下年老体弱的军队与太子留守吴国。句践又问范蠡，范蠡说"可以了"。于是句践调发善于水战的兵士二千人，训练有素的兵士四万人，越王的近卫亲兵六千人，各将帅统属的部队近千人，大举征讨吴国。吴国军队败退，于是杀了吴国的太子。吴国派人向吴王夫差告急，但是吴王正在黄池与诸侯会盟，害怕天下诸侯知道这件事，就秘而不宣。吴王夫差在黄池会盟后，才派人带着丰厚的礼物去越国请求讲和。越国估计自己的能力还不能消灭吴国，就答应与吴国讲和。

其后四年，越复伐吴。吴士民罢（疲）弊，轻锐尽死于齐、晋。而越大破吴，因而留围之三年，吴师败，越遂复栖吴王于姑苏之山。吴王使公孙雄肉袒膝行而前，请成越王曰："孤臣夫差敢布腹心，异日尝得罪于会稽，夫差不敢逆命，得与君王成以归。今君王举玉趾而诛孤臣，孤臣惟命是听，意者亦欲如会稽之赦孤臣之罪乎？"句践不忍，欲许之。范蠡曰："会稽之事，天以越赐吴，吴不取。今天以吴赐越，越其可逆天乎？且夫君王蚤（早）朝晏罢，非为吴邪？谋之二十二年，一旦而弃之，可乎？且夫天与弗取，反受其咎。'伐柯者其则不远'，君忘会稽之厄乎？"句践曰："吾欲听子言，吾不忍其使者。"范蠡乃鼓进兵，曰："王已属政于执事，使者去，不（否）者且得罪。"吴使者泣而去。句践怜之，乃使人谓吴王曰："吾置王甬东，君百家。"吴王谢曰："吾老矣，不能事君王！"遂自杀。乃蔽其面，曰："吾无面以见子胥也！"越王乃葬吴王而诛太宰嚭。

◎**大意** 这以后四年，越国又出兵攻打吴国。吴国的士兵和百姓都已疲惫不堪，轻装精锐的部队都死在与齐国、晋国的交战中。所以越国大败吴国，并且留下来包围吴国都城三年之久，吴国军队战败，越军就又把吴王夫差围堵在姑苏山上。吴王夫差派公孙雄脱掉衣服，裸露肉体，跪地前行，向越王句践请求讲和，说："孤立无援的臣子夫差斗胆说一些心里话，以前我曾在会稽山得罪了您，我不敢违背您的命令，与君王您讲和后让您回国了。如今劳烦您高抬贵足来诛杀我，我必定是完全听从您的命令，我心想您是否也会像会稽山那次一样，赦免我的过错呢？"句践听后心生不忍，想答应讲和。范蠡说："会稽山的那场战事，上天把越国赐给吴国，吴国不要。如今上天把吴国赐给越国，越国怎么能够违背天意呢？而且君王您很早上朝，很晚下朝，勤于政事，难道不就是为了灭掉吴国吗？筹谋了二十二年，一下子就放弃它，这样做可以吗？况且上天赏赐给您，您却不取，反而会受到上天的惩罚。'上山砍伐树木做斧柄，斧柄的样式就在身边'，难道您已经忘记会稽山时遭受的厄运了吗？"句践说："我想听你的话，但我不忍心这样对待吴国的使者。"于是范蠡就击鼓进军，说："大王已经把国家政务交付给我了，使者赶紧离开，否则就要得罪了。"吴国使者哭泣着离开了。句践怜悯夫差，就派人去对吴王夫差说："我把您安置到甬东，让您做一百户人家的管理者。"吴王夫差推辞谢绝说："我老了，不能再侍奉君王您了！"于是自杀了。他自杀前用东西遮住自己的脸，说："我已经没有颜面去见伍子胥了！"越王句践于是安葬了吴王夫差，并且诛杀了太宰伯嚭。

句践已平吴，乃以兵北渡淮，与齐、晋诸侯会于徐州，致贡于周。周元王使人赐句践胙，命为伯。句践已去，渡淮南，以淮上地与楚，归吴所侵宋地于宋，与鲁泗东方百里。当是时，越兵横行于江、淮东，诸侯毕贺，号称霸王。

◎**大意**　句践平定吴国后，就率领军队向北渡过淮河，在徐州与齐国、晋国诸侯会盟，向周王室奉送贡品。周元王派人将祭祀祖庙的肉赏赐给句践，任命他为诸侯盟主。句践离去后，渡过淮河南下，把淮河上游的土地赠送给了楚国，把曾被吴国侵占的宋国土地还给宋国，将泗水以东方圆百里的土地送给了鲁国。在当时，越国军队在长江、淮河以东一带纵横驰骋，诸侯都来祝贺，越王句践号称霸王。

范蠡遂去，自齐遗大夫种书曰："蜚（飞）鸟尽，良弓藏；狡兔死，走狗烹。越王为人长颈鸟喙，可与共患难，不可与共乐。子何不去？"种见书，称病不朝。人或谗种且作乱，越王乃赐种剑曰："子教寡人伐吴七术，寡人用其三而败吴，其四在子，子为我从先王试之。"种遂自杀。

◎**大意**　范蠡于是离开越国，从齐国给大夫文种写了一封信说："飞鸟射杀完了，好弓就会被收藏起来不用；狡猾的兔子死了，猎狗就会被煮熟了吃掉。越王句践的长相，脖子长，嘴形像鸟，这样的人可以跟他共同患难，不可以和他共同享乐。您为什么不离开呢？"大夫文种看完信后，就声称自己染病，不再上朝。有人进谗言说大夫文种将要谋反，越王句践就赐给大夫文种一把剑说："你教给我征伐吴国的七条计策，我用了其中三条就打败了吴国，剩下四条在你那里，你为我到先王那里去试试吧。"大夫种就自杀了。

胡服骑射的赵武灵王

选自《赵世家》

　　武灵王元年，阳文君赵豹相。梁襄王与太子嗣，韩宣王与太子仓来朝信宫。武灵王少，未能听政，博闻师三人，左右司过三人。及听政，先问先王贵臣肥义，加其秩；国三老年八十，月致其礼。

◎**大意**　赵武灵王元年，阳文君赵豹担任相国。梁襄王和太子嗣、韩宣王和太子仓到信宫来朝见。武灵王年纪小，还没有开始处理国政，就由三位知识渊博的师傅教导知识，三位在身边专门监察群臣过失的官员辅佐政务。等到他亲自处理政事时，都会先向先王的贵臣肥义请教，并且晋升了他的官位；国内八十岁以上德高望重的老人，每月都能获赠礼物。

　　三年，城鄗（hào）。四年，与韩会于区（ōu）鼠。五年，娶韩女为夫人。

◎**大意** 赵武灵王三年，修筑鄗城。赵武灵王四年，赵武灵王与韩国国君在区鼠相会。赵武灵王五年，赵武灵王迎娶韩国的女子为夫人。

八年，韩击秦，不胜而去。五国相王，赵独否，曰："无其实，敢处其名乎！"令国人谓己曰"君"。

◎**大意** 赵武灵王八年，韩国攻打秦国，失败而回。同年，五个国家互相称王，只有赵武灵王没有这样做，说："没有王的实力，怎么敢占据这样的称呼！"下令让赵国人称自己为"君"。

九年，与韩、魏共击秦，秦败我，斩首八万级。齐败我观泽。十年，秦取我中都及西阳。齐破燕。燕相子之为君，君反为臣。十一年，王召公子职于韩，立以为燕王，使乐池送之。十三年，秦拔我蔺，虏将军赵庄。楚、魏王来，过邯郸。十四年，赵何攻魏。

◎**大意** 赵武灵王九年，赵国与韩国、魏国联合攻打秦国，被秦军打败，被斩杀八万人。齐军在观泽打败了赵国军队。赵武灵王十年，秦军攻占了赵国的中都及西阳。齐国打败了燕国。燕国的相国子之做了国君，国君反而成为臣子。赵武灵王十一年，赵武灵王从韩国召回燕国的公子职，将他立为燕王，派乐池送他回国。赵武灵王十三年，秦军攻下赵国的蔺城，俘获将军赵庄。楚怀王、魏襄王前来访问邯郸。赵武灵王十四年，赵何率军攻打魏国。

十六年，秦惠王卒。王游大陵。他日，王梦见处女鼓琴而歌诗曰："美人荧荧兮，颜若苕之荣。命乎命乎，曾无我嬴！"异日，王饮酒乐，数言所梦，想见其状。吴广闻之，因夫人而内（纳）其女娃嬴。孟姚也。孟姚甚有宠于王，是为惠后。

◎**大意** 赵武灵王十六年，秦惠王去世。赵武灵王游览大陵。有一天，赵武灵王梦见一位少女弹着琴唱歌："美人如此光彩照人，就像盛开的苕花。命运呀命运，没有人知道我嬴女！"后来有一天，赵武灵王饮酒作乐时，多次提到他的梦，想要一睹少女的芳容。赵国人吴广知道后，就通过赵武灵王的夫人把自己的女儿娃嬴送进了后宫，娃嬴就是孟姚。孟姚深受赵武灵王宠爱，后来成为惠后。

十七年，王出九门，为野台，以望齐、中山之境。

◎**大意**　赵武灵王十七年，赵武灵王出游到了九门，修筑起野台，用来瞭望齐国、中山国的边境。

十八年，秦武王与孟说举龙文赤鼎，绝膑而死。赵王使代相赵固迎公子稷于燕，送归，立为秦王，是为昭王。

◎**大意**　赵武灵王十八年，秦武王和大力士孟说举龙文赤鼎，膝盖骨被压断而死。赵武灵王派代地的国相赵固去燕国迎接秦国公子嬴稷，送他回秦国后，立为秦王，就是秦昭王。

十九年春正月，大朝信宫。召肥义与议天下，五日而毕。王北略中山之地，至于房子，遂之代，北至无穷，西至河，登黄华之上。召楼缓谋曰："我先王因世之变，以长南藩之地，属阻漳、滏（fǔ）之险，立长城，又取蔺、郭狼，败林人于荏（rěn），而功未遂。今中山在我腹心，北有燕，东有胡，西有林胡、楼烦、秦、韩之边，而无强兵之救，是亡社稷，奈何？夫有高世之名，必有遗俗之累。吾欲胡服。"楼缓曰："善。"群臣皆不欲。

◎**大意**　赵武灵王十九年春季正月，赵武灵王在信宫大会群臣，召见肥义商议天下大事，五天才商量好。赵武灵王向北巡视了中山国，到达房子，接着往北至代，直到北方无穷之境；西到黄河边，再登上黄华山。于是召见楼缓商议说："我国先王趁着时势的变迁，在南边属地做了首领，依傍着漳水、滏水的天险修筑了长城，又夺取了蔺、郭狼二地，在荏地打败了林胡人，但还没有完成大业。现在中山国在我国的腹心地区，北边有燕国，东边有东胡，西边与林胡、楼烦、秦国、韩国毗邻，如果没有强大的军队支援，就会亡国，这可怎么办呢？那些名扬天下的人，必定会被世俗所指责。我想让国人改穿胡人服装。"楼缓说："好！"群臣都不愿意。

于是肥义侍，王曰："简、襄主之烈，计胡、翟（狄）之利。为人臣者，宠有孝弟（悌）长幼顺明之节，通有补民益主之业，此两者臣之分也。今吾欲继襄主之迹，开于胡、翟（狄）之乡，而卒世不见也。为敌弱，用力少而功多，可以毋尽百姓之劳，而序往古之勋。夫有高世之功者，负遗俗之累；有独智之虑者，任骜民之怨。今吾将胡服骑射以教百姓，而世必议寡人，奈何？"肥义曰："臣闻疑事无功，疑行无名。王既定负遗俗之虑，殆无顾天下之议矣。夫论至德者不和于俗，成大功者不谋于众。昔者舜舞有苗，禹袒裸国，非以养欲而乐志也，务以论德而约功也。愚者暗成事，智者睹未形，则王何疑焉。"王曰："吾不疑胡服也，吾恐天下笑我也。狂夫之乐，智者哀焉；愚者所笑，贤者察焉。世有顺我者，胡服之功未可知也。虽驱世以笑我，胡地中山吾必有之。"于是遂胡服矣。

◎**大意** 当时肥义陪侍在侧，赵武灵王说："赵简子、赵襄子两位先主的功业，在于攻打胡人、翟人，并取得了胜利。做人臣的，受宠时要表现出孝敬长辈、爱护幼小、顺情明理的品行，显达时要建立有益于百姓和君主的功业，这两点是臣子的本分。现在我要继承先君赵襄子的事业，继续向胡、翟地区开拓疆土，可是我这一生可能也见不到事业完成。穿胡服骑射是为了削弱敌人，就可以用力少而功劳多，减轻百姓的劳力，从而得以继承先主的功业。凡是取得盖世之功的人，必定会被世俗所指责；有独特谋虑的人，都会受到狂傲民众的怨恨。现在我将让百姓穿胡人服装，像胡人那样骑马射箭，但天下的人肯定会对我议论纷纷，怎么办？"肥义说："我听说做事犹豫不决就不会成功，采取行动不果断就不会成名。大王既然要做违背世俗的事情，就不要顾忌天下人的议论了。凡是具有最高德行的人都与世俗的看法不一致，凡是成就大功的人都不会与众人商量。从前，舜帝在苗人之地随着跳舞，夏禹在裸人之国脱掉衣服，并不是为了放纵欲望、贪图享乐，而是为了以德服人获取成功。愚蠢的人在事情成功之后还不知道怎么回事，聪明的人在事情尚未发生之时就已经洞晓一切。那么大王还有什么好迟疑的呢？"赵武灵王说："我对于穿胡人服装这件事没有什么怀疑，而是怕天下的人笑话我。狂妄之人感到快乐的事，智者却为其悲伤；愚蠢之人所讥笑的事，贤明之人却要洞察一切。世人都顺从我的话，穿胡人服装的功效将是无法估量的。即使这样做会让世上的人都来笑我，我也一定会占有胡地和中山国。"这时就决定穿起胡服。

使王绁（xiè）告公子成曰："寡人胡服，将以朝也，亦欲叔服之。家听于亲而国听于君，古今之公行也。子不反亲，臣不逆君，兄弟之通义也。今寡人作教易服而叔不服，吾恐天下议之也。制国有常，利民为本；从政有经，令行为上。明德先论于贱，而行政先信于贵。今胡服之意，非以养欲而乐志也；事有所止而功有所出，事成功立，然后善也。今寡人恐叔之逆从政之经，以辅叔之议。且寡人闻之，事利国者行无邪，因贵戚者名不累，故愿慕公叔之义，以成胡服之功。使缫谒之叔，请服焉。"公子成再拜稽首曰："臣固闻王之胡服也。臣不佞，寝疾，未能趋走以滋进也。王命之，臣敢对，因竭其愚忠。曰：臣闻中国者，盖聪明徇智之所居也，万物财用之所聚也，贤圣之所教也，仁义之所施也，《诗》《书》礼乐之所用也，异敏技能之所试也，远方之所观赴也，蛮夷之所义（仪）行也。今王舍此而袭远方之服，变古之教，易古之道，逆人之心，而怫（悖）学者，离中国，故臣愿王图之也。"使者以报。王曰："吾固闻叔之疾也，我将自往请之。"

◎**大意**　赵武灵王派王缫对公子赵成说："我将要穿着胡人服装上朝，想让叔父您也穿上胡服。家里的事情要听从父亲，国家大事要听从国君，这是自古至今公认的道理。儿子不能反对父亲，臣子不能忤逆君主，这是兄弟间遵守的规则。现在我下令改变服装，叔父却不穿胡服，我担心天下人会批评议论。治理国家的常规是以利于百姓为根本；处理政事的常法是以服从命令为第一位。彰显崇高道德要从百姓开始，而实施政令要从贵族开始做起。如今穿胡人服装并不是为了放纵自己贪图享乐，而是为了达到一定的目的，取得一定的功效；等到事情成功了，这种方法的好处也就体现出来了。现在我就是担心叔父违背处理政事的常规，因而提出此事，希望叔父从长计议。况且我听说过，事情只要是有利于国家，行为就不会偏邪；依靠贵族的支持来做，名声就不会受损。所以希望能够仰仗叔父您的威望，来促成穿胡服之事的施行。所以我派王缫来拜见您，请求您穿上胡服。"公子赵成连连叩头拜见说："我本来已经听说大王穿胡人服装了。我没有才能，又长期卧病，也没能常常到您面前进言。既然现在大王命令我穿胡服，那我就斗胆说一说我的想法，尽一点忠心。他说道：我听说中原地区，本来就是聪明睿智的人定居的地方，是各种财物汇聚的地方，是圣人贤才实施教化的地方，是施行仁义的地方，是《诗》《书》礼乐所使用的地方，是各种奇能异术得以展示的地方，是远方异邦的人向往归附的地方，是被少数民族奉为榜样的地方。现在大王舍弃这些而去穿异族人的服装，改变古人的教化，更改古人的常道，违背大家的心愿，而与有识之士相违背，背离传统的习俗，所以我希望大王您慎重地考虑这事。"使者向赵武灵王报告了这番话。赵武灵王说："早听说叔父病了，我将亲自前去问安。"

　　王遂往之公子成家，因自请之，曰："夫服者，所以便用也；礼者，所以便事也。圣人观乡而顺宜，因事而制礼，所以利其民而厚其国也。夫翦发文身，错臂左衽，瓯（ōu）越之民也。黑齿雕题，却冠秫（shù）绌，大吴之国也。故礼服莫同，其便一也。乡异而用变，事异而礼易。是以圣人果可以利其国，不一其用；果可以便其事，不同其礼。儒者一师而俗异，中国同礼而教离，况于山谷之便乎？故去就之变，智者不能一；远近之服，贤圣不能同。穷乡多异，曲学多辩。不知而不疑，异于己而不非者，公焉而众求尽善也。今叔之所言者俗也，吾所言者所以制俗也。吾国东有河、薄洛之水，与齐、中山同之，无舟楫之用。自常山以至代、上党，东有燕、东胡之境，而西有楼烦、秦、韩之边，今无骑射之备。故寡人无舟楫之用，夹水居之民，将何以守河、薄洛之水；变服骑射，以备燕、三胡、秦、韩之边。且昔者简主不塞晋阳以及上党，而襄主并戎取代以攘诸胡，此愚智所明也。先时中山负齐之强兵，侵暴吾地，系累吾民，引水围鄗，微社稷之神灵，则鄗几于不守也。先王丑之，而怨未能报也。今骑射之备，近可以便上党之形，而远可以报中山之怨。而叔顺中国之俗以逆简、襄之意，恶变服之名以忘鄗事之丑，非寡人之所望也。"公子成再拜稽首曰："臣愚，不达于王之义，敢道世俗之闻，臣之罪也。今王将继简、襄之意以顺先王之志，臣敢不听命乎！"再拜稽首。乃赐胡服。明日，服而朝。于是始出胡服令也。

◎**大意**　赵武灵王于是到公子赵成家，亲自请求他说："衣服是为了方便使用；礼是为了方便办事。圣人观察各地习俗而因地制宜，根据具体事情而制定相应的礼仪制度，为的是有利于他的百姓而使国家更加稳定。剪断头发而身上刺花纹，两臂交错而衣襟左开，是瓯越一带的习俗。而染黑牙齿，额头上刺花纹，戴鱼皮帽子而穿长针缝的粗劣衣服，这是吴国人的风俗。所以礼仪服装不同，而各自都觉得方便是一致的。地域不同则治理政策就要改变，事情不同则礼仪制度就要改。所以圣人认为如果真是利于国家，所使用的方法不必一成不变；如果真是对事情的发展有好处，所制定的礼仪不必相同。出身同一师承的学者习俗尚有差别，有共同礼仪传统的国家教化亦有背离，更何况偏远蛮荒地区呢？所以进退取舍的变化，智者也不能让它们统一；远近不同地区，圣贤之人也不能让它们一定相同。越是荒凉偏僻之地，奇特的风俗就越多；越是歪门邪道的学者，越能巧言善辩。不明白的事不去怀疑，与自己意见不同也不去非议，这样才能公正无私地博采众见而求得完善。如今叔父您所讲的是传统风俗，我所说的是建立一种新的风俗。我国东有黄河、漳水，分别跟齐国、中山国共有，却没有足够的舟楫以供使用。从常山到代地、上党，东边有与燕国、东胡接壤的边境，而西边有楼烦、秦国、韩国的边界，如今却没有骑马射箭的装备。所以如果我们没有舟楫可以使用，在水边居住的百姓靠什么守卫黄河、漳河；现在改穿胡服学习骑马射箭，是用来防备燕国、三胡、秦国、韩国的边界生乱。况且当初赵简子没有将晋阳以及上党的通道堵塞固守，而赵襄子吞并戎地，夺取代国，用来抵挡胡人各部族，这其中的道理，无论是聪明的还是不聪明的都能明白。先前中山国借助齐国的强大兵力，残暴地占领我国的土地，掳掠我国的百姓，引水淹灌鄗城，如果不是社稷神灵的保佑，那么鄗城就已经失守了。先王以此为耻，却没有能够报仇。现在如果有了骑射的装备，从近处讲可以使上党的形势有利于我们，而从长远来看可以报复中山国的怨仇。但是叔父您为了顺应中原的旧俗而违反赵简子、赵襄子两位先祖的意思，讨厌改穿胡人服装的名声而忘记了当年鄗城的耻辱，这不是我所希望的。"公子赵成连连下拜叩头说："是我愚蠢了，没有明白大王您的用意，竟敢以世俗的见识来反驳您，是我的罪过啊。现在大王要继承赵简子、赵襄子两位先主的遗志，我怎敢不听从命令呢！"接连下拜叩头。于是赵武灵王赐给他胡人服装。第二天，公子赵成就穿胡人服装上朝。于是赵武灵王正式发布命令，改穿胡人服装。

赵文、赵造、周袑（shào）、赵俊皆谏止王毋胡服，如故法便。王曰："先王不同俗，何古之法？帝王不相袭，何礼之循？虑（fú）戏、神农教而不诛，黄帝、尧、舜诛而不怒。及至三王，随时制法，因事制礼。法度制令各顺其宜，衣服器械各便其用。故礼也不必一道，而便国不必古。圣人之兴也不相袭而王，夏、殷之衰也不易礼而灭。然则反古未可非，而循礼未足多也。且服奇者志淫，则是邹、鲁无奇行也；俗辟（僻）者民易，则是吴、越无秀士也。且圣人利身谓之服，便事谓之礼。夫进退之节，衣服之制者，所以齐常民也，非所以论贤者也。故齐民与俗流，贤者与变俱。故谚曰'以书御者不尽马之情，以古制今者不达事之变'。循法之功，不足以高世；法古之学，不足以制今。子不及也。"遂胡服招骑射。

◎**大意** 赵文、赵造、周袑、赵俊都劝谏赵武灵王不要穿胡人服装，认为遵照古法行事更方便。赵武灵王说："先王习俗尚且不同，哪里有古法可以效仿？帝王没有沿袭旧的礼仪制度，哪里有古礼可以遵循？伏羲、神农用教化而不用刑罚，黄帝、尧帝、舜帝用刑罚而不残暴。等到了夏禹、商汤、周文王和周武王的时候，就随着时代的变化制定法度，依据事情的不同制定礼仪。法令制度都顺应当时的发展需求，衣服器械都方便当时使用。所以礼仪制度不必只有一种，只要是对国家有利的就不必效法古代。圣人兴起时没有沿袭前代制度而能够成王，夏朝、殷朝衰落时没有改变礼制却灭亡。那么，违反古制未必是不对的，而因循旧制也未必值得称赞。如果说穿异服就是心思不正，那么邹国、鲁国这样的礼制之邦就没有行为不好的人了；如果说风俗奇怪的地方百姓就会放纵，那么吴国、越国就没有优秀的人了。而且圣人将穿在身上舒服的东西叫作衣服，将方便办事的东西称为礼制。制定进退的礼节、衣服的制度，是为了统一管理平民百姓，而不是为了衡量贤与不贤。所以一般的百姓依照风俗行事，而贤者则是随着变革而改变。所以谚语说'依据书本知识驾驭车马的人，不能完全了解马的性情；用古法治理当代社会的人，不懂得顺应事务的变化而变化'。遵循旧法所达到的目标，不可能超出前人的功绩；效法古代的学说，不能够治理当今的社会。你们是不懂这些道理的。"于是改穿胡人的服装，并招人练习骑马射箭。

二十年，王略中山地，至宁葭；西略胡地，至榆中。林胡王献马。归，使楼缓之秦，仇液之韩，王贲之楚，富丁之魏，赵爵之齐。代相赵固主胡，致其兵。

◎**大意** 赵武灵王二十年，赵武灵王攻占了中山国的土地，一直到了宁葭；向西攻占胡人土地，一直到了榆中，林胡王贡献马匹求和。胜利归来后，赵武灵王派遣楼缓出使秦国，仇液出使韩国，王贲出使楚国，富丁出使魏国，赵爵出使齐国。代地的国相赵固主管胡地事务，收编胡人的军队。

二十一年，攻中山。赵袑为右军，许钧为左军，公子章为中军，王并将之。牛翦将车骑，赵希并将胡、代。赵与之陉，合军曲阳，攻取丹丘、华阳、鸱之塞。王军取鄗、石邑、封龙、东垣。中山献四邑和，王许之，罢兵。二十三年，攻中山。二十五年，惠后卒。使周袑胡服傅王子何。二十六年，复攻中山，攘地北至燕、代，西至云中、九原。

◎**大意** 赵武灵王二十一年，进攻中山国。赵袑担任右军将领，许钧担任左军将领，公子赵章为中军将领，赵武灵王统领三军。牛翦率领战车骑兵，赵希统领胡地和代地的士兵。赵与率军前往陉地，与众军在曲阳会师，攻占丹丘、华阳、鸱上等关塞地区。赵武灵王领兵攻占了鄗城、石邑、封龙、东垣。中山国献出四座城邑求和，赵武灵王答应了，停止军事行动。赵武灵王二十三年，赵国再次进攻中山国。赵武灵王二十五年，赵惠后去世。赵武灵王派周袑身穿胡人服装做王子赵何的太傅。赵武灵王二十六年，赵国又攻打中山国，土地向北扩展到燕国、代地，向西扩展到云中、九原。

二十七年五月戊申，大朝于东宫，传国，立王子何以为王。王庙见礼毕，出临朝。大夫悉为臣，肥义为相国，并傅王。是为惠文王。惠文王，惠后吴娃子也。武灵王自号为主父。

◎**大意** 赵武灵王二十七年五月戊申日，在东宫举行盛大朝会，把王位传给王子赵何。新国王在太庙祭祖后，出来上朝听政。大夫都听从新王号令，肥义任相国，又任国王太傅。赵何就是赵惠文王，他是惠后吴娃生的儿子。赵武灵王自称为"主父"。

主父欲令子主治国，而身胡服将士大夫西北略胡地，而欲从云中、九原直南袭秦，于是诈自为使者入秦。秦昭王不知，已而怪其状甚伟，非人臣之度，使人逐之，而主父驰已脱关矣。审问之，乃主父也。秦人大惊。主父所以入秦者，欲自略地形，因观秦王之为人也。

◎**大意** 赵主父想让儿子处理国家政务，而自己身穿胡服率领士大夫去西北巡视胡地，并且打算从云中、九原直接南下进攻秦国，于是伪装成使者进入秦国。秦昭王不知道使者是赵主父，只是不久发现他体貌雄伟，不像是一般臣子，于是派人追赶他。而赵主父这时已经骑马飞奔至秦国关卡之外了。秦昭王仔细查问之后才知道来人竟是赵主父。秦国人非常吃惊。赵主父之所以乔装进入秦国，是想亲自察看地形，也顺便观察秦昭王的为人怎么样。

惠文王二年，主父行新地，遂出代，西遇楼烦王于西河而致其兵。

◎**大意** 赵惠文王二年，赵主父巡行北方新占领的地区，于是走出了代地，往西行至西河会见楼烦王，并收编了他的军队。

三年，灭中山，迁其王于肤施。起灵寿，北地方从，代道大通。还归，行赏，大赦，置酒酺五日，封长子章为代安阳君。章素侈，心不服其弟所立。主父又使田不礼相章也。

◎**大意** 赵惠文王三年，消灭中山国，把中山王迁到肤施。赵主父为自己兴建灵寿宫，北方地区开始归顺，通往代地的大道得以畅通无阻。赵主父回国后，论功行赏，实行大赦，摆酒席欢聚庆祝了五天，封大儿子赵章为代地安阳君。赵章向来奢侈放纵，因他的弟弟被立为国王而不服气。赵主父又派田不礼辅佐赵章。

李兑谓肥义曰："公子章强壮而志骄，党众而欲大，殆有私乎？田不礼之为人也，忍杀而骄。二人相得，必有谋阴贼起，一出身徼幸。夫小人有欲，轻虑浅谋，徒见其利而不顾其害，同类相推，俱入祸门。以吾观之，必不久矣。子任重而势大，乱之所始，祸之所集也，子必先患。仁者爱万物而智者备祸于未形，不仁不智，何以为国？子奚不称疾毋出，传政于公子成？毋为怨府，毋为祸梯。"肥义曰："不可，昔者主父以王属义也，曰：'毋变而度，毋异而虑，坚守一心，以殁而世。'义再拜受命而籍之。今畏不礼之难而忘吾籍，变孰大焉。进受严命，退而不全，负孰甚焉。变负之臣，不容于刑。谚曰'死者复生，生者不愧'。吾言已在前矣，吾欲全吾言，安得全吾身！且夫贞臣也难至而节见（现），忠臣也累至而行明。子则有赐而忠我矣，虽然，吾有语在前者也，终不敢失。"李兑曰："诺，子勉之矣！吾见子已今年耳。"涕泣而出。李兑数见公子成，以备田不礼之事。

◎**大意** 李兑对肥义说："公子赵章身强体壮而傲慢自得，党羽众多而贪欲极大，大概是有野心吧？田不礼这个人残忍好杀而且骄横。这两个人臭味相投，必定会不顾一切发动阴谋叛乱。只要是这些小人有了野心，就会考虑不全面，计划不周密，只能看到眼前的利益而看不到坏处，同类的人互相鼓动，最终都陷入祸害之中。依我看，不久之后他们一定会发动祸乱。您位高权重，一定是他们的头号目标，祸患必然集中指向您，您必然会首先受到伤害。仁者博爱万物，智者防患于未然，如果您不仁爱又无智慧，怎么能治理国家呢？您为什么不称病不出家门，把政事交给公子赵成呢？您不要成为众怨所归之人，也不要成为祸患发生的阶梯。"肥义说："不行。当初主父把大王托付给我时说：'不要改变你的态度，不要改变你的想法，坚守你的信念，一直到你离开人世。'我两拜后接受使命并且记录在册。现在如果因为害怕田不礼的灾难而忘掉自己使命的话，没有比这更大的变化了。在朝堂上接了庄严的使命，退朝后却不能坚守到底，没有比这更严重的背叛了。变心背主的臣子，施加多么严重的惩罚都不算过分。谚语说'即使死去的人复活了，活着的人面对他也不惭愧'。我在之前已经许下诺言，又要践行诺言，哪里还能保全自己的身体呢！况且当灾难临头才能体现忠贞臣子的气节，当大祸到来才能看清忠诚臣子的操守。您已经指教我而忠于我了，即便如此，我还是要坚守我许下的诺言。"李兑说："好，您尽力而为吧！我只能在今年见到您了！"说完哭着走了出去。李兑多次为防备田不礼的事去劝告公子赵成。

异日肥义谓信期曰："公子与田不礼甚可忧也。其于义也声善而实恶，此为人也不子不臣。吾闻之也，奸臣在朝，国之残也；谗臣在中，主之蠹也。此人贪而欲大，内得主而外为暴。矫令为慢，以擅一旦之命，不难为也，祸且逮国。今吾忧之，夜而忘寐，饥而忘食。盗贼出入，不可不备。自今以来，若有召王者必见吾面，我将先以身当之，无故而王乃入。"信期曰："善哉，吾得闻此也！"

◎**大意** 过了几天，肥义对信期说："公子赵章和田不礼非常令人忧虑。他们表面上对我很好，内心却十分讨厌我，这两人不孝不忠。我听说，奸臣在朝廷，是国家的祸害；谗臣在宫内，是国君的蛀虫。这种人贪婪而野心大，在内得到君主的宠信而在外行事残暴。擅自假传主父命令，发难夺权，是很容易做到的，到时祸患将危及国家。现在我因为担心这件事，吃不下睡不着。对盗贼出入的地方不可以不防备。从今以后，如果主父召见大王，一定要预先告知我，我先进去查看一下，没有什么问题之后大王再进去。"信期说："好啊，我知道这事了。"

四年，朝群臣，安阳君亦来朝。主父令王听朝，而自从旁观窥群臣宗室之礼。见其长子章傫然也，反北面为臣，诎于其弟，心怜之，于是乃欲分赵而王章于代，计未决而辍。

◎**大意**　赵惠文王四年，群臣朝见，安阳君赵章也来朝见。赵主父让赵惠文王当朝处理政务，而自己在旁边观察大臣和宗室贵族的礼仪。看到他的大儿子赵章身材高大，却只能北面称臣，向弟弟赵惠文王行礼，心里十分怜惜他，于是就想把赵国一分为二，让赵章在代地称王，但没有拿定主意就中途停止了。

主父及王游沙丘，异宫，公子章即以其徒与田不礼作乱，诈以主父令召王。肥义先入，杀之。高信即与王战。公子成与李兑自国至，乃起四邑之兵入距（拒）难，杀公子章及田不礼，灭其党贼而定王室。公子成为相，号安平君，李兑为司寇。公子章之败，往走主父，主父开之，成、兑因围主父宫。公子章死，公子成、李兑谋曰："以章故围主父，即解兵，吾属夷矣。"乃遂围主父。令宫中人"后出者夷"，宫中人悉出。主父欲出不得，又不得食，探爵（雀）鷇（kòu）而食之，三月余而饿死沙丘宫。主父定死，乃发丧赴（讣）诸侯。

◎**大意**　赵主父和赵惠文王游览沙丘，各自住在一所宫殿。公子赵章就依靠他的党羽和田不礼一起谋反作乱，假传赵主父的命令召见赵惠文王，肥义先进去，被杀死。信期就和赵惠文王一起率兵作战。公子赵成和李兑从赵国都城赶来，发动四周城邑的军队前来平定叛乱，杀了公子赵章和田不礼，消灭了他们的党羽而使王室安定。公子赵成担任相国，称号为安平君，李兑任司寇。公子赵章失败的时候，逃往赵主父那里，赵主父开宫门收留了他，公子赵成、李兑因而领兵围困赵主父的宫室。公子赵章死后，公子赵成、李兑商量说："因为公子赵章而包围赵主父，即便是立即撤兵，我们这些人估计也都会被灭族。"于是仍围住赵主父。对宫中的人说"后面出宫的人满门抄斩"，宫中的人全部出来了。赵主父想出来又不能出来，因为没有食物，只能掏摸幼雀吃，三个多月后就饿死在沙丘宫。外边的人等到确定赵主父死了，才发讣告向诸侯报丧。

是时王少，成、兑专政，畏诛，故围主父。主父初以长子章为太子，后得吴娃，爱之，为不出者数岁，生子何，乃废太子章而立何为王。吴娃死，爱弛，怜故太子，欲两王之，犹豫未决，故乱起，以至父子俱死，为天下笑，岂不痛乎！

◎**大意**　这时赵惠文王年纪小，公子赵成、李兑总揽大权，担心被杀，所以才继续围困赵主父。赵主父最初把大儿子赵章立为太子，后来娶了吴娃，非常宠爱她，因为她而好几年没有在别的地方住宿，生下儿子赵何之后，赵主父就废掉太子章改立赵何为国王。吴娃死后，他对赵何的爱冷淡了，反而怜惜起原来的太子，想让两个儿子都为王，但是犹豫不决，所以发生了祸乱，以致父子都死了，被天下人嘲笑，怎能不令人痛惜啊！

儒家先祖孔子

选自《孔子世家》

孔子生鲁昌平乡陬（zōu）邑。其先宋人也，曰孔防叔。防叔生伯夏，伯夏生叔梁纥。纥与颜氏女野合而生孔子，祷于尼丘得孔子。鲁襄公二十二年而孔子生。生而首上圩（yú）顶，故因名曰丘云。字仲尼，姓孔氏。

◎**大意** 孔子出生在鲁国昌平乡陬邑。他的祖先是宋国人，名孔防叔。孔防叔生伯夏，伯夏生叔梁纥，叔梁纥与颜氏之女野合而生下孔子。叔梁纥事前到尼丘山祈祷求子，随后生了孔子。鲁襄公二十二年，孔子诞生。孔子出生时头顶中间低而四周高，所以取名丘，字仲尼，姓孔氏。

丘生而叔梁纥死，葬于防山。防山在鲁东，由是孔子疑其父墓处，母讳之也。孔子为儿嬉戏，常陈俎豆，设礼容。孔子母死，乃殡五父之衢，盖其慎也。陬人輓（wǎn）父之母诲孔子父墓，然后往合葬于防焉。

◎**大意**　孔丘出生以后，叔梁纥就死了，葬在防山。防山在鲁国东部，孔子不清楚父亲的坟墓在何处，因为他的母亲不愿意说。孔子小时候做游戏，经常摆设俎、豆等祭器，做出祭祀时的礼仪动作。孔子的母亲死后，他就把灵柩暂时停放在五父之衢，这是出于慎重考虑没有马上埋葬。陬邑人輓父的母亲告诉了孔子父亲的墓地后，孔子才把母亲和父亲合葬在防山。

孔子要（腰）绖，季氏飨士，孔子与往。阳虎绌（黜）曰："季氏飨士，非敢飨子也。"孔子由是退。

◎**大意**　当孔子还在腰间系着麻布带子守孝时，季孙氏举行宴会款待名士，孔子前往参加。阳虎阻拦说："季氏招待名士，宴会上没有邀请你。"孔子因此退去。

孔子年十七，鲁大夫孟釐子病且死，诫其嗣懿子曰："孔丘，圣人之后，灭于宋。其祖弗父何始有宋而嗣让厉公。及正考父佐戴、武、宣公，三命兹益恭，故鼎铭云：'一命而偻，再命而伛，三命而俯，循墙而走，亦莫敢余侮。饘（zhān）于是，粥于是，以糊余口。'其恭如是。吾闻圣人之后，虽不当世，必有达者。今孔丘年少好礼，其达者欤？吾即没（殁），若必师之。"及釐子卒，懿子与鲁人南宫敬叔往学礼焉。是岁，季武子卒，平子代立。

◎**大意**　孔子十七岁的时候，鲁国的大夫孟釐子病危，告诫儿子懿子说："孔丘，是圣人的后代，祖先被宋人杀害。他的先祖弗父何当初本该继位做宋国国君却让位给了弟弟厉公。到正考父时辅佐宋戴公、宋武公、宋宣公，地位越来越高而待人愈来愈谦恭谨慎，所以正考父鼎的铭文说：'第一次受命时鞠躬致敬，二次受命时折腰弓背，三次受命时俯首屈腰，走路顺着墙走，没有人敢来侮慢我。我就用这个鼎做些稠粥与稀饭，以糊口度日。'他就是这样恭敬谨慎。我听说圣人的后代，即使不能继位执政，也必定会有才德显达的人出现。如今孔子年少而好礼，这不就是才德显达的人吗？如果我死了，你一定要拜他为师。"孟釐子死后，懿子与鲁国人南宫敬叔便往孔子处学礼。这一年，季武子死，季平子继承了卿位。

孔子贫且贱。及长，尝为季氏史，料量平；尝为司职吏而畜蕃息。由是为司空。已而去鲁，斥乎齐，逐乎宋、卫，困于陈蔡之间，于是反（返）鲁。孔子长九尺有（又）六寸，人皆谓之"长人"而异之。鲁复善待，由是反（返）鲁。

◎**大意** 孔子家境贫困而且地位低下。成年后，他曾给季氏做过管理仓库的小吏，出纳钱粮准确无误；也曾担任过管理牧场的小官吏，牲口繁殖得很多而且肥壮。因此他又升任为司空。不久他离开鲁国，在齐国受到排斥，被宋、卫两国驱逐，又在陈国、蔡国之间被围困，于是返回鲁国。孔子身高九尺六寸，人们都称他为"长人"，把他看成奇异之人。鲁国后来善待孔子，所以他返回鲁国。

鲁南宫敬叔言鲁君曰："请与孔子适周。"鲁君与之一乘车，两马，一竖子俱，适周问礼，盖见老子云。辞去，而老子送之曰："吾闻富贵者送人以财，仁人者送人以言。吾不能富贵，窃仁人之号，送子以言，曰：'聪明深察而近于死者，好议人者也。博辩广大危其身者，发人之恶者也。为人子者毋以有己，为人臣者毋以有己。'"孔子自周反（返）于鲁，弟子稍益进焉。

◎**大意** 鲁国的南宫敬叔对鲁昭公说："请派我和孔子一起去周王室。"鲁昭公给了他们一辆车子，两匹马，一名僮仆，二人一起去周王室那里学习礼仪方面的知识，还见到了老子。临别时，老子为孔子送行，说："我听说富贵的人是用财物送人，仁德的人是用言语送人。我不是富贵的人，姑且窃用仁德之人的名号，送几句话给你。这话是：'聪明深察的人容易有死亡的危险，这是因为他喜欢议论别人。博学善辩、见多识广的人会危及自身，这是因为他好揭发别人的罪恶。为人子女、为人臣子不能有任何私心。'"孔子从周王室返回鲁国，弟子逐渐多了起来。

是时也，晋平公淫，六卿擅权，东伐诸侯；楚灵王兵强，陵轹（lì）中国；齐大而近于鲁。鲁小弱，附于楚则晋怒；附于晋则楚来伐；不备于齐，齐师侵鲁。

◎**大意** 这个时候，晋平公淫乱，韩氏、赵氏、魏氏、知氏、范氏、中行氏六卿把持政权，攻打东边的国家；楚灵王军队强大，经常欺凌中原诸侯国；齐国是大国，靠近鲁国。鲁国弱小，依附于楚国就会惹怒晋国；依附于晋国则楚国就会来讨伐；

如果不防备齐国，齐国军队就要侵入鲁国了。

鲁昭公之二十年，而孔子盖年三十矣。齐景公与晏婴来适鲁，景公问孔子曰："昔秦穆公国小处辟（僻），其霸何也？"对曰："秦，国虽小，其志大；处虽辟（僻），行中正。身举五羖（gǔ），爵之大夫，起累（缧）绁之中，与语三日，授之以政。以此取之，虽王可也，其霸小矣。"景公说（悦）。

◎**大意** 鲁昭公二十年，孔子大约三十岁了。齐景公带着晏婴来到鲁国，齐景公问孔子："从前秦穆公国家小又处于偏僻之地，他为什么能称霸呢？"孔子回答："秦国虽然小，但志向远大；处地虽然偏僻，但施政很恰当。秦穆公亲自选拔任用百里奚，封给他大夫爵位，把他从拘禁中解救出来，和他谈了三天话，授予他执政大权。以这种精神治理国家，就是统治整个天下也是可以的，当个霸主更不算什么了。"齐景公听了很高兴。

孔子年三十五，而季平子与邸（hòu）昭伯以斗鸡故得罪鲁昭公，昭公率师击平子，平子与孟氏、叔孙氏三家共攻昭公，昭公师败，奔于齐，齐处昭公乾侯。其后顷之，鲁乱。孔子适齐，为高昭子家臣，欲以通乎景公。与齐太师语乐，闻《韶》音，学之，三月不知肉味，齐人称之。

◎**大意** 孔子三十五岁时，季平子因为跟邸昭伯斗鸡的事，得罪了鲁昭公，鲁昭公率领军队攻打季平子，季平子和孟氏、叔孙氏三家一起攻打鲁昭公，鲁昭公的军队失利，逃到齐国，齐国把鲁昭公安置在乾侯这个地方。此后不久，鲁国发生变乱。孔子前往齐国，做了高昭子的家臣，想借此来接近齐景公。孔子和齐国乐官谈论音乐，听到虞舜时的《韶》乐，非常用功地学习它，三个月吃不出肉的味道，齐国人都称赞他。

景公问政孔子，孔子曰："君君，臣臣，父父，子子。"景公曰："善哉！信如君不君，臣不臣，父不父，子不子，虽有粟，吾岂得而食诸！"他日又复问政于孔子，孔子曰："政在节财。"景公说（悦），将欲以尼谿田封孔子。晏婴进曰："夫儒者滑稽而不可轨法；倨傲自顺，不可以为下；崇丧遂哀，破产厚葬，不可以为俗；

游说乞贷，不可以为国。自大贤之息，周室既衰，礼乐缺有间。今孔子盛容饰，繁登降之礼，趋详之节，累世不能殚其学，当年不能究其礼。君欲用之以移齐俗，非所以先细民也。"后，景公敬见孔子，不问其礼。异日，景公止孔子曰："奉子以季氏，吾不能，以季孟之间待之。"齐大夫欲害孔子，孔子闻之。景公曰："吾老矣，弗能用也。"孔子遂行，反（返）乎鲁。

◎**大意**　齐景公向孔子请教治国之道，孔子说："国君要像个国君，臣子要像个臣子，父亲要像个父亲，儿子要像个儿子。"齐景公说："好极了！真要是国君不像国君，臣子不像臣子，父亲不像父亲，儿子不像儿子，即使有很多粮食，我又怎么能吃得到呢！"几天后，齐景公又向孔子请教治国的方法，孔子说："治理国家重要的是节约开支。"齐景公很高兴，想把尼谿的田地封给孔子。晏婴劝谏说："儒者都巧言辞令而不可以视为法则去遵行；他们骄傲狂妄自以为是，不可以让他们做臣子；他们重视丧事竭尽哀情，倾家荡产而厚葬，不能让这些行为形成风气；他们到处游说乞求官禄，不能用这些人治理国家。自从圣贤先后去世，周王室也随之衰微，礼崩乐坏由来已久。现在孔子讲究仪容服饰，提出烦琐的上朝下朝礼节，刻意于快步行走的规矩，就是几代人也学习不完这些烦琐的礼节，一辈子也搞不清楚。您如果想用这一套来改变齐国的习俗，恐怕不是引导百姓的好方法吧。"后来，齐景公虽有礼貌地接见孔子，但不再问礼的事情了。有一天，齐景公挽留孔子说："我无法做到像鲁国对待季氏那样对待您，就用低于上卿季孙氏而高于下卿孟孙氏的待遇对待您吧。"齐国大夫想加害孔子，孔子也听说了。齐景公对孔子说："我老了，不能任用您了。"于是孔子离开齐国，返回鲁国。

　　孔子年四十二，鲁昭公卒于乾侯，定公立。定公立五年，夏，季平子卒，桓子嗣立。季桓子穿井得土缶，中若羊，问仲尼，云得狗。仲尼曰："以丘所闻，羊也。丘闻之，木石之怪夔（kuí）、罔阆（wǎng liǎng），水之怪龙、罔象，土之怪坟羊。"

◎**大意**　孔子四十二岁时，鲁昭公死在乾侯，鲁定公继位。鲁定公继位的第五年夏季，季平子去世，季桓子继任为上卿。季桓子在凿井时挖到一个腹大口小的瓦器，里面有个像羊的东西，就去问孔子，并说"挖到一只狗"。孔子说："据我所知，那是羊。我听说，山林里的怪物是单足兽夔和会学人声的山精罔阆，水里的怪物是龙和水怪罔象，土里的怪物是雌雄未明的坟羊。"

吴伐越，堕（隳）会稽，得骨节专车。吴使使问仲尼："骨何者最大？"仲尼曰："禹致群神于会稽山，防风氏后至，禹杀而戮之，其节专车，此为大矣。"吴客曰："谁为神？"仲尼曰："山川之神，足以纲纪天下，其守为神，社稷为公侯，皆属于王者。"客曰："防风何守？"仲尼曰："汪罔氏之君守封、禺之山，为釐姓。在虞、夏、商为汪罔，于周为长翟（狄），今谓之大人。"客曰："人长几何？"仲尼曰："僬侥（jiāo yáo）氏三尺，短之至也。长者不过十之，数之极也。"于是吴客曰："善哉圣人！"

◎**大意** 吴国出兵攻打越国，摧毁了越国的都城会稽，得到一节骨头，足足装满一辆车。吴国派使者问孔子："什么骨头最大？"孔子说："夏禹召集天下诸侯到会稽山开会，防风氏迟到了，夏禹就杀了他并陈尸示众。防风氏的一节骨头就有一辆车那么长，这就是最大的骨头了。"吴国使者又问："那谁又是神呢？"孔子说："山川的神灵，可以主宰天下，负责监守山川按时祭祀的诸侯就是神，只祭祀土神和谷神的就是公侯，他们都隶属于王。"使者又问："防风氏主管祭祀何方？"孔子说："汪罔氏的君主祭祀封山、禺山，是釐姓。虞、夏、商三代叫汪罔，周朝的叫长翟，现在叫作大人。"使者问道："他们的身高是多少？"孔子说："僬侥氏身高三尺，是最矮的了。最高的不到三丈，算得上是最高的了。"吴国使者听了后说："圣人真是了不起！"

桓子嬖臣曰仲梁怀，与阳虎有隙。阳虎欲逐怀，公山不狃（niǔ）止之。其秋，怀益骄，阳虎执怀。桓子怒，阳虎因囚桓子，与盟而醳（释）之。阳虎由此益轻季氏。季氏亦僭于公室，陪臣执国政，是以鲁自大夫以下皆僭离于正道。故孔子不仕，退而修《诗》《书》《礼》《乐》，弟子弥众，至自远方，莫不受业焉。

◎**大意** 季桓子的宠臣叫仲梁怀，与阳虎有过节。阳虎想驱逐仲梁怀，季氏家臣公山不狃阻止了他。这年秋天，仲梁怀更加骄横，阳虎把他抓了起来。季桓子恼怒，阳虎就把季桓子也囚禁起来，季桓子被迫与阳虎订立盟约才被释放。阳虎由此更加看不起季氏。季氏也常常僭越鲁君的权力，大臣执掌国政，因此鲁国从大夫以下都不守本分而僭越职权违背正道。因此孔子不再做官，退居在家，一心整理研究《诗》《书》《礼》《乐》，弟子越来越多，甚至有远道而来的，大家都向孔子求教。

定公八年，公山不狃不得意于季氏，因阳虎为乱，欲废三桓之适（嫡），更立其庶孽阳虎素所善者，遂执季桓子。桓子诈之，得脱。定公九年，阳虎不胜，奔于齐。是时孔子年五十。

◎**大意** 鲁定公八年，公山不狃在季桓子手下感到不满意，就利用阳虎作乱，想废掉季孙氏、叔孙氏、孟孙氏三家的继承人，另立平日为阳虎所喜欢的庶出之子，于是把季桓子抓起来。季桓子用计骗了他，得以逃脱。鲁定公九年，阳虎作乱失败，逃到齐国。这时孔子已经五十岁了。

公山不狃以费畔（叛）季氏，使人召孔子。孔子循道弥久，温温无所试，莫能己用，曰："盖周文武起丰、镐而王，今费虽小，傥（倘）庶几乎！"欲往。子路不说（悦），止孔子。孔子曰："夫召我者岂徒哉？如用我，其为东周乎！"然亦卒不行。

◎**大意** 公山不狃在费城反叛季氏，并派人召请孔子。孔子依循正道而行已经很久了，但因无处施展才华而感到郁闷，没有人能重用他，就说："当初周文王、周武王兴起于丰、镐而成就王业，如今费城虽小，或许差不多吧！"就想去费城。子路不高兴，阻止孔子前往。孔子说："他们召我去，难道会让我白跑一趟吗？如果能用我，就可以在东方建立一个像周一样的王朝啊！"但是最终也没能成行。

其后定公以孔子为中都宰，一年，四方皆则之。由中都宰为司空，由司空为大司寇。

◎**大意** 后来鲁定公任命孔子为中都的长官，到任一年，四方各地都效法孔子的治理方法。孔子便由中都的长官升为司空，又由司空升为大司寇。

定公十年春，及齐平。夏，齐大夫黎鉏言于景公曰："鲁用孔丘，其势危齐。"乃使使告鲁为好会，会于夹谷。鲁定公且以乘车好往。孔子摄相事，曰："臣闻有文事者必有武备，有武事者必有文备。古者诸侯出疆，必具官以从。请具左右司马。"定公曰："诺。"具左右司马。会齐侯夹谷，为坛位，土阶三等，以会遇之礼相见，揖让而登。献酬之礼毕，齐有司趋而进曰："请奏四方之乐。"景公曰："诺。"于是旍（旌）旄羽袚（帗）矛戟剑拨鼓噪而至。

孔子趋而进，历阶而登，不尽一等，举袂而言曰："吾两君为好会，夷狄之乐何为于此！请命有司！"有司却之，不去，则左右视晏子与景公。景公心怍，麾而去之。有顷，齐有司趋而进曰："请奏宫中之乐。"景公曰："诺。"优倡侏儒为戏而前。孔子趋而进，历阶而登，不尽一等，曰："匹夫而荧惑诸侯者罪当诛！请命有司！"有司加法焉，手足异处。景公惧而动，知义不若，归而大恐，告其群臣曰："鲁以君子之道辅其君，而子独以夷狄之道教寡人，使得罪于鲁君，为之奈何？"有司进对曰："君子有过则谢以质，小人有过则谢以文。君若悼之，则谢以质。"于是齐侯乃归所侵鲁之郓、汶阳、龟阴之田以谢过。

◎**大意** 鲁定公十年的春天，鲁国与齐国签订盟约，恢复友好关系。夏天，齐国大夫黎锄对齐景公说："鲁国重用孔子，如此下去势必危及齐国。"齐景公就派使者告诉鲁国说要在夹谷举行友好会盟。鲁定公将要乘车前往参加友好会盟。孔子以大司寇身份兼理典礼会盟的事务，对鲁定公说："我听说办理文事一定要有武事准备，办理武事一定要有文事准备。古代诸侯出国，一定要配齐文武官员随从。请求您安排左右司马做随从。"鲁定公说："好。"于是安排左右司马一起前往。鲁定公在夹谷与齐景公相会，并设置盟坛备好席位。上台的土阶有三级，用国君相遇的简略礼节相见，拱手揖让登台。彼此馈赠敬酒的礼节完成之后，齐国官员快步上前请示说："请表演四方的乐舞。"齐景公说："好。"于是齐国乐队用旌旗为先导，头插羽毛，手执舞具和矛、戟、剑、盾等兵器喧闹蜂拥而上。孔子快步上前，一步一阶往台上走，没有迈上最后一阶，举袖一挥说："我们两国国君友好相会，夷狄的乐舞为什么出现在这里！请命令主管官员让他们下去！"主管官员让乐队退下去，他们不走，孔子就朝旁边看晏子和齐景公。齐景公内心惭愧，挥手让乐队退下去。不久，齐国主管官员又快步上前说："请演奏宫中的乐曲。"齐景公说："好。"于是一些歌舞杂技艺人和侏儒边唱边舞上前表演。孔子又快步上前，一步一阶登上台，没有登上最后一阶，说："普通人戏弄诸侯者论罪当斩！请命令主管官员去执行！"于是主管官员执法，腰斩了这些人。齐景公恐惧且深有触动，知道自己在道义上不如鲁国，回国后十分惊恐，对他的大臣说："鲁国大臣以君子之道辅佐国君，而你们拿夷狄的办法来教我，使我得罪了鲁国君主，这该怎么办？"主管官员上前答道："君子有了过错就用实际行动来谢罪，小人有了过错就用花言巧语来文过饰非。您如果心里不安，就用实际行动谢罪。"于是齐景公就归还了侵占鲁国的郓、汶阳、龟阴，以此赔罪。

定公十三年夏，孔子言于定公曰："臣无藏甲，大夫毋百雉之城。"使仲由为季氏宰，将堕（隳）三都。于是叔孙氏先堕（隳）郈。季氏将堕（隳）费，公山不狃、叔孙辄率费人袭鲁。公与三子入于季氏之宫，登武子之台。费人攻之，弗克，入及公侧。孔子命申句须、乐颀下伐之，费人北。国人追之，败诸姑蔑。二子奔齐，遂堕（隳）费。将堕（隳）成，公敛处父谓孟孙曰："堕（隳）成，齐人必至于北门。且成，孟氏之保鄣，无成，是无孟氏也。我将弗堕（隳）。"十二月，公围成，弗克。

◎ **大意** 鲁定公十三年夏天，孔子对定公说："大臣不能有私人武装，大夫不能有长三百丈、高一丈的城墙。"于是就派仲由去当季氏的管家，准备拆毁季孙氏、孟孙氏、叔孙氏三家封地上的城墙。这时叔孙氏首先拆了郈邑的城墙。季孙氏准备拆费邑的城墙，公山不狃、叔孙辄带领费邑的人袭击鲁定公。鲁定公和季孙氏、孟孙氏、叔孙氏三人躲进了季孙氏的住宅，登上季武子所筑的高台。费邑人进攻他们，没能打进去，但有些人已经进入鲁定公所登高台的近侧。孔子命令申句须、乐颀下台攻打他们，费邑人败逃。鲁国人乘胜追击，在姑蔑彻底打败他们。公山不狃、叔孙辄出逃到齐国，鲁定公于是下令拆毁了费邑的城墙。接着准备拆成邑的城墙，孟孙氏的家臣公敛处父对孟孙氏说："拆了成邑的城墙，齐国人一定会长驱直入进入鲁国都城的北门。而且成邑的城墙是孟氏的屏障，没有成邑的城墙就等于没了孟氏。我不打算拆毁。"十二月，鲁定公率兵包围成邑，没有攻下来。

定公十四年，孔子年五十六，由大司寇行摄相事，有喜色。门人曰："闻君子祸至不惧，福至不喜。"孔子曰："有是言也。不曰'乐其以贵下人'乎？"于是诛鲁大夫乱政者少正卯。与闻国政三月，粥（鬻）羔豚者弗饰贾（价），男女行者别于涂（途），涂（途）不拾遗；四方之客至乎邑者不求有司，皆予之以归。

◎ **大意** 鲁定公十四年，孔子五十六岁，以大司寇的身份代理相国事务，喜形于色。学生们说："听说君子大祸临头毫无惧色，大福到来也是面无喜色。"孔子说："是有这样的话。不是还有一句'乐在身居高位而能够礼贤下士'的话吗？"于是杀了扰乱国政的少正卯。孔子参与国政三个月，那些贩卖猪羊的商人不敢哄抬价钱，男女行人各守礼法分开走路，掉在路上的东西也没人捡走；各地旅客到了鲁国城邑，不必向官员求情送礼，都能给予照顾，如同回到家里一样。

齐人闻而惧，曰："孔子为政必霸，霸则吾地近焉，我之为先并矣。盍致地焉？"犁锄曰："请先尝沮之，沮之而不可则致地，庸迟乎！"于是选齐国中女子好者八十人，皆衣文衣而舞《康乐》，文马三十驷，遗鲁君。陈女乐文马于鲁城南高门外，季桓子微服往观再三，将受，乃语鲁君为周道游，往观终日，怠于政事。子路曰："夫子可以行矣。"孔子曰："鲁今且郊，如致膰（fán）乎大夫，则吾犹可以止。"桓子卒受齐女乐，三日不听政；郊，又不致膰俎于大夫。孔子遂行，宿乎屯。而师己送，曰："夫子则非罪。"孔子曰："吾歌可夫？"歌曰："彼妇之口，可以出走；彼妇之谒，可以死败。盖优哉游哉，维以卒岁！"师己反（返），桓子曰："孔子亦何言？"师己以实告。桓子喟然叹曰："夫子罪我以群婢故也夫！"

◎**大意**　齐国听到这个消息就害怕起来，说："孔子执政鲁国一定称霸，一旦称霸，离它最近的齐国必定首先被吞并。为何不先割让给他们一些土地以取得安宁呢？"犁锄说："请先试着挑拨他们，如果挑拨不成再送土地，也不算迟。"于是齐国就挑选了八十名美貌的女子，都穿上华丽的衣服，学会跳《康乐》之舞，又挑选了一百二十四匹身上有色彩装饰的马，一起送给鲁定公，将女乐队和纹马彩车排列在鲁国城南的高门外。季桓子穿着便装再三前往观看，准备接受，就对鲁定公称自己到各地巡游视察，趁机整天到那里观赏齐国美女和骏马，国家政事也懒得去管。子路见此情景说："先生，我们可以离开这里了。"孔子说："鲁国即将要在郊外祭祀，如果能把典礼后的祭肉分给大夫，那么我可以留下。"季桓子最终接受了齐国的女乐，一连三日没有处理国家政事；郊外祭祀后，又没有把祭肉分给大夫。孔子于是离开鲁国，在屯地留宿。鲁国大夫师己前来送行，说："先生没有过错。"孔子说："我唱首歌行不行？"于是唱道："那些妇人的口舌，可以把大臣和亲信赶走；接近那些妇人，可以使国破身亡。悠闲啊悠闲，我只有这样安度岁月！"师己返回后，季桓子问："孔子说了些什么？"师己如实相告。季桓子长叹一口气说："先生是怪罪我接受了齐国的女乐啊！"

孔子遂适卫，主于子路妻兄颜浊邹家。卫灵公问孔子："居鲁得禄几何？"对曰："奉（俸）粟六万。"卫人亦致粟六万。居顷之，或谮（zèn）孔子于卫灵公。灵公使公孙余假一出一入。孔子恐获罪焉，居十月，去卫。

◎ **大意** 孔子于是到了卫国，寄住在子路妻子的哥哥颜浊邹家中。卫灵公问孔子："你在鲁国的俸禄是多少？"孔子说："俸禄是六万小斗粟米。"卫国也给他六万小斗粟米。过了不久，有人在卫灵公那里说孔子的坏话。卫灵公就派公室子弟余假到孔子那里进出了几回。孔子担心在此获罪，居住了十个月后，离开了卫国。

　　将适陈，过匡，颜刻为仆，以其策指之曰："昔吾入此，由彼缺也。"匡人闻之，以为鲁之阳虎。阳虎尝暴匡人，匡人于是遂止孔子。孔子状类阳虎，拘焉五日。颜渊后，子曰："吾以汝为死矣。"颜渊曰："子在，回何敢死！"匡人拘孔子益急，弟子惧。孔子曰："文王既没（殁），文不在兹乎？天之将丧斯文也，后死者不得与于斯文也。天之未丧斯文也，匡人其如予何！"孔子使从者为宁武子臣于卫，然后得去。

◎ **大意** 孔子将要到陈国，途中经过匡地，当时颜刻为他驾车，用马鞭子指着城墙说："过去我进入这座城，是由那个缺口进去的。"匡人听说后，以为是鲁国的阳虎来了。阳虎曾经残害过匡人，匡人就围住了孔子。孔子模样很像阳虎，被困在那里整整五天。颜渊后来赶到，孔子说："我还以为你死了。"颜渊说："先生您还在，我怎么敢死呢！"在匡人的围攻下，形势越来越急，弟子们都很惊慌。孔子说："周文王已经死去，周代的礼乐制度不是都集中在我这里了吗？上天要毁灭这些礼乐，就不会让我掌握礼乐。上天并不想让这些礼乐毁灭，匡人又能把我怎么样！"孔子派一个随从向卫国的宁武子称臣，然后才得以离开匡地。

　　去即过蒲。月余，反（返）乎卫，主蘧（qú）伯玉家。灵公夫人有南子者，使人谓孔子曰："四方之君子不辱欲与寡君为兄弟者，必见寡小君。寡小君愿见。"孔子辞谢，不得已而见之。夫人在绤（chī）帷中。孔子入门，北面稽首。夫人自帷中再拜，环珮玉声璆（qiú）然。孔子曰："吾乡（向）为弗见，见之礼答焉。"子路不说（悦）。孔子矢（誓）之曰："予所不（否）者，天厌之！天厌之！"居卫月余，灵公与夫人同车，宦者雍渠参乘，出，使孔子为次乘，招摇市过之。孔子曰："吾未见好德如好色者也。"于是丑之，去卫，过曹。是岁，鲁定公卒。

◎**大意** 孔子离开匡地到了蒲。过了一个多月，又返回卫国，寄住在蘧伯玉家。卫灵公的夫人叫南子，她派人对孔子说："各国的君子如果想和我们国君称兄道弟，一定会来见见我们夫人。我们夫人也想见见您。"孔子推辞，但不得已还是去见了南子。南子坐在细葛布制成的帷帐后等待。孔子进门，就面朝北叩头行礼。南子在帷帐中拜了两拜，佩戴的玉器首饰发出叮当撞击的清脆声响。事后孔子说："我本来不愿见她，既然见了就要以礼相待。"子路不高兴。孔子发誓说："我说的如果不是真的，老天一定厌弃我！老天一定厌弃我！"在卫国住了一个多月后，卫灵公与夫人南子同坐一辆车子出门，宦官雍渠陪侍车右，出宫后，让孔子坐在第二辆车上，大摇大摆从街上走过。孔子说："我没有见过爱好德行像爱好美色一样的人。"因此对卫灵公的行为感到厌恶，离开卫国，去往曹国。这一年，鲁定公去世。

孔子去曹适宋，与弟子习礼大树下。宋司马桓魋（tuí）欲杀孔子，拔其树。孔子去。弟子曰："可以速矣。"孔子曰："天生德于予，桓魋其如予何！"

◎**大意** 孔子离开曹国到了宋国，与弟子们在大树下演习礼仪。宋国司马桓魋想杀孔子，砍倒了大树。孔子离开了这里。学生们说："我们可以快点走了。"孔子说："上天赋予我道德使命，桓魋又能把我怎么样呢？"

孔子适郑，与弟子相失，孔子独立郭东门。郑人或谓子贡曰："东门有人，其颡（sǎng）似尧，其项类皋陶（gāo yáo），其肩类子产，然自要（腰）以下不及禹三寸，累累若丧家之狗。"子贡以实告孔子。孔子欣然笑曰："形状，末也。而谓似丧家之狗，然哉！然哉！"

◎**大意** 孔子到了郑国，与弟子们走散了，一个人站在城外的东门。郑国有人看见了就对子贡说："东门有个人，他的额头像唐尧，脖子像皋陶，肩膀像子产，但从腰部以下比夏禹短了三寸，疲惫不堪，真像一条丧家狗。"子贡把郑国人的原话如实告诉了孔子。孔子笑着说："他形容我的相貌，不一定对。但说我像一条丧家狗，对极了！对极了！"

孔子遂至陈，主于司城贞子家。岁余，吴王夫差伐陈，取三邑而去。赵鞅伐朝歌。楚围蔡，蔡迁于吴。吴败越王句践会稽。

◎**大意** 孔子又到达陈国，寄住在司城贞子家里。过了一年多，吴王夫差攻打陈国，夺取了三个城邑才撤兵。赵鞅又出兵攻打卫国国都朝歌。楚国包围了蔡国，蔡国迁都到吴地。吴国在会稽打败了越王句践。

　　有隼（sǔn）集于陈廷而死，楛（hù）矢贯之，石砮（nǔ），矢长尺有咫。陈湣公使使问仲尼。仲尼曰："隼来远矣，此肃慎之矢也。昔武王克商，通道九夷百蛮，使各以其方贿来贡，使无忘职业。于是肃慎贡楛矢，石砮，长尺有（又）咫。先王欲昭其令德，以肃慎矢分大姬，配虞胡公而封诸陈。分同姓以珍玉，展亲；分异姓以远方职，使无忘服。故分陈以肃慎矢。"试求之故府，果得之。

◎**大意**　有一只隼落在陈国宫廷前死了，有楛木箭射穿了它的身体，箭头是石制的，箭长一尺八寸。陈湣公派人去请教孔子。孔子说："隼来自很远的地方，这是肃慎族的箭。从前周武王灭商，打通了与各民族部落的联系，让各民族部落上贡各地的特产，使他们不要忘记自己的义务。于是肃慎族献来楛木箭和石制箭头，长一尺八寸。周武王为了显示他的美德，就把肃慎族的箭赐给了长女大姬，大姬嫁给了虞胡公，虞胡公被分封在陈国。给同姓分赠珍玉，是为了表示重视亲族；给异姓分赠远方贡品，是为了让他们不忘听从王命。因此，把肃慎族的箭分给了陈国。"陈湣公派人到过去收藏各方贡品的仓库中寻找，果然找到了这种箭。

　　孔子居陈三岁，会晋楚争强，更伐陈，及吴侵陈，陈常被寇。孔子曰："归与，归与！吾党之小子狂简，进取不忘其初。"于是孔子去陈。

◎**大意**　孔子在陈国居住了三年，恰逢晋楚争霸，两国轮番攻打陈国，加上吴国也借机侵犯陈国，陈国常常遭受侵犯。孔子说："回去吧，回去吧！我家乡的那些弟子的志气很大而行事疏阔，有进取心而能够不忘自己的初衷。"于是孔子离开了陈国。

　　过蒲，会公叔氏以蒲畔（叛），蒲人止孔子。弟子有公良孺者，以私车五乘从孔子。其为人长贤，有勇力，谓曰："吾昔从夫子遇难于匡，今又遇难于此，命也已。吾与夫子再罹难，宁斗而死。"斗甚疾。蒲人惧，谓孔子曰："苟毋适卫，吾出子。"与之盟，出孔子东门。孔子遂适卫。子贡曰："盟可负邪？"孔子曰："要盟也，神不听。"

◎**大意**　孔子路过蒲地时，恰好遇上公叔氏在蒲地反叛，蒲地人扣留了孔子。弟子当中有个叫公良孺的人，自己带了五辆车子追随孔子。他身材高大有才德，很有勇力，对孔子说："我从前跟随先生在匡地遇难，现在又在此遇难，这是命运吧。我和先生一再遭难，宁可搏斗而死。"双方搏斗十分激烈。蒲地人害怕了，对孔子说："如果你们不去卫国，我们就放你们走。"孔子与他们订立了盟约，这才从东门出去。孔子于是到达卫国。子贡说："盟约可以违背吗？"孔子说："被胁迫订立的盟约，神是不会认可的。"

卫灵公闻孔子来，喜，郊迎。问曰："蒲可伐乎？"对曰："可。"灵公曰："吾大夫以为不可。今蒲，卫之所以待晋、楚也，以卫伐之，无乃不可乎？"孔子曰："其男子有死之志，妇人有保西河之志。吾所伐者不过四五人。"灵公曰："善。"然不伐蒲。

◎**大意**　卫灵公听说孔子来了，很高兴，亲自到郊外迎接。卫灵公问孔子："蒲地可以讨伐吗？"孔子回答："可以。"卫灵公说："我的大夫都认为不可以去讨伐，因为现在的蒲地是防御晋、楚的屏障，用卫国的军队去讨伐，恐怕不行吧？"孔子说："蒲地男子有效忠卫国之志，妇女有守卫西河的愿望。我认为需要讨伐的只是四五个领头叛乱的人罢了。"卫灵公说："好。"但没出兵讨伐蒲地。

灵公老，怠于政，不用孔子。孔子喟然叹曰："苟有用我者，期（jī）月而已，三年有成。"孔子行。

◎**大意**　卫灵公年纪大了，懒得处理政务，也不任用孔子。孔子长叹一声说："如果有人任用我，一年就可以初见成效，三年就会大有所成。"孔子又离开了卫国。

佛肸（bì xī）为中牟宰。赵简子攻范、中行，伐中牟。佛肸畔（叛），使人召孔子。孔子欲往。子路曰："由闻诸夫子，'其身亲为不善者，君子不入也'。今佛肸亲以中牟畔（叛），子欲往，如之何？"孔子曰："有是言也。不曰坚乎，磨而不磷；不曰白乎，涅而不淄。我岂匏瓜也哉，焉能系而不食？"

◎**大意**　佛肸做中牟的长官。晋国的赵简子攻打范氏、中行氏，讨伐中牟。佛肸趁机发动叛乱，派人召请孔子。孔子打算前往。子路说："我听老师说过，'那种自身做了坏事的人，君子是不到他那里去的'。现在佛肸以中牟为据点反叛，您打算前往，这又是为什么呢？"孔子说："我是说过这句话。我不是也说过坚硬的东西，磨砺也不会变薄；不是也说过洁白的东西，染色也不会变黑。我难道只像匏瓜吗？怎么能挂着而不让人吃呢？"

孔子击磬。有荷蒉（kuì）而过门者，曰："有心哉，击磬乎！硁硁乎，莫己知也夫而已矣！"

◎**大意** 孔子正敲打着磬。有个背着草筐的人路过门口，说："这个击磬的人有心思啊！敲得又响又急，既然没有人了解你那就算了吧！"

孔子学鼓琴师襄子，十日不进。师襄子曰："可以益矣。"孔子曰："丘已习其曲矣，未得其数也。"有间，曰："已习其数，可以益矣。"孔子曰："丘未得其志也。"有间，曰："已习其志，可以益矣。"孔子曰："丘未得其为人也。"有间，曰有所穆然深思焉，有所怡然高望而远志焉。曰："丘得其为人，黯然而黑，几（颀）然而长，眼如望羊（洋），如王四国，非文王其谁能为此也！"师襄子辟（避）席再拜，曰："师盖云《文王操》也。"

◎**大意** 孔子向师襄子学习弹琴，一连十天没有学新内容。师襄子说："可以学习一些新内容了。"孔子说："我已熟习乐曲了，但还没有熟练掌握弹琴技法。"过了些时候，师襄子说："你已熟习弹琴技法了，可以学习一些新内容了。"孔子说："我还没有领会乐曲的情感意蕴。"过了些时候，师襄子说："你已领会乐曲的情感意蕴了，可以学习一些新内容了。"孔子说："我还没有体会出作曲者是怎样的人。"过了些时候，孔子肃穆沉静有所思，接着又心旷神怡显出志向远大的样子。说："我体会出作曲者是怎样的人了，样子黑黑的，身材高高的，眼光明亮而深沉，像个统治四方诸侯的王者，除了周文王又有谁能如此呀！"师襄子恭敬地离开座位向孔子拜了两拜，说："我的老师说过这是《文王操》。"

孔子既不得用于卫，将西见赵简子。至于河而闻窦鸣犊、舜华之死也，临河而叹曰："美哉水，洋洋乎！丘之不济此，命也夫！"子贡趋而进曰："敢问何谓也？"孔子曰："窦鸣犊、舜华，晋国之贤大夫也。赵简子未得志之时，须此两人而后从政；及其已得志，杀之乃从政。丘闻之也，刳胎杀夭则麒麟不至郊，竭泽涸渔则蛟龙不合阴阳，覆巢毁卵则凤皇不翔。何则？君子讳伤其类也。夫鸟兽之于不义也尚知辟（僻）之，而况乎丘哉！"乃还息乎陬乡，作为《陬操》以哀之。而反（返）乎卫，入主蘧伯玉家。

◎**大意**　孔子在卫国没有得到重用，打算向西去见赵简子。到了黄河边，他听到窦鸣犊、舜华被杀的消息，面对黄河而叹气说："多么美丽的黄河水啊，浩浩荡荡奔流而去！我不能渡过黄河了，这是命吧！"子贡快步向前问道："请问这是什么意思？"孔子说："窦鸣犊、舜华二人都是晋国的贤大夫。赵简子没有得志的时候，靠这二人才得以掌权；等到他得志以后，却杀了他们来执政。我听说，剖腹取胎杀害幼兽，那么麒麟就不会来到郊外；把池子里的水放干了捉鱼，那么蛟龙就不肯来调和阴阳而兴云致雨了；打翻鸟巢击破鸟卵，那么凤凰就不愿往这里飞翔。为什么？是君子忌讳自己的同类受到伤害啊！连飞鸟走兽对于不义的人和事尚且知道避开，更何况是我呢！"于是就回到陬乡歇息，作《陬操》琴曲以哀悼两位贤人。以后又回到卫国，住在蘧伯玉家里。

他日，灵公问兵陈（阵）。孔子曰："俎豆之事则尝闻之，军旅之事未之学也。"明日，与孔子语，见蜚（飞）雁，仰视之，色不在孔子。孔子遂行，复如陈。

◎**大意**　有一天，卫灵公问起列兵布阵、作战之事。孔子说："祭祀方面的事曾经听说过，至于行军作战的事我没有学过。"第二天，卫灵公和孔子谈话，看见雁群飞过，抬头仰望，神色不在孔子身上。孔子于是离开卫国，再往陈国。

夏，卫灵公卒，立孙辄，是为卫出公。六月，赵鞅内（纳）太子蒯聩于戚。阳虎使太子絻，八人衰绖，伪自卫迎者，哭而入，遂居焉。冬，蔡迁于州来。是岁鲁哀公三年，而孔子年六十矣。齐助卫围戚，以卫太子蒯聩在故也。

◎**大意**　这年夏天，卫灵公死了，他的孙子姬辄被立为国君，这就是卫出公。六月，赵鞅把流亡在外的太子姬蒯聩护送到了卫国的戚城。阳虎让太子身穿丧服，又让八个人披麻戴孝，装扮成从卫国来迎接太子回国的人，哭着进入戚城，就在那里住了下来。冬天，蔡国将都城迁到州来。这一年是鲁哀公三年，这时孔子正好六十岁。齐国帮助卫国包围戚城，这是因为太子姬蒯聩躲在那里。

夏，鲁桓釐庙燔，南宫敬叔救火。孔子在陈，闻之，曰："灾必于桓釐庙乎？"已而果然。

◎ **大意** 这一年夏天，鲁桓公、鲁釐公的庙堂失火，南宫敬叔去救火。孔子在陈国听到失火的消息后说："火灾一定在鲁桓公、鲁釐公的庙堂吧？"后来消息证实，果然如他所言。

秋，季桓子病，辇而见鲁城，喟然叹曰："昔此国几兴矣，以吾获罪于孔子，故不兴也。"顾谓其嗣康子曰："我即死，若必相鲁；相鲁，必召仲尼。"后数日，桓子卒，康子代立。已葬，欲召仲尼。公之鱼曰："昔吾先君用之不终，终为诸侯笑。今又用之，不能终，是再为诸侯笑。"康子曰："则谁召而可？"曰："必召冉求。"于是使使召冉求。冉求将行，孔子曰："鲁人召求，非小用之，将大用之也。"是日，孔子曰："归乎归乎！吾党之小子狂简，斐然成章，吾不知所以裁之。"子赣知孔子思归，送冉求，因诫曰"即用，以孔子为招"云。

◎ **大意** 这年秋天，季桓子病重，乘车巡视鲁国都城时，长叹一声说："过去这个国家几乎兴盛起来了，因为我得罪了孔子，所以没有兴旺起来。"回头对自己的继承人季康子说："我快要死了，你一定会当鲁国的相国；任相国后，一定要把孔子召回来。"过了几天，季桓子死了，季康子继承了他的职位。办完丧事之后，季康子想要召回孔子。大夫公之鱼说："从前我们国君用他而没有善终，最后被诸侯耻笑。如今又任用他，假若不能善终，会再次被诸侯耻笑的。"季康子说："那么召谁才好呢？"公之鱼说："一定要召回冉求。"于是派使者去召冉求。冉求准备前往，孔子说："鲁国人召请你，不会小用，将要重用你。"这天，孔子还说："回去吧，回去吧！我家乡那些弟子志向高远而行事疏阔，都富有文采，我不知道怎么引导他们了。"子贡知道孔子思念家乡想回去，在送冉求时叮嘱他"你要是被重用了，要想着把先生请回去"之类的话。

冉求既去，明年，孔子自陈迁于蔡。蔡昭公将如吴，吴召之也。前昭公欺其臣迁州来，后将往，大夫惧复迁，公孙翩射杀昭公。楚侵蔡。秋，齐景公卒。

◎**大意** 冉求离开之后，第二年，孔子从陈国移居蔡国。蔡昭公准备去吴国，因为吴王召见他。以前，蔡昭公欺骗他的大臣把国都迁到州来，这次将要前往吴国，大臣们担心又要迁移国都，公孙翩就在路上射死了蔡昭公。接着，楚国侵犯蔡国。这年秋天，齐景公死了。

明年，孔子自蔡如叶。叶公问政，孔子曰："政在来远附迩。"他日，叶公问孔子于子路，子路不对。孔子闻之，曰："由，尔何不对曰'其为人也，学道不倦，诲人不厌，发愤忘食，乐以忘忧，不知老之将至云尔'？"

◎**大意** 第二年，孔子从蔡国到了楚国的叶城。叶公问治理国家的方法，孔子说："治理国家在于使远方的人来，使近处的人归附。"另一天，叶公向子路询问孔子是一个什么样的人，子路没有回答。孔子听说后，说："子路，你为什么不回答说'他为人呀，学习道理不知疲倦，教导人不知厌烦，发愤学习时忘记吃饭，快乐时忘记忧愁，不知道衰老就要到来'这样的话呢？"

去叶，反（返）于蔡。长沮、桀溺耦而耕，孔子以为隐者，使子路问津焉。长沮曰："彼执舆者为谁？"子路曰："为孔丘。"曰："是鲁孔丘与？"曰："然。"曰："是知津矣。"桀溺谓子路曰："子为谁？"曰："为仲由。"曰："子，孔丘之徒与？"曰："然。"桀溺曰："悠悠者天下皆是也，而谁以易之？且与其从辟（避）人之士，岂若从辟（避）世之士哉！"耰（yōu）而不辍。子路以告孔子，孔子怃然曰："鸟兽不可与同群。天下有道，丘不与易也。"

◎**大意** 孔子离开叶城，返回蔡国。路上见到长沮、桀溺合作耕田，孔子以为他们是隐士，派子路前去打听渡口在哪里。长沮说："那个拉着马缰绳的人是谁？"子路说："是孔丘。"长沮说："是鲁国的孔丘吗？"子路说："是的。"长沮说："那他应该知道渡口在哪里了。"桀溺问子路："你是谁？"子路回答："我是仲由。"桀溺又问："你是孔丘的学生吗？"子路回答："是的。"桀溺说："天下到处动荡不安，谁能改变这种现状？与其跟随躲避暴君乱臣的人四处跑，还不如跟着我们这些躲避乱世的人呢！"说完便开始专心耕田。子路把这话转告孔子，孔子失望地说："人不可以与鸟兽同居。要是天下太平，我就用不着操心改变这个局面了。"

他日，子路行，遇荷蓧（diào）丈人，曰："子见夫子乎？"丈人曰："四体不勤，五谷不分，孰为夫子！"植其杖而芸。子路以告，孔子曰："隐者也。"复往，则亡。

◎**大意** 有一天，子路一个人走着，遇到一位背着草筐的老人，子路问道："您看到我的老师了吗？"老人说："你们这些人四肢不勤劳，五谷分不清，我怎么知道谁是你老师！"于是放下拐杖去锄草。子路把此事告诉了孔子，孔子说："那是位隐士。"让子路再去看看，老人已经走了。

孔子迁于蔡三岁，吴伐陈。楚救陈，军于城父。闻孔子在陈蔡之间，楚使人聘孔子。孔子将往拜礼，陈蔡大夫谋曰："孔子贤者，所刺讥皆中诸侯之疾。今者久留陈、蔡之间，诸大夫所设行皆非仲尼之意。今楚，大国也，来聘孔子。孔子用于楚，则陈、蔡用事大夫危矣。"于是乃相与发徒役围孔子于野。不得行，绝粮。从者病，莫能兴。孔子讲诵弦歌不衰。子路愠，见曰："君子亦有穷乎？"孔子曰："君子固穷，小人穷斯滥矣。"

◎**大意** 孔子迁居蔡国三年，吴国出兵攻打陈国。楚国援救陈国，军队驻扎在城父。听说孔子住在陈国、蔡国的边境上，楚国就派人聘请孔子。孔子正要前往拜见接受聘礼，陈国、蔡国的大夫暗中谋划说："孔子是位贤者，他所指责讥讽的都能够切中诸侯的弊病。如今他长期住在陈、蔡两国之间，大夫们所施行的制度、措施都不合孔子的意思。现在楚国是个大国，来聘请孔子。如果孔子在楚国受到重用，那么陈、蔡二国掌权的大夫就危险了。"于是他们就一起派人将孔子围困在野外。孔子无法行动，粮食也断绝了。随从的学生饿病了，站不起来。孔子依旧讲学、诵诗、唱歌、弹琴而没有停止。子路生气地来见孔子说："君子也有困窘的时候吗？"孔子说："君子在困窘面前能保持节操，小人在困窘面前什么事都能做出来。"

子贡色作。孔子曰："赐，尔以予为多学而识（志）之者与？"

曰："然。非与？"孔子曰："非也。予一以贯之。"

◎**大意** 子贡也怒形于色。孔子说："赐啊，你认为我是博学强记的人吗？"子贡说："是的。难道不对吗？"孔子说："不是的。我是以一种核心宗旨贯穿于我的学说之中。"

孔子知弟子有愠心，乃召子路而问曰："《诗》云'匪（非）兕匪（非）虎，率彼旷野'。吾道非邪？吾何为于此？"子路曰："意者吾未仁耶？人之不我信也。意者吾未知（智）耶？人之不我行也。"孔子曰："有是乎！由，譬使仁者而必信，安有伯夷、叔齐？使知（智）者而必行，安有王子比干？"

◎**大意** 孔子知道弟子们心中不高兴，就召子路前来问道："《诗经》上说'不是犀牛也不是老虎，却每天奔波在旷野之中'。是我的学说主张不对吗？我为什么落到这个地步？"子路说："莫非是我们的仁德还不够？所以人们才不信任我们。或者是我们的智慧还不够吧？所以人家不放我们通行。"孔子说："是这样吗？仲由，假如有仁德的人就能让人理解，伯夷、叔齐怎么会饿死在首阳山呢？假使有智慧的人能通行无阻，怎么会发生王子比干被剖心这样的事呢？"

子路出，子贡入见。孔子曰："赐，《诗》云'匪（非）兕匪（非）虎，率彼旷野'。吾道非耶？吾何为于此？"子贡曰："夫子之道至大也，故天下莫能容夫子。夫子盖（盍）少贬焉？"孔子曰："赐，良农能稼而不能为穑，良工能巧而不能为顺。君子能修其道，纲而纪之，统而理之，而不能为容。今尔不修尔道而求为容。赐，而志不远矣！"

◎**大意** 子路出来之后，子贡进入。孔子说："赐啊，《诗经》上说'不是犀牛也不是老虎，却每天奔波在旷野之中'。是我的学说主张不对吗？我为什么落到这个地步？"子贡说："您的学说主张太广大了，所以天下没有地方能容纳您。您为什么不稍微降低一些标准呢？"孔子说："赐啊，好的农夫善于播种但不一定会有好的收成，好的工匠制造精巧却不能令人人满意。君子能研修自己的学说，使其系统周密、纲目清晰、一以贯之，但不一定被统治者接纳。你现在不努力研修自己信奉的学说，反而想降格来让人接纳你。赐，你的志向不远大啊！"

子贡出，颜回入见。孔子曰："回，《诗》云'匪（非）兕匪（非）虎，率彼旷野'。吾道非耶？吾何为于此？"颜回曰："夫子之道至大，故天下莫能容。虽然，夫子推而行之，不容何病？不容然后见君子！夫道之不修也，是吾丑也。夫道既已大修而不用，是有国者之丑也。不容何病？不容然后见君子！"孔子欣然而笑曰："有是哉颜氏之子！使尔多财，吾为尔宰。"

◎**大意**　子贡退出，颜回进来见孔子。孔子说："回啊，《诗经》上说'不是犀牛也不是老虎，却每天奔波在旷野之中'。是我的学说主张不对吗？我为什么落到这个地步？"颜回说："老师的学说主张最为广大，所以天下没有地方能容纳老师。即使这样，老师仍然努力推行自己的学说，不被容纳又有什么关系呢？不被容纳这样才显示出君子本色！不研修自己的学说，是我们的耻辱。至于学说完美无缺而不被用，那就是当权者的耻辱了。不被容纳有什么妨碍呢？不被容纳才显示出君子本色！"孔子欣慰地笑着说："是这样的啊，姓颜的小伙子！假使你有很多钱财，我愿意给你做管家。"

于是使子贡至楚。楚昭王兴师迎孔子，然后得免。

◎**大意**　孔子于是派子贡到楚国求救。楚昭王派军队来迎接孔子，孔子这才得以脱身。

昭王将以书社地七百里封孔子。楚令尹子西曰："王之使使诸侯有如子贡者乎？"曰："无有。""王之辅相有如颜回者乎？"曰："无有。""王之将率（帅）有如子路者乎？"曰："无有。""王之官尹有如宰予者乎？"曰："无有。""且楚之祖封于周，号为子男五十里。今孔丘述三五之法，明周召之业，王若用之，则楚安得世世堂堂方数千里乎？夫文王在丰，武王在镐，百里之君，卒王天下。今孔丘得据土壤，贤弟子为佐，非楚之福也。"昭王乃止。其秋，楚昭王卒于城父。

◎**大意**　楚昭王想把有众多人口登记在册的七百里地封给孔子。楚国的令尹子西说："大王派到诸侯国的使臣有能比得上子贡的吗？"昭王说："没有。"子西说："大王的辅佐大臣有比得上颜回的吗？"昭王说："没有。"子西说："大王的将帅有比得上子路的吗？"昭王说："没有。"子西说："大王的地方官吏，有比得上宰予的吗？"昭王说："没有。"子西说："楚国的祖先在周朝受封，封号为子爵，封地为五十里。如今孔子继承三皇五帝的做法，发扬周公、召公的事业，大王如果用他，楚国还能世世代代保有方圆几千里的地方吗？当初周文王在丰地，武王在镐地，仅是百里之地的国君，最终统一天下。现在如果孔丘拥有那七百里地方，有贤能的弟子辅佐他，这对楚国来说不是一件好事啊。"楚昭王就打消了给孔子封地的想法。这年秋天，楚昭王死在城父。

楚狂接舆歌而过孔子，曰："凤兮凤兮，何德之衰！往者不可谏兮，来者犹可追也！已而已而，今之从政者殆而！"孔子下，欲与之言。趋而去，弗得与之言。

◎**大意** 楚国的狂人接舆唱着歌从孔子身边走过，说："凤凰呀凤凰呀，你的美德为什么如此衰败啊？过去的事已经无法挽回了，未来的事还可以补救。算了吧算了吧！如今从政的都是很危险的人啊！"孔子下了车，想同他谈话。他却快步走开了，孔子没能跟他说上话。

于是孔子自楚反（返）乎卫。是岁也，孔子年六十三，而鲁哀公六年也。

◎**大意** 这个时候，孔子从楚国返回卫国。这一年，是鲁哀公六年，孔子六十三岁。

其明年，吴与鲁会缯（zēng），征百牢。太宰嚭召季康子。康子使子贡往，然后得已。

◎**大意** 第二年，吴国君主与鲁哀公在缯地会盟，吴国要求鲁国提供祭祀用的献礼百牢。吴国的太宰嚭召见季康子赴会。季康子派子贡前往交涉，事情才算了结。

孔子曰："鲁、卫之政，兄弟也。"是时，卫君辄父不得立，在外，诸侯数以为让。而孔子弟子多仕于卫，卫君欲得孔子为政。子路曰："卫君待子而为政，子将奚先？"孔子曰："必也正名乎！"子路曰："有是哉，子之迂也！何其正也？"孔子曰："野哉由也！夫名不正则言不顺，言不顺则事不成，事不成则礼乐不兴，礼乐不兴则刑罚不中，刑罚不中则民无所错（措）手足矣。夫君子为之必可名，言之必可行。君子于其言，无所苟而已矣。"

◎**大意**　孔子说："鲁国、卫国的政事，像兄弟一样，差不多。"这时，卫国君主姬辄的父亲没被立为国君，流亡在外，诸侯对此事屡加指责。而孔子的很多弟子在卫国做官，卫国君主想请孔子来治理国家。子路说："卫君想请您出来执政，您准备首先做什么？"孔子说："一定首先正名分！"子路说："真要这样的话，老师您太不合时宜了！为什么要先正名分呢？"孔子说："仲由你太放肆啦！名分不正，说话就不合理；说话不合理，事情就办不成；事情办不成，礼乐教化就不会兴盛；礼乐教化不兴盛，刑罚就不会公正；刑罚不公正，百姓就会手足无措。君子办事一定要说得出名堂，说话一定要切实可行。君子对于他所说的话，是丝毫不能马虎的。"

其明年，冉有为季氏将师，与齐战于郎，克之。季康子曰："子之于军旅，学之乎？性之乎？"冉有曰："学之于孔子。"季康子曰："孔子何如人哉？"对曰："用之有名；播之百姓、质诸鬼神而无憾。求之至于此道，虽累千社，夫子不利也。"康子曰："我欲召之，可乎？"对曰："欲召之，则毋以小人固之，则可矣。"而卫孔文子将攻太叔，问策于仲尼。仲尼辞不知，退而命载而行，曰："鸟能择木，木岂能择鸟乎！"文子固止。会季康子逐公华、公宾、公林，以币迎孔子，孔子归鲁。

◎**大意**　第二年，冉有为季氏率领军队，在郎地与齐国交战，打败了齐军。季康子说："您的军事才能，是学来的呢，还是天生的呢？"冉有说："向孔子学习来的。"季康子说："孔子是什么样的人呢？"冉有回答："孔子做事一定是师出有名；把他的作为讲给百姓听、摆给鬼神看都没有缺憾。像我所从事的行军打仗之事，即使有功而累计封到两万五千户人家，孔子也会毫不动心的。"季康子说："我想召请孔子，可以吗？"冉有说："想要请他来，不要让小人限制他，就可以了。"不久，卫国的孔文子将要攻打太叔，向孔子询问计策。孔子推辞不懂军事，回到住处便立即吩咐备车离开了卫国，说："鸟可以选择树木栖息，树木怎么能选择鸟呢！"孔文子坚决地挽留孔子。这时正好季康子赶走了公华、公宾、公林，派人带礼物来迎接孔子，孔子便回到了鲁国。

孔子之去鲁凡十四岁而反（返）乎鲁。

◎**大意** 孔子离开鲁国，在外游历了十四年后，又回到了鲁国。

鲁哀公问政，对曰："政在选臣。"季康子问政，曰："举直错（措）诸枉，则枉者直。"康子患盗，孔子曰："苟子之不欲，虽赏之不窃。"然鲁终不能用孔子，孔子亦不求仕。

◎**大意** 鲁哀公向孔子询问治理国家的方法，孔子说："为政首先要选择好大臣。"季康子问如何治理国家，孔子说："举用正直的人管理那些邪曲的人，那样就会让邪曲的人变为正直的人了。"季康子担心盗贼为患，孔子对他说："如果你没有贪欲，就是给奖赏，人们也不会去偷窃的。"但是鲁国最终也没有重用孔子，孔子也没有去追求官位。

孔子之时，周室微而礼乐废，《诗》《书》缺。追迹三代之礼，序《书传》，上纪唐、虞之际，下至秦缪，编次其事。曰："夏礼吾能言之，杞不足征也。殷礼吾能言之，宋不足征也。足，则吾能征之矣。"观殷夏所损益，曰："后虽百世可知也，以一文一质。周监（鉴）二代，郁郁乎文哉。吾从周。"故《书传》《礼记》自孔氏。

◎**大意** 孔子生活的时代，正值周王室衰微而礼崩乐坏，《诗》《书》残缺。孔子追溯夏、商、周三代的礼仪制度，编定《尚书》，将其所记载的上起唐尧、虞舜，下至秦穆公之间史实的文章按照顺序编排。孔子说："夏朝的礼仪制度我还能说得出来，但夏朝的后代杞国没有留下足够证明这些制度的文献。殷商的礼仪制度我也能说得出来，但殷商的后代宋国没有留下足够证明这些制度的文献。如果文献充足的话，我就能证明这些制度了。"孔子在考察了殷朝对夏朝礼制的增损情况后，说："即使一百代之后的情况，还是可以说得出来，大体上是文与质的交替。周朝礼制借鉴了夏、殷二朝的制度，多么丰富多彩啊。我主张用周朝的礼仪制度。"所以《尚书》《礼记》都是孔子编定的。

孔子语鲁大（太）师："乐其可知也。始作翕（xī）如，纵之纯如，皦如，绎如也，以成。""吾自卫反（返）鲁，然后乐正，

《雅》《颂》各得其所。"

◎**大意** 孔子对鲁国的乐官太师说："音乐的演奏规律是可以通晓的。开始演奏时，各种乐器合奏，声音丰美；接下去是节奏和谐，声音清晰，连续不断，这样一部曲子才算完成。"又说："我从卫国返回鲁国，把乐曲给订正了，使《雅》《颂》都能配入原来所在的乐部。"

古者《诗》三千余篇，及至孔子，去其重，取可施于礼义，上采契后稷，中述殷周之盛，至幽厉之缺，始于衽席，故曰"《关雎》之乱以为《风》始，《鹿鸣》为《小雅》始，《文王》为《大雅》始，《清庙》为《颂》始"。三百五篇孔子皆弦歌之，以求合《韶》《武》《雅》《颂》之音。礼乐自此可得而述，以备王道，成六艺。

◎**大意** 古代流传下来的《诗》有三千多篇，到孔子时，删去其中重复的部分，选取可以用于礼义教化的，上采歌颂商朝始祖契、周朝始祖后稷的诗篇，中叙写殷、周二朝兴盛的诗篇，又有批判周幽王、周厉王政治缺失的诗篇，而开头叙述男女夫妇关系，所以说"《关雎》作为《风》的开始，《鹿鸣》作为《小雅》的开始，《文王》作为《大雅》的开始，《清庙》作为《颂》的开始"。三百零五篇《诗》孔子都配乐歌唱，以求合于《韶》《武》《雅》《颂》这些乐曲的音调。先王的礼乐制度从此可以得到称述。王道完备了，六艺也由孔子编修完成了。

孔子晚而喜《易》，序《彖》《系》《象》《说卦》《文言》。读《易》，韦编三绝。曰："假我数年，若是，我于《易》则彬彬矣。"

◎**大意** 孔子晚年喜欢钻研《周易》，还编写了《彖》《系》《象》《说卦》《文言》五种阐述《易》理的文辞。他将《周易》读了好多遍，以致把编书简的皮绳都磨断了好多次。他说："要是让我多活几年的话，我对《周易》从文辞到义理就可以理解得很透彻了。"

孔子以《诗》《书》《礼》《乐》教，弟子盖三千焉，身通六艺者七十有（又）二人。如颜浊邹之徒，颇受业者甚众。

◎**大意**　孔子用《诗》《书》《礼》《乐》教育弟子，弟子人数大约有三千，其中精通《诗》《书》《礼》《乐》《易》《春秋》六艺的有七十二人。像颜浊邹这样，多方面受到教育而没有正式加入学籍的弟子就更多了。

　　孔子以四教：文，行，忠，信。绝四：毋意，毋必，毋固，毋我。所慎：齐（斋），战，疾。子罕言利与命与仁。不愤不启，举一隅不以三隅反，则弗复也。

◎**大意**　孔子从四个方面教育学生：文采辞令，道德操行，忠恕之道，信义之道。杜绝四种毛病：不臆测，不武断，不固执，不自以为是。谨慎对待的事：斋戒，战争，疾病。孔子很少提到利，经常谈到命和仁。孔子教育弟子时，不到弟子苦思而不得其解时就不去启发开导，他举出一个道理而弟子不能触类旁通，就不再重复讲述。

　　其于乡党，恂恂（xún）似不能言者。其于宗庙朝廷，辩辩言，唯谨尔。朝，与上大夫言，訚訚（yín）如也；与下大夫言，侃侃如也。

◎**大意**　孔子在自己的乡里，谦恭得像个不善言谈的人。在宗庙朝廷这些场合，却能言善辩而有条理，又恭谨小心。上朝时，与上大夫交谈，忠正耿直；与下大夫交谈，和乐安详。

　　入公门，鞠躬如也；趋进，翼如也。君召使傧，色勃如也。君命召，不俟驾行矣。

◎**大意**　孔子进入国君的公门，低头弯腰以示恭敬谨慎；进门后快步向前，两臂曲起犹如鸟翼，恭敬有礼。国君命他接待宾客，容色庄重认真。国君召见他，他不等车驾备好就动身起行。

　　鱼馁，肉败，割不正，不食。席不正，不坐。食于有丧者之侧，未尝饱也。

◎**大意**　鱼已腐烂，肉质变味，不按规矩切割，孔子不吃。席位不正，不就座。在有丧事的人旁边吃饭，从来没有吃饱过。

是日哭，则不歌。见齐衰（zī cuī）、瞽（gǔ）者，虽童子必变。

◎**大意** 孔子在一天之内哭过，就不再唱歌。看到穿丧服的人、盲人，即使是儿童，也必定改变面容以示同情。

"三人行，必得我师。""德之不修，学之不讲，闻义不能徙，不善不能改，是吾忧也。"使人歌，善，则使复之，然后和之。

◎**大意** "三个人同行，其中必定有人可以做我的老师。""不去修养品德，不去探求学业，听到别人的长处又不能自己学过来，不能改正错误和缺点，这是我最担忧的问题。"请别人唱歌，唱得好，就请对方再唱一遍，然后自己也跟着一起唱。

子不语：怪、力、乱、神。

◎**大意** 孔子不谈论的事情：怪异、暴力、悖乱、鬼神。

子贡曰："夫子之文章，可得闻也；夫子言天道与性命，弗可得闻也已。"颜渊喟然叹曰："仰之弥高，钻之弥坚。瞻之在前，忽焉在后。夫子循循然善诱人，博我以文，约我以礼，欲罢不能。既竭我才，如有所立，卓尔。虽欲从之，蔑由也已。"达巷党人曰："大哉孔子，博学而无所成名。"子闻之曰："我何执？执御乎？执射乎？我执御矣。"牢曰："子云'不试，故艺'。"

◎**大意** 子贡说："老师关于礼乐等问题的论述，我们是知道的；老师讲论天道与人的命运的深微见解，我们就不得而知了。"颜渊叹口气说："越是仰慕老师的学问就越觉得崇高无比，越是钻研就越觉得坚实深厚。看见它在前面，忽然间又在后面了。老师善于循序渐进地引导人，用文学来丰富我的知识，用礼仪来约束我的言行，想停止学习都不可能。我的才力已经竭尽，好像有所建树，可老师的学问仍然高立在我面前。虽然想追上去，但总是不得其法。"达巷地方的人说："孔子真伟大啊，博学多才却让人说不出他究竟属于哪一家。"孔子听到此话后说："我要干什么呢？是驾车呢，还是射箭呢？我看还是驾车好了。"子牢说："老师说'因为得不到重用，所以才有时间学些技艺'。"

鲁哀公十四年春，狩大野。叔孙氏车子鉏商获兽，以为不祥。

仲尼视之，曰："麟也。"取之。曰："河不出图，雒不出书，吾已矣夫！"颜渊死，孔子曰："天丧予！"及西狩见麟，曰："吾道穷矣！"喟然叹曰："莫知我夫！"子贡曰："何为莫知子？"子曰："不怨天，不尤人，下学而上达，知我者其天乎！"

◎**大意** 鲁哀公十四年春天，在大野狩猎。叔孙氏车上的武士鉏商捕获了一只怪兽，他们认为这是不祥之兆。孔子看见它，说："这是麒麟。"于是把它运了回去。孔子说："黄河中再也不见神龙背着图出现，雒水中再也不见神龟背着书出现，我这一生恐怕要结束了！"颜渊死了，孔子说："这是老天爷要我死！"等到鲁哀公在西边打猎捕获麒麟，孔子说："我的理想已经无法实现了！"长叹一声说："没有人了解我！"子贡说："为什么说没人了解您？"孔子说："不埋怨天，不怪罪人，下学人事，上达天命，能了解我的只有上天了吧！"

　　"不降其志，不辱其身，伯夷、叔齐乎！"谓"柳下惠、少连降志辱身矣"。谓"虞仲、夷逸隐居放言，行中清，废中权"。"我则异于是，无可无不可。"

◎**大意** 孔子曾说："不降低自己的志向，不侮辱自己的人格，说的是伯夷、叔齐啊！"又说"柳下惠、少连降低了自己的志向，侮辱了自己的人格"。又说"虞仲、夷逸因避世隐居，就可以无所顾忌、高谈阔论，立身行事廉洁，废身不仕懂得权变"。"我就跟他们不一样，没有什么绝对可以的，也没有什么绝对不可以的。"

　　子曰："弗乎弗乎，君子病没（殁）世而名不称焉。吾道不行矣，吾何以自见于后世哉？"乃因史记作《春秋》，上至隐公，下讫哀公十四年，十二公。据鲁，亲周，故殷，运之三代。约其文辞而指（旨）博。故吴楚之君自称王，而《春秋》贬之曰"子"；践土之会实召周天子，而《春秋》讳之曰"天王狩于河阳"：推此类以绳当世。贬损之义，后有王者举而开之。《春秋》之义行，则天下乱臣贼子惧焉。

◎**大意** 孔子说："不成啊不成啊，君子最担忧的是死后没有留下好名声。我的学说主张不能实现了，我拿什么贡献给后世呢？"于是孔子就依据鲁国的史料作了《春秋》，上起鲁隐公，下至鲁哀公十四年，共包括鲁国十二位国君。以鲁国为中心记述，尊奉周王室为正统，以殷商史事为借鉴，贯通夏、商、周三代的经验教训。全书文辞简约而旨意博大。因此，吴国和楚国的君主自称王，而孔子在《春秋》中贬称他们为"子"；践土之会实际上是晋侯召周天子，而《春秋》讳言说"周天子到河阳去打猎"。《春秋》就是用这种方式建立了批评当时政治的准则。这种贬斥责备的大义，等待后来的王者加以称举推广。《春秋》的微言大义通行之后，天下那些乱臣奸贼都感到恐惧。

孔子在位听讼，文辞有可与人共者，弗独有也。至于为《春秋》，笔则笔，削则削，子夏之徒不能赞一辞。弟子受《春秋》，孔子曰："后世知丘者以《春秋》，而罪丘者亦以《春秋》。"

◎**大意**　孔子任司寇审理诉讼案件，书写判词时，凡是应该跟别人商量的地方，绝不独断专行。到了写《春秋》的时候，该写的就写，该删的就删，连子夏这些长于文学的学生也不能增删一字。弟子学习《春秋》，孔子说："后代人赞扬我将是因为《春秋》，怪罪我也将是因为《春秋》。"

明岁，子路死于卫。孔子病，子贡请见。孔子方负杖逍遥于门，曰："赐，汝来何其晚也？"孔子因叹，歌曰："太山坏乎！梁柱摧乎！哲人萎乎！"因以涕下。谓子贡曰："天下无道久矣，莫能宗予。夏人殡于东阶，周人于西阶，殷人两柱间。昨暮予梦坐奠两柱之间，予始，殷人也。"后七日卒。

◎**大意**　第二年，子路死在卫国。孔子生病了，子贡前来看望。孔子正拄着拐杖在门前散步，说："赐啊，你为什么来得这么晚呀？"孔子因而叹息，随即唱道："泰山要倒了！梁柱要断了！哲人要死了！"唱着唱着就掉下了眼泪。孔子对子贡说："天下失去常道太久了，没有人能信仰我的治国学说。夏朝人死了，棺木停在东面的台阶上；周朝人死了，棺木停放在西面的台阶上；殷朝人死了，棺木停放在堂屋的两柱之间。我昨晚梦见自己坐在两柱之间受人祭奠，我大概是殷人吧。"七天后孔子就死了。

孔子年七十三，以鲁哀公十六年四月己丑卒。

◎**大意**　孔子享年七十三岁，死于鲁哀公十六年四月己丑日。

哀公诔（lěi）之曰："旻（mín）天不吊，不慭（yìn）遗一老，俾屏（摒）余一人以在位，茕（qióng）茕余在疚。呜呼哀哉！尼父，毋自律！"子贡曰："君其不没（殁）于鲁乎！夫子之言曰：'礼失则昏，名失则愆。失志为昏，失所为愆。'生不能用，死而诔之，非礼也。称'余一人'，非名也。"

◎**大意**　鲁哀公为孔子作了一篇悼文说："上天不体恤我，不肯为我留下这位老人，抛下我孤零零一人在位，我孤独而又伤痛。啊，多么悲痛！尼父啊，我也无法树立礼法了！"子贡说："鲁君大概不能终老于鲁国吧！老师说过：'失去礼法世道就会昏乱；失去名分就会出现过错。失去意志就能导致昏乱，没有了分寸就会出现过错。'生前不能重用，死后作祭文哀悼，这不合礼法。以诸侯身份称'余一人'，不符合自己应有的名分。"

孔子葬鲁城北泗上，弟子皆服三年。三年心丧毕，相诀而去，则哭，各复尽哀；或复留。唯子赣庐于冢上，凡六年，然后去。弟子及鲁人往从冢而家者百有余室，因命曰孔里。鲁世世相传以岁时奉祠孔子冢，而诸儒亦讲礼乡饮大射于孔子冢。孔子冢大一顷。故所居堂、弟子内，后世因庙，藏孔子衣冠琴车书，至于汉二百余年不绝。高皇帝过鲁，以太牢祠焉。诸侯卿相至，常先谒，然后从政。

◎**大意**　孔子被埋葬在鲁城北边的泗水岸边，弟子都服丧三年。三年丧期结束后，大家互相告别而去，都相对而哭，尽情表达自己的哀伤之情；有的学生留下来继续守墓。尤其是子贡，他在坟地旁盖了一间小屋，在那里前后住了六年，然后才离去。孔子的弟了及鲁国其他人前往坟地旁居住的有一百余家，于是这里被命名为孔里。从此鲁国世世代代都定时到孔子墓前祭拜，儒生们也会来这里举行讲习礼仪、乡饮、射箭等各种活动。孔子墓地有一顷大。孔子故居的堂屋，弟子的内宅，后来改成庙，收藏孔子生前用过的衣服、帽子、琴、车子、书籍，直到汉朝二百多年间没有断绝。汉高祖刘邦经过鲁地，用猪牛羊三牲祭祀孔子。诸侯卿大夫宰相一到任，都是先去拜谒孔子墓，然后才去处理政务。

孔子生鲤，字伯鱼。伯鱼年五十，先孔子死。

◎**大意**　孔子生了儿子孔鲤，字伯鱼。孔伯鱼享年五十岁，比孔子先死。

伯鱼生伋，字子思，年六十二。尝困于宋。子思作《中庸》。

◎**大意** 伯鱼生了儿子孔伋，字子思，享年六十二岁。他曾经受困于宋国。子思作了《中庸》。

子思生白，字子上，年四十七。子上生求，字子家，年四十五。子家生箕，字子京，年四十六。子京生穿，字子高，年五十一。子高生子慎，年五十七，尝为魏相。

◎**大意** 子思生了儿子孔白，字子上，享年四十七岁。孔子上生了儿子孔求，字子家，享年四十五岁。孔子家生了儿子孔箕，字子京，享年四十六岁。孔子京生了儿子孔穿，字子高，享年五十一岁。孔子高生了儿子孔子慎，享年五十七岁，他曾经做过魏国的相。

子慎生鲋，年五十七，为陈王涉博士，死于陈下。

◎**大意** 孔子慎生了儿子孔鲋，享年五十七岁，他做过陈王的博士，死在陈郡。

鲋弟子襄，年五十七。尝为孝惠皇帝博士，迁为长沙太守。长九尺六寸。

◎**大意** 孔鲋的弟弟孔子襄，享年五十七岁。他曾经是孝惠皇帝时的博士，后担任长沙太守。身高九尺六寸。

子襄生忠，年五十七。忠生武，武生延年及安国。安国为今皇帝博士，至临淮太守，蚤（早）卒。安国生卬，卬生驩。

◎**大意** 孔子襄生了儿子孔忠，享年五十七岁。孔忠生了儿子孔武，孔武生了儿子孔延年和孔安国。孔安国为当今皇上的博士，官做到临淮太守，早死。孔安国生了儿子孔卬，孔卬生了儿子孔驩。

太史公曰：《诗》有之："高山仰止，景行行止。"虽不能至，然心乡（向）往之。余读孔氏书，想见其为人。适鲁，观仲尼庙堂车服礼器，诸生以时习礼其家，余祗回留之不能去云。天下君王至于贤人众矣，当时则荣，没（殁）则已焉。孔子布衣，传十余世，学者宗之。自天子王侯，中国言六艺者折中于夫子，可谓至圣矣！

◎**大意**　太史公说：《诗经》中有这样的话："像高山一样令人瞻仰，像大道一样让人遵循。"虽然我达不到这种境界，但心里是十分向往的。我读孔子的著作，可以想到他的为人。到了鲁地，参观了仲尼庙堂里的车辆、衣服、礼器，目睹了儒生们按时到孔子旧宅演习礼仪的情景，我怀着崇敬的心情留恋徘徊不愿离开。天下的君王成为贤达之人自古以来有许多，活着的时候荣耀显贵，可是死了就什么都没有了。孔子是一个平民，名声流传十几代，学者们仍然推崇他。自天子王侯，一直到整个中原地区，谈《诗》《书》《礼》《乐》《易》《春秋》的人都以孔子的学说为最高准则，可以说孔子是至高无上的圣人啊！

汉初功臣萧何

选自《萧相国世家》

萧相国何者，沛丰人也。以文无害为沛主吏掾（yuàn）。

◎**大意**　相国萧何是沛县丰邑人。他因通晓法令起草文书没有毛病而担任沛县的主吏掾。

高祖为布衣时，何数以吏事护高祖。高祖为亭长，常左右之。高祖以吏繇（徭）咸阳，吏皆送奉钱三，何独以五。

◎**大意**　汉高祖刘邦还是平民的时候，萧何屡次庇护牵涉公家事务的汉高祖。汉高祖做亭长时，萧何也经常帮助他。汉高祖以小吏身份带领当地人到咸阳服役，其他官吏奉送高祖的钱都是三百，唯独萧何奉送的钱是五百。

秦御史监郡者与从事，常辨之。何乃给泗水卒史事，第一。秦御史欲入言征何，何固请，得毋行。

◎**大意** 秦朝一位监督郡里政事的御史与萧何有交往，认为萧何办事很清楚。萧何于是担任了泗水郡的卒史，考核得第一。秦朝的这位御史想在入朝时建议朝廷调用萧何，萧何再三推辞，才没有被调走。

及高祖起为沛公，何常为丞督事。沛公至咸阳，诸将皆争走金帛财物之府分之，何独先入收秦丞相御史律令图书藏之。沛公为汉王，以何为丞相。项王与诸侯屠烧咸阳而去。汉王所以具知天下厄塞，户口多少，强弱之处，民所疾苦者，以何具得秦图书也。何进言韩信，汉王以信为大将军。语在《淮阴侯》事中。

◎**大意** 等到汉高祖刘邦起兵，做了沛公后，萧何经常以沛县县丞的身份监督沛县的事务。沛公进入咸阳城，诸位将领争先恐后地进入存放金帛财物的仓库分东西，唯独萧何首先入宫收取秦朝丞相府和御史府中的律令档案图册书籍，将其收藏起来。沛公刘邦当了汉王，任命萧何为丞相。项王和诸侯军攻破、烧掉咸阳城后离开。汉王能够详细地知晓天下的军事要塞、户口多少、地方强弱、民众疾苦，是因为萧何将秦朝的图册书籍档案资料全都收集了起来。萧何向汉王推荐韩信，汉王就任命韩信为大将军。这件事记载在《淮阴侯列传》中。

汉王引兵东定三秦，何以丞相留收巴蜀，填（镇）抚谕告，使给军食。汉二年，汉王与诸侯击楚，何守关中，侍太子，治栎阳。为法令约束，立宗庙社稷宫室县邑，辄奏上，可，许以从事；即不及奏上，辄以便宜施行，上来以闻。关中事计户口转漕给军，汉王数失军遁去，何常兴关中卒，辄补缺。上以此专属（zhǔ）任何关中事。

◎**大意** 汉王刘邦率军向东进发平定三秦时，萧何作为丞相留在巴蜀一带收服民心，镇守安抚宣告政令，使百姓能够供给军需粮食。汉二年，汉王与各路诸侯攻打楚军，萧何镇守关中，侍奉太子，治理栎阳城。萧何还制定了法令规章，建立起祭祀皇帝祖先的宗庙，祭祀土地神和谷神的高坛、宫殿，划分了县乡的行政区域，每件事都先请示汉王，得到许可而后实行；即使来不及请示，也总是先酌情施行，汉王回来就汇报给他听。萧何在关中负责按户口征收粮食，并通过水陆运输供给军队。汉王军队屡次失败减损兵士，萧何常常调发关中士卒，马上补充兵员缺额。汉王因此专门委任萧何负责办理一切关中事务。

汉三年，汉王与项羽相距京、索之间，上数使使劳苦丞相。鲍生谓丞相曰："王暴衣露盖，数使使劳苦君者，有疑君心也。为君计，莫若遣君子孙昆弟能胜兵者悉诣军所，上必益信君。"于是何从其计，汉王大说（悦）。

◎ **大意** 汉三年，汉王刘邦与项羽对峙于京、索之间，汉王屡次派使者慰问丞相萧何。有位鲍先生对萧何说："汉王风吹日晒地暴露在战场上，还屡次派使者慰劳您，这是有怀疑您的心思了。我为您打算，不如把您的子孙兄弟中能胜任军事的人都派到汉王军队中去，汉王必定更加信任您。"于是萧何听从了他的意见，汉王大为高兴。

汉五年，既杀项羽，定天下，论功行封。群臣争功，岁余功不决。高祖以萧何功最盛，封为酇侯，所食邑多。功臣皆曰："臣等身被（披）坚执锐，多者百余战，少者数十合，攻城略地，大小各有差。今萧何未尝有汗马之劳，徒持文墨议论，不战，顾反居臣等上，何也？"高帝曰："诸君知猎乎？"曰："知之。""知猎狗乎？"曰："知之。"高帝曰："夫猎，追杀兽兔者狗也，而发踪指示兽处者人也。今诸君徒能得走兽耳，功狗也。至如萧何，发踪指示，功人也。且诸君独以身随我，多者两三人；今萧何举宗数十人皆随我，功不可忘也。"群臣皆莫敢言。

◎ **大意** 汉五年，汉高祖已经杀死项羽，平定了天下，于是讨论功劳进行封赏。群臣争功，一年多的时间还不能确定功劳的大小。汉高祖认为萧何的功劳最大，封他为酇侯，享受的食邑最多。功臣们都说："我们身穿铠甲手执兵器，多的经过一百多次战斗，少的也打过数十仗，攻占城镇夺取土地，功劳大小各有等次。而今萧何从未有打仗的功劳，只凭操持文墨发议论，不参战，封赏却在我们之上，这是为什么？"汉高祖问："诸位知道打猎吗？"群臣回答："知道。"又问："知道猎狗吗？"群臣回答："知道。"汉高祖说："打猎这种事，追逐咬死野兽兔子的是猎狗，而发现野兽兔子踪迹，指出野兽兔子所处位置的是猎人。如今诸位只能追捕、获得奔跑的野兽罢了，就像猎狗的功劳一样。至于萧何，发现踪迹指出野兽，就像猎人的功劳一样。况且诸位只是独个追随我，一家多的也不过两三人；如今萧何是全宗族数十人都跟随我，他的功劳是不可忘记的。"群臣都不敢再说什么了。

列侯毕已受封，及奏位次，皆曰："平阳侯曹参身被（披）七十创，攻城略地，功最多，宜第一。"上已桡（挠）功臣多封萧何，至位次未有以复难之，然心欲何第一。关内侯鄂君进曰："群臣议皆误。夫曹参虽有野战略地之功，此特一时之事。夫上与楚相距（拒）五岁，常失军亡众，逃身遁者数矣。然萧何常从关中遣军补其处，非上所诏令召，而数万众会上之乏绝者数矣。夫汉与楚相守荥阳数年，军无见（现）粮，萧何转漕关中，给食不乏。陛下虽数亡（无）山东，萧何常全关中以待陛下，此万世之功也。今虽亡曹参等百数，何缺于汉？汉得之不必待以全。奈何欲以一旦之功而加万世之功哉！萧何第一，曹参次之。"高祖曰："善。"于是乃令萧何第一，赐带剑履上殿，入朝不趋。

◎ **大意** 众多功臣的侯爵受封完毕后，待到评议位置的高低时，大家都说："平阳侯曹参受过七十处创伤，攻占城池夺取土地，功劳最多，应该排在第一。"汉高祖已经通过压制功臣而多封赏了萧何，到了排列位置时就没有什么理由能再说服他们了，但在心里还是想把萧何排为第一。关内侯鄂千秋进献意见道："群臣的议论都是错误的。曹参虽有野外作战夺取土地的功劳，但这只是较短时间内的事。而陛下与楚国相持了五年，常常损失兵众，有好几次都是独自脱身。然而萧何常常从关中派遣军队补充到陛下所在的地方，这并不是陛下下令召集的，而有好几次都是数万兵员正好出现在陛下缺少军队的时候。汉与楚相持于荥阳数年，军中没有现成的粮食，萧何从关中运送粮食，使军队的粮食供应从不缺乏。虽然陛下多次丢失崤山以东的土地，但萧何总是保全着关中以等待陛下，这是万世的功劳。今天即使没有像曹参这样的数以百计的人，对于汉朝来说有什么缺损？而汉朝得到他们也不一定能保全。为什么要让一朝一夕的功劳凌驾在永存万代的功劳之上呢！萧何应是第一，曹参是第二。"汉高祖说："好。"于是确定萧何第一，特恩赐他可以带着剑穿着鞋上殿，进入朝堂不必小步快走。

上曰："吾闻进贤受上赏。萧何功虽高，得鄂君乃益明。"于是因鄂君故所食关内侯邑封为安平侯。是日，悉封何父子兄弟十余人，皆有食邑。乃益封何二千户，以帝尝繇（徭）咸阳时何送我独赢奉钱二也。

◎**大意** 汉高祖说："我听说推荐贤能的人应该受到上等奖赏。萧何的功劳虽然很高，但得到鄂君的申辩才更加显现出来。"就这样让鄂千秋在原有的关内侯食邑的基础上，晋封为安平侯。这一天，萧何父子兄弟十多人全部获得了封赏，都有封地食邑。此外又加封萧何食邑二千户，这是因为汉高祖当年去咸阳服役时萧何赠钱比别人多出二百。

汉十一年，陈豨（xī）反，高祖自将，至邯郸。未罢，淮阴侯谋反关中，吕后用萧何计，诛淮阴侯，语在《淮阴》事中。上已闻淮阴侯诛，使使拜丞相何为相国，益封五千户，令卒五百人一都尉为相国卫。诸君皆贺，召平独吊。召平者，故秦东陵侯。秦破，为布衣，贫，种瓜于长安城东，瓜美，故世俗谓之"东陵瓜"，从召平以为名也。召平谓相国曰："祸自此始矣。上暴露于外而君守于中，非被矢石之事而益君封置卫者，以今者淮阴侯新反于中，疑君心矣。夫置卫卫君，非以宠君也。愿君让封勿受，悉以家私财佐军，则上心说（悦）。"相国从其计，高帝乃大喜。

◎**大意** 汉十一年，陈豨反叛，高祖亲自带兵讨伐，到达邯郸。讨伐陈豨的战役还没结束，淮阴侯韩信在关中谋反，吕后采用萧何的计谋，诛杀了淮阴侯，有关事迹记载在《淮阴侯列传》中。汉高祖听说淮阴侯被诛杀后，派使者前去授予萧何相国的职位，加封食邑五千户，并命令士卒五百人和一名都尉作为相国的卫队。众人都祝贺萧何，唯独召平表示慰问。召平这个人，原来是秦朝的东陵侯。秦朝灭亡后，召平沦为平民，家贫，在长安城的东郊种瓜，瓜很香甜，因此当时人们称之为"东陵瓜"，这是依照召平的封号起的名。召平对萧何说："祸患从这里开始了。皇上露宿在外地而您留守在朝中，并没有经历冒着飞箭弹石的战事，现在皇上却增加您的封邑并设置卫队，是因为淮阴侯刚刚反叛于京城中，皇上有怀疑您的心了。而设置卫队保卫您，并不是宠信您。希望您推让封赏，并把全部家产献出佐助军队，那么皇上就会高兴。"萧何依从召平的计策，高祖果然大为欢喜。

汉十二年秋，黥布反，上自将击之，数使使问相国何为。相国为上在军，乃拊循勉力百姓，悉以所有佐军，如陈豨时。客有说相国曰："君灭族不久矣。夫君位为相国，功第一，可复加哉？然君初入关中，得百姓心，十余年矣，皆附君，常复孳（孜）孳（孜）得民和。上所为数问君者，畏君倾动关中。今君胡不多买田地，贱贳（shì）贷以自污？上心乃安。"于是相国从其计，上乃大说（悦）。

◎**大意** 汉十二年秋，黥布反叛，汉高祖亲自带兵攻击叛军的时候，频繁派使者询问萧何在干什么。萧何因皇上在军中，就安抚、勉励百姓，用自己家的全部财产佐助军队，如同陈豨反叛时所做的那样。有一门客劝说萧何道："您离灭族之祸不远了。您位居相国，功劳第一，难道还能再加吗？然而从您进入关中开始，深得民心，有十多年了，百姓都亲附您，而您还在努力赢得百姓的拥戴。皇上询问您现在的作为，是因为害怕关中百姓倒向您。如今您何不多买田地，压价强买或向百姓借贷，以此来玷污自己的名节呢？这样皇上才会安心。"于是萧何依从他的计策做了，汉高祖大为高兴。

　　上罢布军归，民道遮行上书，言相国贱强买民田宅数千万。上至，相国谒。上笑曰："夫相国乃利民！"民所上书皆以与相国，曰："君自谢民。"相国因为民请曰："长安地狭，上林中多空地，弃，愿令民得入田，毋收稿为禽兽食。"上大怒曰："相国多受贾人财物，乃为请吾苑！"乃下相国廷尉，械系之。数日，王卫尉侍，前问曰："相国何大罪，陛下系之暴也？"上曰："吾闻李斯相秦皇帝，有善归主，有恶自与。今相国多受贾竖金而为民请吾苑，以自媚于民，故系治之。"王卫尉曰："夫职事苟有便于民而请之，真宰相事，陛下奈何乃疑相国受贾人钱乎！且陛下距（拒）楚数岁，陈豨、黥布反，陛下自将而往，当是时，相国守关中，摇足则关以西非陛下有也。相国不以此时为利，今乃利贾人之金乎？且秦以不闻其过亡天下，李斯之分过，又何足法哉。陛下何疑宰相之浅也。"高帝不怿。是日，使使持节赦出相国。相国年老，素恭谨，入，徒跣（xiǎn）谢。高帝曰："相国休矣！相国为民请苑，吾不许，我不过为桀纣主，而相国为贤相。吾故系相国，欲令百姓闻吾过也。"

◎**大意** 汉高祖消灭黥布叛军返归朝廷时，有百姓拦在道路上告状，说相国萧何用低价强买百姓的田地房屋有数千万。汉高祖回到京城，萧何拜见。汉高祖笑着说："相国这样与百姓争夺利益！"就把百姓递上的控告书都交给萧何，说："你自己去向百姓道歉。"萧何趁机为百姓请愿说："长安土地狭窄，上林苑中有许多空地荒弃着，希望陛下下令允许百姓进去耕种，不收秸秆，使之作为飞禽野兽的饲料。"汉高祖大怒道："你接受了许多商人的财物，就为他们来求取我的上林苑！"于是将萧何交给廷尉，用刑具拘系了他。过了几天，王卫尉侍奉高祖，上前问道："萧相国犯了什么大罪，陛下突然拘禁了他？"汉高祖说："我听说李斯当秦皇帝的丞相，总是有好事归主上，有坏事自己承担。如今相国接受商贩很多金钱而为百姓求取我的上林苑，以此献媚于民，所以拘系治他的罪。"王卫尉说："分内的事如有便于百姓的就请求实行，这真是宰相应该做的事，陛下为什么要怀疑相国接受了商人的金钱呢！况且陛下曾经与楚军对抗多年，陈豨、黥布反叛，陛下亲自率军前往讨伐，在那时，相国留守关中，他跺一下脚就能使函谷关以西的关中地区不属于陛下了。相国不在那时图谋私利，现在竟会贪图商人的金钱吗？而且秦皇帝是由于听不到自己的过错而失去天下，李斯分担过错，又有什么值得效法呢！陛下为何要怀疑相国这样浅薄。"汉高祖听了很不愉快。这一天，汉高祖派使者拿着符节去释放了萧何。萧何年纪已老，平素谦恭谨慎，这时入宫，光着脚谢罪。汉高祖说："相国算了！相国为百姓请求上林苑，我不允许，我不过是夏桀王、商纣王一样的君主，而相国是贤明的丞相。我故意拘系相国，是要让百姓知道我的过错。"

何素不与曹参相能，及何病，孝惠自临视相国病，因问曰："君即百岁后，谁可代君者？"对曰："知臣莫如主。"孝惠曰："曹参何如？"何顿首曰："帝得之矣！臣死不恨矣！"

◎**大意** 萧何一向与曹参的关系不好，等到萧何得病时，汉孝惠帝亲自到萧何的府上探视病情，顺便问道："您去世后，谁可以接替您担任丞相？"萧何回答："懂得臣下心思的莫过于主上了。"汉孝惠帝说："曹参怎样？"萧何叩头说："陛下得到合适的人选了！我死后没有遗憾了！"

何置田宅必居穷处，为家不治垣屋。曰："后世贤，师吾俭；不贤，毋为势家所夺。"

◎**大意** 萧何购置的田地住宅总是在贫穷荒僻的地方，建造的房子也不是有围墙的大宅子。他说："后代如果贤明，就学习我的俭朴；如果不贤明，家产也不会被权势人家夺去。"

孝惠二年，相国何卒，谥为文终侯。

◎**大意** 汉孝惠帝二年，相国萧何去世，谥号叫作文终侯。

后嗣以罪失侯者四世，绝，天子辄复求何后，封续酂侯，功臣莫得比焉。

◎**大意** 萧何的后代因犯罪失去侯爵封号的有四世，每当爵位继承人断绝，皇上总是再寻求萧何的后代，封其为酂侯，其他功臣中没人能与之相比。

太史公曰：萧相国何于秦时为刀笔吏，录录未有奇节。及汉兴，依日月之末光，何谨守管籥（钥），因民之疾秦法，顺流与之更始。淮阴、黥布等皆以诛灭，而何之勋烂焉。位冠群臣，声施后世，与闳夭、散宜生等争烈矣。

◎**大意** 太史公说：相国萧何在秦朝时只是一个做文书的小官吏，平庸没有奇特的作为。待到汉朝兴起，仰仗高祖和吕后的信任，萧何谨守职责，利用民众对秦朝法令的痛恨，顺应潮流为他们除旧立新。韩信、黥布等都被诛灭，而萧何的功勋灿烂无比。萧何地位冠于群臣，名声延于后世，可以和闳夭、散宜生等人的功业相媲美了。

运筹帷幄的张良

选自《留侯世家》

留侯张良者，其先韩人也。大父开地，相韩昭侯、宣惠王、襄哀王。父平，相釐王、悼惠王。悼惠王二十三年，平卒。卒二十岁，秦灭韩。良年少，未宦事韩。韩破，良家僮三百人，弟死不葬，悉以家财求客刺秦王，为韩报仇，以大父、父五世相韩故。

◎**大意**　留侯张良这个人，祖先是韩国人。祖父叫开地，在韩昭侯、韩宣惠王、韩襄哀王三代做相国。父亲叫平，在韩釐王、韩悼惠王两代做相国。韩悼惠王二十三年，张良的父亲去世。二十年后，秦国灭了韩国。当时张良还年轻，没在韩国做官。韩国被攻占，张良家虽有家奴三百人，但弟弟死了都不多花费钱财埋葬，为的是拿出全部家财寻求刺杀秦王的人，为韩报仇，这是因为他的祖父、父亲做了韩国五代君主的相国。

良尝学礼淮阳。东见仓海君。得力士，为铁椎重百二十斤。秦皇帝东游，良与客狙击秦皇帝博浪沙中，误中副车。秦皇帝大怒，大索天下，求贼甚急，为张良故也。良乃更名姓，亡匿下邳。

◎**大意** 张良曾经在淮阳学习礼制，到东方拜见仓海君。他招募了一位大力士，并为他制造了重一百二十斤的大铁锤。秦始皇到东方巡游，张良和力士在博浪沙伏击秦始皇，结果误中扈从的车子。秦始皇大为震怒，于是在全国范围内进行大搜捕，追捕刺客非常紧急，这是张良行刺的缘故。张良便改名换姓，逃到下邳躲避。

良尝闲从容步游下邳圯（yí）上，有一老父，衣褐，至良所，直堕其履圯下，顾谓良曰："孺子，下取履！"良愕然，欲殴之。为其老，强忍，下取履。父曰："履我！"良业为取履，因长跪履之。父以足受，笑而去。良殊大惊，随目之。父去里所，复还，曰："孺子可教矣。后五日平明，与我会此。"良因怪之，跪曰："诺。"五日平明，良往。父已先在，怒曰："与老人期，后，何也？"去，曰："后五日早会。"五日鸡鸣，良往。父又先在，复怒曰："后，何也？"去，曰："后五日复早来。"五日，良夜未半往。有顷，父亦来，喜曰："当如是。"出一编书，曰："读此则为王者师矣。后十年兴。十三年，孺子见我济北，谷城山下黄石即我矣。"遂去，无他言，不复见。旦日视其书，乃《太公兵法》也。良因异之，常习诵读之。

◎**大意** 张良曾在空闲时散步走到下邳的一座桥上。有一位老翁，穿着粗布短衣，走到张良散步时停留的地方，故意把自己的鞋子扔到桥下，看着张良说："小伙子，下去把鞋子拾回来！"张良猛然一愣，想要揍他，但看他是老人，强忍下一口气，到桥下把鞋子拾了回来。老翁说："为我穿上鞋子！"张良心想既然给他拾回了鞋子，就给他穿上吧，便直挺挺地跪着给他穿鞋。老翁伸出脚让他穿上鞋，笑着走了。张良特别惊讶，随着老翁的去向注视着他。老翁走了约一里地，又返回来，说道："你这小伙子可以调教。往后数第五天的天亮时，和我在这里相会。"张良感觉非常奇怪，跪下说："好的。"第五天的天亮时分，张良去了。老翁已经先到了那里，生气地说："跟老人约会，却迟到了，为什么？"老翁离去，并说："往后过五天再早来相会。"第五天鸡刚叫，张良就去了。老翁又先到了那里，再次生气地说："迟到了，为什么？"老翁离去，并说："过五天再早来。"第五天，张良不到半夜就去了。过了一会儿，老翁也来到，高兴地说："应当像这样。"于是掏出一册书，说道："读了这本书就能做帝王的老师了。过十年后你会发迹。十三年后，小伙子到济北来见我，看到谷城山下的那块黄石就是我了。"说完便走了，没有其他的话，从此张良再也没见过这位老翁。天亮后张良观看那册书，发现是《太公兵法》。张良因为觉得很奇异，就经常诵读它。

居下邳，为任侠。项伯尝杀人，从良匿。

◎**大意** 张良住在下邳时，为人仗义而好打抱不平。项伯曾经杀了人，投奔张良而张良将他藏匿起来。

后十年，陈涉等起兵，良亦聚少年百余人。景驹自立为楚假王，在留。良欲往从之，道遇沛公。沛公将数千人，略地下邳西，遂属焉。沛公拜良为厩将。良数以《太公兵法》说沛公，沛公善之，常用其策。良为他人言，皆不省。良曰："沛公殆天授。"故遂从之，不去见景驹。

◎**大意** 十年后，陈涉等人起兵，张良也聚集了一百多人。景驹自立为楚假王，在留县。张良要前去跟随他，在路上遇见了沛公。沛公率领数千人，占领了下邳以西的地方，张良便依附了沛公。沛公任命张良为厩将。张良屡次用《太公兵法》上的计谋劝说沛公，沛公很欣赏，常常采用他的策略。张良对别人讲这些道理，别人都不能领悟。张良说："沛公的聪明大概是天生的。"因此就跟随了沛公，不再去找景驹了。

及沛公之薛，见项梁。项梁立楚怀王。良乃说项梁曰："君已立楚后，而韩诸公子横阳君成贤，可立为王，益树党。"项梁使良求韩成，立以为韩王。以良为韩申徒，与韩王将千余人西略韩地，得数城，秦辄复取之，往来为游兵颍川。

◎**大意** 沛公到了薛地，会见了项梁。项梁拥立了楚怀王。张良于是劝说项梁道："您已经拥立了楚王的后代，而在韩国的诸位公子当中有一位横阳君韩成是贤能的人，可以立为韩王，增加盟友。"项梁派张良找到韩成，立他为韩王。同时让张良做韩国的申徒，随韩王率领千余人向西收复韩国原来的领地，夺取了几座城镇，但秦军又立即夺了回去，韩军就来回游击于颍川一带。

沛公之从雒阳南出辗辕，良引兵从沛公，下韩十余城，击破杨熊军。沛公乃令韩王成留守阳翟，与良俱南，攻下宛，西入武关。沛公欲以兵二万人击秦峣下军，良说曰："秦兵尚强，未可轻。臣闻其将屠者子，贾竖易动以利。愿沛公且留壁，使人先行，为五万人具食，益为张旗帜诸山上，为疑兵，令郦食其持重宝啖秦将。"秦将果畔（叛），欲连和俱西袭咸阳，沛公欲听之。良曰："此独其将欲叛耳，恐士卒不从。不从必危，不如因其解（懈）击之。"沛公乃引兵击秦军，大破之。逐北至蓝田，再战，秦兵竟败。遂至咸阳，秦王子婴降沛公。

◎**大意** 沛公从雒阳向南穿过辗辕山时，张良领兵跟从沛公，攻下韩地十多座城镇，击溃了杨熊率领的秦军。沛公于是让韩王韩成留守阳翟，自己与张良一起向南，攻下宛县，向西进入武关。沛公打算用两万兵力进击峣关下的秦军，张良劝道："秦军还很强大，不可轻视。我听说那边的守将是屠夫的儿子，商贩容易受钱的利诱。希望您暂且留下坚守营垒，派人先行一步，为五万人准备好粮饷，并多多地在各山头上张挂旗帜，作为疑兵，派郦食其带上贵重的宝物去收买秦将。"秦将果然叛变了，要跟沛公联合西进袭击咸阳，沛公打算听从秦将的建议。张良说："这只是秦将要叛变罢了，恐怕士兵是不服从的。士兵不服从必然带来危害，不如趁他们松懈时进军袭击。"沛公于是率军攻击秦军，大败秦军；追击败军直到蓝田，再次交战，秦军彻底溃败了。于是到达咸阳，秦王子婴向沛公投降。

沛公入秦宫，宫室帷帐狗马重宝妇女以千数，意欲留居之。樊哙谏沛公出舍，沛公不听。良曰："夫秦为无道，故沛公得至此。夫为天下除残贼，宜缟素为资。今始入秦，即安其乐，此所谓'助桀为虐'。且'忠言逆耳利于行，毒药苦口利于病'，愿沛公听樊哙言。"沛公乃还军霸上。

◎**大意** 沛公进入秦宫，看到宫室、帷帐、狗马、贵重宝物及妇女数以千计，想留在秦宫居住。樊哙劝说沛公搬出去住，沛公不听。张良说："秦朝无道，所以您才到了这里。替天下人铲除残暴统治百姓的贼人，应以朴素为本。现今刚刚进入秦国都城，就要享乐，这就是人们所说的'助桀为虐'。况且'忠言逆耳利于行，毒药苦口利于病'，希望您能听樊哙的话。"沛公于是领军回驻霸上。

项羽至鸿门下，欲击沛公，项伯乃夜驰入沛公军，私见张良，欲与俱去。良曰："臣为韩王送沛公，今事有急，亡去不义。"乃具以语沛公。沛公大惊，曰："为将奈何？"良曰："沛公诚欲倍（背）项羽邪？"沛公曰："鲰（zōu）生教我距（拒）关无内（纳）诸侯，秦地可尽王（wàng），故听之。"良曰："沛公自度（duó）能却项羽乎？"沛公默然良久，曰："固不能也。今为奈何？"良乃固要（邀）项伯。项伯见沛公。沛公与饮为寿，结宾婚。令项伯具言沛公不敢倍（背）项羽，所以距（拒）关者，备他盗也。及见项羽后解。语在《项羽》事中。

◎**大意** 项羽到达鸿门下，打算攻击沛公。项伯便在晚上驰入沛公军中，私下与张良相见，让张良和他一起离去。张良说："我替韩王护送沛公，如今事态紧急，逃离是不道义的。"于是将情况全部告诉了沛公。沛公大为惊慌，说："这该怎么办？"张良说："您真的想要背叛项羽吗？"沛公说："一个愚陋的小子教我守住函谷关不要接纳诸侯的军队，就可全部掌握秦国的土地而称王，因此才听从了。"张良说："您自己估量能够击退项羽吗？"沛公沉默了好一会，说："本来就不行，现在该怎么办？"张良便硬把项伯邀请来。项伯会见了沛公。沛公陪着饮酒为他祝寿，结为朋友和儿女亲家，并请项伯回去详细说明沛公是不敢背叛项羽的，把守函谷关，是为了防备其他盗贼。等项伯见到项羽后就和解了，这件事记在《项羽本纪》中。

汉元年正月，沛公为汉王，王巴蜀。汉王赐良金百镒（yì），珠二斗，良具（俱）以献项伯。汉王亦因令良厚遗项伯，使请汉中地。项王乃许之，遂得汉中地。汉王之国，良送至褒中，遣良归韩。良因说汉王曰："王何不烧绝所过栈道，示天下无还心，以固项王意。"乃使良还。行烧绝栈道。

◎**大意** 汉元年正月，沛公刘邦被封为汉王，统管巴蜀地区。汉王赏赐张良金子百镒、珠子二斗，张良全部献给了项伯。汉王也通过张良赠送一份厚礼给项伯，让项伯向项羽请求汉中地区。项羽就答应了，汉王于是得到了汉中地区。汉王到封地去，张良送到褒中，汉王派张良回归韩国。张良劝说汉王："大王为何不烧掉所经过的栈道，向天下人表示您没有再回去的意思，用这个方法稳住项王的心。"于是汉王让张良回去。汉王在向汉中行进的路上边走边烧掉了栈道。

良至韩，韩王成以良从汉王故，项王不遣成之国，从与俱东。良说项王曰："汉王烧绝栈道，无还心矣。"乃以齐王田荣反书告项王。项王以此无西忧汉心，而发兵北击齐。

◎**大意** 张良来到韩国，因为韩王韩成当初让张良跟从汉王，项王怀恨在心，所以不派韩成回封地去，而让他跟着一起东归。张良劝说项王："汉王烧掉了栈道，已经没有返回的心思了。"并把齐王田荣反叛的书信给了项王。项王由此消除了对西边汉王的疑虑，而发兵向北攻击齐国。

项王竟不肯遣韩王，乃以为侯，又杀之彭城。良亡，间行归汉王，汉王亦已还定三秦矣。复以良为成信侯，从东击楚。至彭城，汉败而还。至下邑，汉王下马踞鞍而问曰："吾欲捐关以东等弃之，谁可与共功者？"良进曰："九江王黥布，楚枭将，与项王有郤（隙）；彭越与齐王田荣反梁地：此两人可急使。而汉王之将独韩信可属（嘱）大事，当一面。即欲捐之，捐之此三人，则楚可破也。"汉王乃遣随何说九江王布，而使人连彭越。及魏王豹反，使韩信将兵击之，因举燕、代、齐、赵。然卒破楚者，此三人力也。

◎**大意** 项王最终还是不肯派韩王回封地去，就改封他为侯，又在彭城杀了他。张良逃走，抄小路回到汉王那里。汉王这时也已回军平定了三秦。又封张良为成信侯，让他跟着向东进击楚国。到了彭城，汉军战败退回。行至下邑，汉王卸下马鞍坐着问道："我愿意放弃函谷关以东等地方，看谁可以与我共建功业？"张良说："九江王黥布，是楚国的猛将，与项王有嫌隙；彭越与齐王田荣在梁地反楚，这两个人马上可以利用。而在汉王的将领中只有韩信可托付大事，独当一面。如果想舍弃函谷关以东的地方，就送给这三个人，那么，楚国就可以被攻破了。"汉王于是派随何去游说九江王黥布，又派人去联合彭越。待到魏王魏豹反汉时，便派韩信率军击败了他，还趁势攻占了燕、代、齐、赵四国。最终打败楚国，就是靠这三个人的力量。

张良多病，未尝特将也，常为画策臣，时时从汉王。

◎**大意** 张良多病，未曾独自领兵作战，他作为出谋划策的谋臣，时时跟在汉王身边。

汉三年，项羽急围汉王荥阳，汉王恐忧，与郦食其谋桡（挠）楚权。食其曰："昔汤伐桀，封其后于杞。武王伐纣，封其后于宋。今秦失德弃义，侵伐诸侯社稷，灭六国之后，使无立锥之地。陛下诚能复立六国后世，毕已受印，此其君臣百姓必皆戴陛下之德，莫不乡（向）风慕义，愿为臣妾。德义已行，陛下南乡（向）称霸，楚必敛衽而朝。"汉王曰："善。趣刻印，先生因行佩之矣。"

◎**大意** 汉三年，项羽把汉王围困在荥阳，形势非常危急，汉王恐惧忧心，与郦食其谋划削弱楚国力量之策。郦食其说："从前商汤王讨伐夏桀王，封夏朝的后代于杞地。周武王讨伐商纣王，封商朝的后代于宋地。如今秦朝丧失仁德抛弃道义，侵伐各诸侯国，灭掉六国之后，使他们的后代无立锥之地。陛下如果真能重新扶立六国的后代，全部授予印信，这样会使各国的君臣百姓感戴陛下的恩德，没有人不向往您的风范、倾慕您的德义，甘愿成为您的臣妾。随着德义的施行，陛下就可以向南而坐称霸天下，项王必然会整理衣襟恭敬地前来朝拜了。"汉王说："好。赶快刻制印信，先生随时可以带上出发了。"

食其未行，张良从外来谒。汉王方食，曰："子房前！客有为我计桡（挠）楚权者。"具以郦生语告，曰："于子房何如？"良曰："谁为陛下画此计者？陛下事去矣。"汉王曰："何哉？"张良对曰："臣请藉前箸为大王筹之。"曰："昔者汤伐桀而封其后于杞者，度能制桀之死命也。今陛下能制项籍之死命乎？"曰："未能也。""其不可一也。武王伐纣封其后于宋者，度能得纣之头也。今陛下能得项籍之头乎？"曰："未能也。""其不可二也。武王入殷，表商容之闾，释箕子之拘，封比干之墓。今陛下能封圣人之墓，表贤者之闾，式智者之门乎？"曰："未能也。""其不可三也。发巨桥之粟，散鹿台之钱，以赐贫穷。今陛下能散府库以赐贫穷乎？"曰："未能也。""其不可四矣。殷事已毕，偃革为轩，倒置干戈，覆以虎皮，以示天下不复用兵。今陛下能偃武行文，不复用兵乎？"曰："未能也。""其不可五矣。休马华山之阳，示以无所为。今陛下能休马无所用乎？"曰："未能也。""其不可六矣。放牛桃林之阴，以示不复输积。今陛下能放牛不复输积乎？"

曰:"未能也。""其不可七矣。且天下游士离其亲戚,弃坟墓,去故旧,从陛下游者,徒欲日夜望咫尺之地。今复六国,立韩、魏、燕、赵、齐、楚之后,天下游士各归事其主,从其亲戚,反(返)其故旧坟墓,陛下与谁取天下乎?其不可八矣。且夫楚唯无强,六国立者复桡(挠)而从之,陛下焉得而臣之?诚用客之谋,陛下事去矣。"汉王辍食吐哺,骂曰:"竖儒,几败而公事!"令趣销印。

◎ **大意** 郦食其还没成行,张良从外面回来拜见汉王。汉王正在吃饭,说道:"子房请到我跟前!有位门客为我出了个削弱楚国力量的计策。"接着把郦食其的话全告诉了张良,说道:"依你看怎么样?"张良说:"谁替陛下谋划了这个计策?陛下的大事可完了。"汉王说:"为什么?"张良回答:"臣请求借用您面前的筷子为大王筹划一下。"接着说:"从前商汤王伐夏桀王而封夏朝的后代于杞地,是估量自己能置夏桀王于死地。如今陛下能置项羽于死地吗?"汉王说:"不能。"张良说:"这是不可封六国后代的第一个原因。周武王伐商纣王而封商朝的后代于宋地,是估量自己能得到商纣王的首级。如今陛下能得到项羽的首级吗?"汉王说:"不能。"张良说:"这是不可封六国后代的第二个原因。周武王进入殷商的都城,马上对商容的里门做上标记以示表彰,把箕子从监狱里释放出来,修整了比干的坟墓。如今陛下能修整圣人的坟墓,标出贤者的里门,到智者的门前去致敬吗?"汉王说:"不能。"张良说:"这是不可封六国后代的第三个原因。周武王曾经发放巨桥粮仓的粮食,散发鹿台府库的钱财,赐给贫穷的人。如今陛下能够散发府库中的钱粮赏给贫穷的人吗?"汉王说:"不能。"张良说:"这是不可封六国后代的第四个原因。伐殷的战事完毕,周武王把战车改为民用车,把兵器倒着放,覆盖上虎皮,用来表示天下不再使用兵器。如今陛下能偃息武事而实行文治,不再使用兵器吗?"汉王说:"不能。"张良说:"这是不可封六国后代的第五个原因。周武王将战马放在华山的南坡,表示没什么用了。如今陛下能让战马休养而不再使用吗?"汉王说:"不能。"张良说:"这是不可封六国后代的第六个原因。周武王把牛放养在桃林的北边,用来表示不再运输军需、囤积粮草了。如今陛下能放养牛而不再运输军需、囤积粮草吗?"汉王说:"不能。"张良说:"这是不可封六国后代的第七个原因。况且天下的游士远离他们的亲戚,抛弃祖坟,离开朋友,跟从您奔走的原因,只是日夜想得到一小块立足之地。如今恢复六国,立韩、魏、燕、赵、齐、楚的后代,天下游士各自回去侍奉他们的君主,跟他们的亲戚团聚,回到朋友身边和祖坟所在的家乡,您与谁一起去夺取天下呢?这是不可封六国后代的第八个原因。而且当前只有使楚国无法加强才对,如果被扶立的六国后代再屈从了楚国,陛下又怎能使他们臣服呢？如果真的采用了这位门客的计谋，陛下的事业也就完了。"汉王停止吃饭吐出口中的食物，骂道："这个书呆子，几乎败坏了你老子的大事！"于是急忙下令销毁了那些印信。

汉四年，韩信破齐而欲自立为齐王，汉王怒。张良说汉王，汉王使良授齐王信印，语在《淮阴》事中。

◎**大意** 汉四年，韩信攻破齐国而想要自立为齐王，汉王大怒。张良劝说汉王，汉王派张良前去授予韩信齐王印信，这件事记在《淮阴侯列传》中。

其秋，汉王追楚至阳夏南，战不利而壁固陵，诸侯期不至。良说汉王，汉王用其计，诸侯皆至。语在《项籍》事中。

◎**大意** 这年秋天，汉王追击楚军到阳夏的南面，作战失利后坚守固陵营垒，诸侯的军队过了约定日期还不到来。张良劝说汉王，汉王采用了他的计策，诸侯的军队都到了。这件事记在《项羽本纪》中。

汉六年正月，封功臣。良未尝有战斗功，高帝曰："运筹策帷帐中，决胜千里外，子房功也。自择齐三万户。"良曰："始臣起下邳，与上会留，此天以臣授陛下。陛下用臣计，幸而时中，臣愿封留足矣，不敢当三万户。"乃封张良为留侯，与萧何等俱封。

◎**大意** 汉六年正月，封赏功臣。张良未曾有过作战的功劳，高祖说："在营帐之中运筹定策，决定千里之外战争的胜利，这就是子房的功劳。你自己选择齐地的三万户作为封邑。"张良说："当初我在下邳起兵，与皇上在留县相会，这是上天把我交给了陛下。陛下采用我的计策，有几次幸运地应验了，按我的愿望封地在留县就足够了，不敢接受三万户的封邑。"于是封张良为留侯，是与萧何等一起封的。

上已封大功臣二十余人，其余日夜争功不决，未得行封。上在雒阳南宫，从复道望见诸将往往相与坐沙中语。上曰："此何语？"留侯曰："陛下不知乎？此谋反耳。"上曰："天下属（zhǔ）安定，何故反乎？"留侯曰："陛下起布衣，以此属取天下，今陛下为天子，而所封皆萧、曹故人所亲爱，而所诛者皆生平所仇怨。今军吏计功，以天下不足遍封，此属畏陛下不能尽封，恐又见疑平生过失及诛，故即相聚谋反耳。"上乃忧曰："为之奈何？"留侯曰："上平生所憎，群臣所共知，谁最甚者？"上曰："雍齿与我故，数尝窘辱我。我欲杀之，为其功多，故不忍。"留侯曰："今急先封雍齿以示群臣，群臣见雍齿封，则人人自坚矣。"于是上乃置酒，封雍齿为什（shí）方侯，而急趣（cù）丞相、御史定功行封。群臣罢酒，皆喜曰："雍齿尚为侯，我属无患矣。"

◎**大意**　高祖封赏了二十多位功臣后，其余的人没日没夜地争功而决定不下来，未能进行封赏。高祖在雒阳南宫，从复道上望见许多将领常常三五成群地坐在沙地上窃窃私语。高祖问："他们在说什么？"留侯张良说："陛下还不知道吗？这是图谋造反罢了。"高祖说："天下刚刚安定，为什么要造反呢？"张良说："陛下以平民的身份起兵，依靠这帮人取得天下，如今陛下成了天子，而封赏的都是萧何、曹参这些亲近、喜爱的老友，诛杀的都是陛下平时怨恨的仇人。如今军中的有关官员统计了战功，认为天下的土地不足以遍封有功之人，这帮人怕陛下不封赏他们，又恐怕因以往的过失而遭诛杀，因此就聚集在一起计划谋反。"高祖于是担忧地说："该怎么办呢？"张良说："陛下往常最憎恨的而且群臣都知道的人是谁？"高祖说："雍齿与我有旧怨，屡次使我遭受窘迫和侮辱。我想杀他，但因为他的功劳多，不忍心。"张良说："现在赶紧先封赏雍齿来昭示群臣，群臣见到雍齿受封，那么，人人对自己会得到封赏就坚信不疑了。"于是高祖便设置酒宴，封雍齿为什方侯，并紧急催促丞相、御史等官员论定功劳进行封赏。群臣参加酒宴后，都欢喜地说："雍齿尚且被封为侯，我们这些人没什么可担忧的了。"

刘敬说高帝曰："都关中。"上疑之。左右大臣皆山东人，多劝上都雒阳："雒阳东有成皋，西有崤（xiáo）黾（miǎn），倍（背）河，向伊雒，其固亦足恃。"留侯曰："雒阳虽有此固，其中小，不过数百里，田地薄，四面受敌，此非用武之国也。夫关中左崤（xiáo）函，右陇蜀，沃野千里，南有巴蜀之饶，北有胡苑之利，阻三面而守，独以一面东制诸侯。诸侯安定，河渭漕挽（wǎn）天下，西给京师；诸侯有变，顺流而下，足以委输。此所谓金城千里，天府之国也，刘敬说是也。"于是高帝即日驾，西都关中。

◎**大意**　刘敬劝说高祖："都城要建在关中。"皇上犹豫不决。左右大臣都是崤山以东的人，所以大多数人劝皇上以雒阳为都城："雒阳的东面有成皋，西面有崤山、黾池，背靠黄河，西面向着伊河、雒河，它的坚固也足以凭借。"留侯张良说："雒阳虽有这些天然险要之地，但它的腹地狭小，不过方圆几百里，田地贫瘠，四面受敌，这里不是用武之地。而关中的东边有崤山和函谷关，西边有陇山和蜀山，肥沃的田野方圆千里，南边有巴蜀的富饶资源，北边有胡人大草场的畜牧利益，靠三面险阻而防守，只用东方一面控制诸侯。如果诸侯安定，可通过黄河、渭河的水道运输天下粮食，向西供给京城及周围地区需要的物资；如果诸侯发生事变，可以顺流而下，足以运输军需物资。这就是所谓的金城千里，天府之国，刘敬所说的是对的。"于是高祖当天就起驾，向西到关中建都。

　　留侯从入关。留侯性多病，即道引不食谷，杜门不出岁余。

◎**大意**　留侯张良跟从高祖进入关中。留侯平时身体就多病，于是学习道家的导引吐纳术，不吃谷类食物，闭门静修了一年多。

　　上欲废太子，立戚夫人子赵王如意。大臣多谏争，未能得坚决者也。吕后恐，不知所为。人或谓吕后曰："留侯善画计策，上信用之。"吕后乃使建成侯吕泽劫留侯，曰："君常（尝）为上谋臣，今上欲易太子，君安得高枕而卧乎？"留侯曰："始上数（shuò）在困急之中，幸用臣策。今天下安定，以爱欲易太子，骨肉之间，虽臣等百余人何益。"吕泽强要曰："为我画计。"留侯曰："此难以口舌争也。顾上有不能致者，天下有四人。四人者年老矣，皆以为上慢侮人，故逃匿山中，义不为汉臣。然上高此四人。今公诚能无爱金玉璧帛，令太子为书，卑辞安车，因使辩士固请，宜来。来，以为客，时时从入朝，令上见之，则必异而问之。问之，上知此四人贤，则一助也。"于是吕后令吕泽使人奉太子书，卑辞厚礼，迎此四人。四人至，客建成侯所。

◎**大意**　高祖想要废掉太子刘盈，立戚夫人生的儿子赵王刘如意为太子。大臣大多争论劝阻，但都未能使高祖坚定不废太子的心意。吕后很恐慌，不知道怎么办。有人对吕后说："留侯善于谋划计策，皇上信任他。"吕后就派建成侯吕泽去逼迫留侯张良，说道："您曾经做皇上的谋臣，如今皇上要更换太子，您怎么能高枕而卧呢？"张良说："当初皇上屡次处于危难之中，所以能采用我的计策。如今天下安定了，皇上因为偏爱戚夫人要更换太子，这种骨肉亲情之间的事，即使有一百多个像我这样的人又有什么用处？"吕泽强行要求说："为我谋划一条计策。"张良说："这种事情是难以用口舌来争辩的。不过，皇上曾有不能招来的人，天下共有四位。这四个人的年纪都很大了，都认为皇上对人傲慢、轻侮，因此躲藏在山中，坚持节义不做汉朝的臣子。然而皇上崇尊这四个人。现今您如果真能不吝惜金玉璧帛，让太子写一封信，言辞谦恭并备好车子，派辩士去敦请，他们应当会来。如果来了，把他们待为贵客，请他们常常跟从太子上朝，让皇上看见他们，皇上一定会感到惊异并询问他们。问到他们，皇上知道这四个人贤能，这对稳定太子的地位是一大帮助。"于是吕后让吕泽派人捧着太子的亲笔信，用谦恭的言辞和丰厚的礼物，前去迎接这四个人。四个人到来后，作为贵客住在建成侯吕泽的寓所。

汉十一年，黥布反，上病，欲使太子将，往击之。四人相谓曰："凡来者，将以存太子。太子将兵，事危矣。"乃说建成侯曰："太子将兵，有功则位不益太子；无功还，则从此受祸矣。且太子所与俱诸将，皆尝与上定天下枭将也，今使太子将之，此无异使羊将狼也，皆不肯为尽力，其无功必矣。臣闻'母爱者子抱'，今戚夫人日夜侍御，赵王如意常抱居前，上曰'终不使不肖子居爱子之上'，明乎其代太子位必矣。君何不急请吕后承间为上泣言：'黥布，天下猛将也，善用兵，今诸将皆陛下故等夷，乃令太子将此属，无异使羊将狼，莫肯为用，且使布闻之，则鼓行而西耳。上虽病，强载辎（zī）车，卧而护之，诸将不敢不尽力。上虽苦，为妻子自强。'"于是吕泽立夜见吕后，吕后承间为上泣涕而言，如四人意。上曰："吾惟竖子固不足遣，而公自行耳。"于是上自将兵而东，群臣居守，皆送至灞上。留侯病，自强起，至曲邮，见上曰："臣宜从，病甚。楚人剽疾，愿上无与楚人争锋。"因说上曰："令太子为将军，监关中兵。"上曰："子房虽病，强卧而傅太子。"是时叔孙通为太傅，留侯行少傅事。

◎**大意** 汉十一年，黥布反叛，皇上正生病，想要派太子为将军，前往讨伐黥布。四位老人相互商量说："我们来的目的，是要保全太子。如果太子领兵，事情就危险了。"于是劝告建成侯吕泽说："太子领兵，即使有战功，获封的爵位也不可能超过太子之位；如果无功而返，那么从此就要遭受灾祸了。而且太子率领一起出征的将领，都是曾经与皇上一道平定天下的骁勇战将，如今让太子统领他们，这无异于让羊统领狼，都是不肯为太子尽力的，那太子无功而返就是必然的了。我们听说‘母亲受宠爱那么她生的儿子常会被父亲怀抱’，现今戚夫人日夜侍奉皇上，赵王刘如意经常被抱在皇上跟前，皇上说‘我终究不会让那个不成器的儿子爬到我的爱子头上’，很明显他代替太子之位是肯定的了。您为什么不赶快请吕后找个机会向皇上哭诉：‘黥布是天下猛将，善于用兵。如今的将领都是陛下的旧友或同辈，却让太子统领这批人，无异于让羊统领狼，没有人肯为太子所用。而且让黥布听到这样一种部署，那他就会大张旗鼓地向西进犯了。皇上即使生着病，也可勉力乘坐大车，躺着监督众将领，众将领不敢不尽力。皇上虽会吃些苦，但为了妻子儿子也得强打精神。’”于是吕泽连夜去见吕后，吕后找了个机会向皇上边哭边说了一番，全如四人所说的意思。皇上说：“我想这小子本来就不能派遣，你老子亲自走一趟吧。”于是皇上亲自率兵向东进发，群臣留守，都送到灞上。留侯张良有病，自己勉强起来，赶到曲邮，拜见皇上说：“我本应随从，但病得很厉害。楚人勇猛迅疾，希望皇上不要与楚人争锋。”接着又劝说皇上：“命令太子做将军，监领在关中戍守的士兵。”皇上说：“子房即使病重，躺着也得勉力辅佐太子。”这个时候，叔孙通做太子太傅，张良代理太子少傅的职事。

汉十二年，上从击破布军归，疾益甚，愈欲易太子。留侯谏，不听，因疾不视事。叔孙太傅称说引古今，以死争太子。上详（佯）许之，犹欲易之。及燕（宴），置酒，太子侍。四人从太子，年皆八十有余，须眉晧白，衣冠甚伟。上怪之，问曰："彼何为者？"四人前对，各言名姓，曰东园公，角（lù）里先生，绮里季，夏黄公。上乃大惊，曰："吾求公数岁，公辟（避）逃我，今公何自从吾儿游乎？"四人皆曰："陛下轻士善骂，臣等义不受辱，故恐而亡匿。窃闻太子为人仁孝，恭敬爱士，天下莫不延颈欲为太子死者，故臣等来耳。"上曰："烦公幸卒调护太子。"

◎ **大意** 汉十二年，高祖击败黥布叛军后回朝，病加重，更想换太子了。张良劝阻，高祖不听，因而以生病为由请假不问政事。太子太傅叔孙通引用古今事例进行劝说，誓死争辩保全太子。高祖假装答应了，内心还是想更换太子。一次宴会上，摆好了酒，太子侍奉在旁。四位老人跟着太子，年纪都有八十多了，胡须眉毛雪白，衣服帽子很奇特。高祖感到奇怪，问道："他们是干什么的？"四位老人上前对答，各自说出自己的姓名，分别叫作东园公、角里先生、绮里季、夏黄公。高祖大为惊奇，说："我访求诸位先生好几年，诸位先生总是逃避我，今天诸位先生为什么自动跟我的儿子来往呢？"四位老人都说："陛下轻视士人还爱骂人，我们坚持节义不愿受辱，因此惶恐而躲避起来。我们私下听说太子为人仁义孝顺，恭敬有礼喜爱士人，天下的人无不伸长脖子要为太子拼死效力，因此我们来了。"高祖说："有劳诸位先生始终如一地调教照顾太子。"

四人为寿已毕，趋去。上目送之，召戚夫人指示四人者曰："我欲易之，彼四人辅之，羽翼已成，难动矣。吕后真而主矣。"戚夫人泣，上曰："为我楚舞，吾为若楚歌。"歌曰："鸿鹄高飞，一举千里。羽翮（hé）已就，横绝四海。横绝四海，当可奈何！虽有矰缴（zēng zhuó），尚安所施！"歌数阕，戚夫人嘘唏流涕，上起去，罢酒。竟不易太子者，留侯本招此四人之力也。

◎**大意** 四位老人敬酒祝福完毕，便小步快走离去。高祖目送他们，并招戚夫人来指着四人对她说："我想更换太子，那四人辅助太子，太子的羽翼已经丰满，难以变动了。吕后真是你的主人了。"戚夫人哭泣，高祖说："你为我跳楚舞，我给你唱楚歌。"唱道："鸿鹄高高飞起，一飞就是千里。羽翼已经长成，飞起超越四海。飞起超越四海，当真无可奈何！即使手持弓箭，又能射向哪里！"接连唱了几遍，戚夫人叹息流泪，高祖起身离去，酒宴就散了。最终没有更换太子，这是张良当初招来四位老人的结果。

留侯从上击代，出奇计马邑下，及立萧何相国，所与上从容言天下事甚众，非天下所以存亡，故不著。留侯乃称曰："家世相韩，及韩灭，不爱万金之资，为韩报仇强秦，天下振（震）动。今以三寸舌为帝者师，封万户，位列侯，此布衣之极，于良足矣。愿弃人间事，欲从赤松子游耳。"乃学辟谷，道（导）引轻身。会高帝崩，吕后德留侯，乃强食之，曰："人生一世间，如白驹过隙，何至自苦如此乎！"留侯不得已，强听而食。

◎**大意** 留侯张良跟从皇上去攻打代国的叛军，在马邑城下为皇上出奇计，还建议立萧何为相国，他与皇上从容谈论的事很多，因不是关系天下存亡的大事，所以就不记载了。张良说："我家世代做韩国的相国，到韩国灭亡，我不爱惜万贯家财，为韩国向强秦报仇，使得天下震动。如今凭三寸之舌成为帝王的军师，受封食邑万户，位居列侯，这是平民百姓的最高荣耀，对于我来说已经满足了。我希望抛弃人世间的事情，想要随着赤松子四处云游。"于是他学习道家辟谷法而不吃食物，修行导引轻身术。恰逢高祖去世，吕后感激张良，便强迫他进食，说："人生一世，如白驹过隙般短暂，何必自找苦吃到这种地步！"张良不得已，勉强听从而恢复进食。

后八年卒，谥为文成侯。子不疑代侯。

◎ **大意** 八年之后，张良去世，谥号叫作文成侯。他的儿子张不疑接替侯爵之位。

子房始所见下邳坦上老父与《太公书》者，后十三年从高帝过济北，果见谷城山下黄石，取而葆（宝）祠之。留侯死，并葬黄石。每上冢伏腊，祠黄石。

◎ **大意** 张良当初在下邳桥上见到那位给他《太公兵法》的老人，十三年后张良随高祖经过济北，果然看到谷城山下有块黄石，张良取回并珍重地供奉它。张良死后，与黄石一起埋葬。后人每逢上坟及伏腊节令祭扫，也要祭祀黄石。

留侯不疑，孝文帝五年坐不敬，国除。

◎ **大意** 留侯张不疑，在汉文帝五年犯了不敬之罪，封国被废除。

太史公曰：学者多言无鬼神，然言有物。至如留侯所见老父予书，亦可怪矣。高祖离困者数矣，而留侯常有功力焉，岂可谓非天乎？上曰："夫运筹策帷帐之中，决胜千里外，吾不如子房。"余以为其人计魁梧奇伟，至见其图，状貌如妇人好女。盖孔子曰："以貌取人，失之子羽。"留侯亦云。

◎ **大意** 太史公说：学者大多都说没有鬼神，然而谈论有精灵怪物。至于像留侯张良遇见老人给他兵书，也可看作神奇之事了。汉高祖多次遭遇困境，而张良常在这种时刻有奇功神力，难道说不是天意吗？汉高祖说："在营帐之中运筹定策，在千里之外决定胜利，我不如张良。"我原来以为张良这个人是高大奇特的，后来看到他的画像，相貌却像妇人美女。这大概正如孔子所说："根据容貌评判人，澹台灭明就会被错误地看待。"留侯张良也属于这种情形。